Der Racial Contract

Theorie und Gesellschaft

Herausgegeben von Jens Beckert, Rainer Forst, Wolfgang Knöbl,
Frank Nullmeier und Shalini Randeria

Band 85

Charles W. Mills (1951–2021) war ein jamaikanischer Philosoph und Professor am CUNY Graduate Center. Er gilt als führender Vertreter der Critical Philosophy of Race.

Charles W. Mills

Der Racial Contract

Aus dem Englischen von Jürgen Schröder

Mit einer Einleitung von Tommie Shelby und einer Einleitung für die deutsche Ausgabe von Kristina Lepold

Campus Verlag
Frankfurt/New York

Published by Arrangement with Cornell University Press, Ithaca, NY 14850 USA

Dieses Werk wurde vermittelt durch die Literarische Agentur Thomas Schlück GmbH, Hannover.

ISBN 978-3-593-51627-1 Print
ISBN 978-3-593-45174-9 E-Book (PDF)
ISBN 978-3-593-45175-6 E-Book (EPUB)

Umschlaggestaltung: Guido Klütsch, Köln.
Satz: le-tex xerif
Gesetzt aus der Alegreya
Druck und Bindung: Beltz Grafische Betriebe GmbH, Bad Langensalza.
Beltz Grafische Betriebe ist ein klimaneutrales Unternehmen (ID 15985–2104-1001).
Printed in Germany

www.campus.de

Dieses Buch ist den Schwarzen, Roten, Braunen und Gelben gewidmet, die Widerstand gegen den Racial Contract geleistet haben, und den Weißen Abtrünnigen und *Race*-Verrätern, die ihn abgelehnt haben.

Inhalt

Danksagung 9

Einleitung *Tommie Shelby* 15

Einleitung zur deutschen Ausgabe *Kristina Lepold* 23

Vorbemerkung 31

Der Racial Contract 41

1 Überblick 49

2 Einzelheiten 77

3 »Naturalisierte« Vorzüge 123

Anmerkungen 163

Personenregister 185

Danksagung

Zur Ausgabe von 2021

Ich möchte meine Wertschätzung allen Lehrern gegenüber zum Ausdruck bringen, die im Lauf der Jahre *The Racial Contract* in zahllosen Kursen innerhalb und außerhalb der Philosophie in den Vereinigten Staaten und auch in vielen anderen Ländern verwendet haben. Zu einer Zeit (die nun vergangen ist), als »Post*race*denken« und »Farbenblindheit« als neue Normen entstanden, habt Ihr erkannt, dass, obwohl eine Post*race*-Welt zwar wünschenswert sein mag, der Wunsch allein sie nicht verwirklicht. Die Anerkennung der Realitäten der *race* und die Bildung der jüngeren Generation mit Bezug auf diese Realitäten sind entscheidend. Dadurch habt Ihr dazu beigetragen, *The Racial Contract* zu einem Bestseller in der akademischen Welt zu machen – bis 2021 wurden mehr als 50.000 Exemplare verkauft.

Ich möchte auch denjenigen meiner Schwarzen[1] Philosoph:innengefährten danken, die sich an demselben Projekt beteiligten und die als Pioniere auf dem Gebiet Anerkennung verdienen, indem sie dazu beitrugen, die Africana-Philosophie und das, was schließlich als kritische Philosophie der *race* bezeichnet werden sollte, zu etablieren, lange bevor sie fachlich als respektabel galten. Ich bin allen von Euch dankbar, insbesondere jenen, die ich persönlich kenne (zu viele, um sie alle zu erwähnen), sowohl dafür, dass Ihr mich hier in den Vereinigten Staaten willkommen geheißen habt, als auch dafür, all die Jahre auf schlecht besuchten, spät abendlichen Podiumsdiskussionen über *race* bei Treffen der American Philosophical Association ausgeharrt zu haben. Am Ende hat es sich gelohnt.

Ich hatte das Glück, mit zwei großartigen Lektorinnen von der Cornell University Press zusammengearbeitet zu haben, Alison Shonkwiler, die bereits in der ursprünglichen Danksagung erwähnt wurde, und Emily

Andrew. Während ich dies schreibe, verlässt Emily Cornell, um anderswo berufliche Chancen wahrzunehmen. Aber ich stehe in ihrer Schuld dafür, dass sie die großartige Idee einer Ausgabe zum 25-jährigen Jubiläum hatte und entschlossen gegen meine natürliche Trägheit anging, um diese Ausgabe vor ihrem Weggang abgeschlossen zu sehen. Wenn diese Neuausgabe irgendjemandem seine Existenz verdankt, dann Dir, Emily. Ein aufrichtiges und dankbares Dankeschön und die besten Wünsche für Deine neue Stellung.

Schließlich erfuhr ich durch ein vollkommen glückliches Zusammentreffen, als wir in Druck gingen, dass *The Racial Contract* gerade den Benjamin E. Lippincott Award von 2021 gewonnen hatte. Er ist ein Preis der American Political Science Association, der alle zwei Jahre einem politischen Werk »von außergewöhnlicher Qualität eines lebenden politischen Theoretikers [verliehen wird], das nach einem Zeitraum von mindestens fünfzehn Jahren nach dem ursprünglichen Publikationsdatum immer noch als bedeutend betrachtet wird«. Ich möchte meine tiefe Wertschätzung gegenüber dem Preiskomitee für diese Ehre ausdrücken: Barbara Arneil, Vorsitzende (University of British Columbia); Steven B. Smith (Yale University); und David Runciman (University of Cambridge). Einen besseren Start hätte ich mir für diese Neuausgabe nicht wünschen können.

C. W. M.

Zur Ausgabe von 1997

Die Geschichte, die dieses kurze Buch inspiriert, geht weit zurück, und ich habe lange darüber nachgedacht, wie man sie in einen philosophischen Rahmen einfügen könnte. Währenddessen habe ich mancherlei Schulden angesammelt, von denen ich gewiss einige vergessen habe, und daher ist diese Danksagungsliste nicht ganz vollständig.

Zuallererst danke ich natürlich meiner Familie: meinen Eltern Gladstone und Winnifred Mills, die mich in dem Geist erzogen, Menschen aller *races* gleiche Achtung entgegenzubringen; meinem Bruder, Raymond Mills, und meinem Cousin, Ward Mills, für die Weckung und Schärfung meines Bewusstseins; meinem Onkel und meiner Tante, Don und Sonia

Mills, für ihre Rolle in Jamaikas eigenem Kampf im Jahr 1970 gegen das Erbe des globalen Racial Contract. Meine Ehefrau, Elle Mills, hat meine Arbeit von Anfang an unterstützt und hatte manchmal einen größeren Glauben an mich als ich selbst.

Besondere Freunde aus der Vergangenheit und Gegenwart sollten ebenfalls angeführt werden: Ich danke Bob wegen der alten Zeiten; Lois, einem wirklichen und tatkräftigen Freund; Femi, einem Mitstreiter aus der Dritten Welt, für zahlreiche Gespräche seit den Tagen unseres Graduiertenstudiums darüber, wie man die Philosophie in der akademischen Welt weniger akademisch machen könnte.

Horace Levy, mein erster Philosophielehrer und viele Jahre lang die mobile Eine-Person-Philosophie-Einheit des Mona-Campus der University of the West Indies, verdient besonderen Dank, ebenso wie Frank Cunningham und Danny Goldstick von der University of Toronto, die mich im Graduiertenprogramm der philosophischen Fakultät vor so vielen Jahren willkommen hießen, dass niemand von uns sich genau daran erinnern möchte. John Slaters Vertrauen in mich und seine Unterstützung für meine Bewerbung trotz meines nahezu nicht vorhandenen Hintergrunds aus dem Grundstudium waren entscheidend. Allen von ihnen bin ich verpflichtet.

Ursprünglich begann ich an diesen Fragen mithilfe eines Sommerforschungsstipendiums für Juniorprofessoren an der University of Oklahoma im Jahr 1989 zu arbeiten. Eine erste Fassung wurde während des Jahres 1993/94 geschrieben, als ich Stipendiat des Instituts für Humanwissenschaften an der University von Illinois in Chicago (UIC) war, und die endgültige Fassung wurde während meines Sabbaticals im Frühjahrssemester 1997 abgeschlossen. Sowohl an meiner früheren als auch an meiner gegenwärtigen Institution hatte ich das Glück, eine Reihe von Lehrstuhlinhabern gehabt zu haben, die mich bei der Bewerbung um Beihilfen, Stipendien, bei Reisen, Urlauben und Sabbaticals stark unterstützten: John Biro und Kenneth Merrill an der University of Oklahoma; Richard Kraut, Dorothy Grover und Bill Hart an der UIC. Ich möchte zum Ausdruck bringen, welch tiefe Dankbarkeit ich ihnen gegenüber für diese Unterstützung empfinde. Außerdem habe ich endlose Bitten um Unterstützung an Charlotte Jackson und Valerie McQuay gerichtet, die unschätzbaren, bienenfleißigen Verwaltungsmitarbeiterinnen der Philosophieabteilung an der UIC, und sie sind endlos geduldig und hilfsbereit gewesen, was meine Arbeit sehr gefördert hat.

Ich danke Bernard Boxill, Dave Schweickart und Robert Paul Wolff für ihre Empfehlungsschreiben zu meiner Bewerbung um das UIC-Humanities-Institute-Stipendium, das mir ermöglichte, mit dem ursprünglichen Manuskript anzufangen. Es war Bob Wolffs Vorschlag, der von Howard McGary Jr. unterstützt wurde, dass ich ein »kurzes, schwungvolles Buch« schreiben sollte, das für eine Leser:innenschaft von Nicht-Philosophen zugänglich wäre. Ich hoffe, dass es für euch schwungvoll genug ist.

Eine frühere und kürzere Fassung dieses Buchs wurde von Mitgliedern der Politically Correct Discussion Group of Chicago (PCDCGC) gelesen und besprochen; ich habe von der Kritik Sandra Bartkys, Holly Graffs, David Ingrams und Olufemi Taiwos profitiert. Jay Drydyk las das Manuskript und gab mir wertvolle Anregungen und Ermutigungen. Außerdem habe ich zwischen 1994 und 1996 von Rückmeldungen der Zuhörer bei folgenden Vorträgen profitiert: Institut für Humanwissenschaften, UIC; Society for the Humanities, Cornell University; einem Kolloquium an der Queen's University; einer Podiumsdiskussion beim Jahrestreffen der Society for Phenomenology and Existential Philosophy; und einer Konferenz mit dem Titel »The Academy and Race« an der Villanova University.

Ich habe beständig besondere Unterstützung für das Projekt von feministischen Theoretikerinnen erhalten: von meiner Freundin Sandra Bertky, von Paola Lortie, Sandra Harding, Susan Babbitt, Susan Campbell und Iris Marion Young. Über die Jahre hinweg habe ich eine Menge von der feministischen politischen Theorie gelernt und schulde offensichtlich großen Dank insbesondere Carole Pateman. Meine Konzentration auf *race* in diesem Buch sollte nicht so verstanden werden, dass ich die Wirklichkeit von Geschlechtsunterschieden als eines anderen Herrschaftssystems nicht anerkenne.

Alison Shonkwiler, meine Lektorin bei Cornell University Press, war ab der allerersten Lektüre des Manuskripts sehr begeistert, und es ist weitgehend ihre Überzeugung gewesen, die mich dazu bewog zu denken, dass es hier wirklich ein Buch gäbe und dass ich es schreiben sollte. Für ihre Energie und ihren Schwung und das scharfe Lektorinnenauge, das dies zweifellos zu einem besseren Buch gemacht hat, als es ansonsten gewesen wäre, bringe ich meine tiefe Wertschätzung zum Ausdruck.

Schließlich wurde ich als Fremder in einem fremden Land hier vom American Philosophy Association Committee on the Status of Blacks in Philosophy willkommen geheißen. Ich möchte gerne Joward McGary

Jr., Leonard Harris, Lucius Outlaw Jr., Bill Lawson, Bernard Boxill und Laurence Thomas herausgreifen und ihnen dafür danken, dass sie mir das Gefühl gaben, heimisch zu sein. Als Nutznießer von Fördermaßnahmen zugunsten benachteiligter Gruppen wäre ich heute nicht in der akademischen Welt Amerikas, wenn es die Kämpfe Schwarzer Amerikaner:innen nicht gegeben hätte. Dieses Buch ist zum Teil eine Hommage an und eine Anerkennung diese(r) Kämpfe und allgemeiner der internationalen Schwarzen radikalen Tradition politischen Widerstands, die sie exemplifizieren.

C. W. M.

Einleitung *Tommie Shelby*

The Racial Contract von Charles Mills aus dem Jahr 1997 ist ein Meilenstein. Das Ziel des Buches bestand darin, eine begriffliche Erneuerung der politischen Philosophie hervorzubringen, indem die Untersuchung von *race* in den Mittelpunkt gestellt wurde. Doch mit Mills' Denken kam ich nicht erst durch diesen Klassiker in Berührung. Während ich in den frühen 1990er Jahren an Forschungen für meine Dissertation arbeitete, stieß ich bei einem ähnlichen Thema auf mehrere Aufsätze von Mills. Ich versuchte, Marx' materialistische Kritik der Moral und deren Implikationen für seinen Vorwurf zu verstehen, dass der Kapitalismus in seinem Wesen ausbeuterisch sei. Mills hatte Essays veröffentlicht, die Marx' Begriff der Ideologie, des historischen Materialismus und der Grenzen moralischer Kritik der kapitalistischen Gesellschaft erforschten. Diese wissenschaftliche Arbeit hinterließ einen starken Eindruck auf mich, und die Tatsache, dass sie in der Sprache der analytischen Philosophie (meiner bevorzugten Art philosophischer Schriften) geschrieben war, machte sie mir besonders sympathisch. Ungefähr zur selben Zeit erfuhr ich, dass Mills Schwarz war, was mich dazu veranlasste, nach seinen anderen Schriften zu suchen, und ich entdeckte seine ersten Aufsätze über *race* und Africana-Philosophie.[1]

Warum war Mills' *race*-basierte Identität für mich wichtig? Bevor ich mit dem Aufbaustudium begann, fand ich bereits die Arbeiten von Kwame Anthony Appiah, Bernard R. Boxill, Howard McGary, Bill Lawson und Laurence Thomas inspirierend. Sie alle sind Schwarze analytische Philosophen, die wichtige Arbeiten über *race* und Africana-Philosophie[2] geschrieben hatten. Aber diese Denker sind jeweils fest in der liberalen Tradition verwurzelt und haben nur ein geringes Interesse an Marx' Ideen, worin damals mein primäres Anliegen bestand. Ich hatte auch ein starkes Interesse am Problem von *race* und Klasse in all ihren Erscheinungsformen, und mein Ausgangspunkt war die marxistische Theorie. Mills gestaltete die Art von Arbeit, die ich leisten wollte, sowohl der Form als auch der Substanz nach.

Man kann sich also vorstellen, wie erfreut ich war, als ich diesem Mann Mitte der 1990er Jahre schließlich bei einer Tagung der American Philosophical Association begegnete. Nach einer Diskussionsrunde, an der Mills teilnahm, stellte er sich mir vor. Er war aufmunternd, unterstützend und ging großzügig mit seiner Zeit um, obwohl ich bloß ein Student war. Anhand unserer wechselseitigen wissenschaftlichen Interessen und unserer Hoffnung, den geistigen Raum für Schwarze in der Philosophie zu erweitern und ihr berufliches Umfeld zu fördern, verbündeten wir uns rasch miteinander. Als ich gerade am Beginn meiner beruflichen Laufbahn stand, zeigte er jene Art von Mentorentum, die ich seither gegenüber Graduiertenstudent:innen, denen ich begegnet bin oder die ich betreute, nachzuahmen versucht habe. Mit der Zeit wurden Mills und ich nicht nur Kollegen, sondern Freunde – wir teilten Ideen und Geschichten beim gemeinsamen Essen, erörterten schwierige Fragen bis spät in die Nacht und arbeiteten zusammen bei der Förderung eines Gebiets, das wir beide lieben.

Seit unserer ersten Begegnung hat sich im Fach der Philosophie vieles geändert. Fragen mit Bezug auf *race* und das Leben von Schwarzen haben sich vom Rand stärker (aber nicht ganz) zum Zentrum hin bewegt, und zwar weitgehend aufgrund von Mills' unermüdlichen und bemerkenswerten Bemühungen. Doch ich erinnere mich noch an meine Begeisterung, als ich 1997 das eben veröffentlichte Buch in Händen hielt, von dem er mir erzählt hatte und das er folgendermaßen signierte: »Für Tommie. Im Kampf der Begriffe!« Daher ist es eine gewaltige Ehre und ein Vergnügen, das Vorwort für die Ausgabe zum 25-jährigen Jubiläum dieses jetzt zu Recht berühmten Werks zu schreiben.

The Racial Contract hat viele Vorzüge. Anstatt sich eng auf Nordamerika und Europa (was gang und gäbe ist) zu konzentrieren, bietet das Buch eine wahrhaft globale Perspektive mit Bezug auf *race* unter Berücksichtigung von Afrika, Asien, Lateinamerika, der Karibik, der Pazifik-Inseln und Australiens. Es vermeidet und bricht tatsächlich mit der irreführenden Binärvorstellung von Schwarz und Weiß und betrachtet Formen der *race*-basierten Herrschaft, bei der Menschen afrikanischer Herkunft nicht die primären Opfer sind. Das Buch ist in einem außergewöhnlichen Verständnis der neuzeitlichen Weltgeschichte verankert. Obwohl es ein philosophisches Werk ist, verfolgt es einen breit angelegten interdisziplinären

Ansatz und greift auf wissenschaftliche Arbeiten in den gesamten Human- und Sozialwissenschaften zurück. Außerdem ist es in einer »ausdrucksstarken« und zugänglichen Prosa geschrieben, wodurch es zu einer ausgezeichneten Wahl für Kurse im Grundstudium wird. Diese Vorzüge erklären meines Erachtens den breiten Anklang des Buches außerhalb der Philosophie und über die Grenzen der Vereinigten Staaten hinaus.

Speziell im Hinblick auf die akademische Philosophie wirft Mills dem Fach und insbesondere der politischen Philosophie vor, in begrifflicher Hinsicht »Weiß« zu sein und der Kategorie von *race*-basierter Unterdrückung auszuweichen. Tatsächlich hat er die Weiße Vorherrschaft zu einem ernsthaften philosophischen Gegenstand gemacht, während er führende Persönlichkeiten auf dem Gebiet dafür geißelt, die Bedeutung Weißer Herrschaft in angeblich demokratischen Gesellschaften zu verschleiern. Er argumentiert überzeugend dafür, dass ein *Racial Contract* der uneingestandene, aber als selbstverständlich vorausgesetzte Subtext der Tradition des Gesellschaftsvertrags ist – wie sie von Hobbes, Locke, Rousseau und Kant exemplifiziert wird –, die einen gewaltigen Einfluss auf die zeitgenössische politische Theorie hatte. Außerdem erhebt er den Vorwurf, dass politische Philosophen weitgehend mit einer *race*-zentrierten Moralpsychologie operiert haben, die ihre Theorienbildung verzerrte und die Anwendbarkeit ihrer Schlussfolgerungen auf unsere Welt begrenzte. Die Entlarvung der subtilen Funktionsweise des *Racial Contract* stellt folglich eine kognitive Therapie für das Teilgebiet dar.

Dieser Angriff auf die politische Philosophie des Mainstreams sollte nicht als zynische Ironie, pessimistische Resignation oder radikales Getue gelesen werden. Seine Ziele sind letztlich emanzipatorisch und fußen auf der Hoffnung auf konkrete strukturelle Veränderungen. Er beruht auch nicht auf der modischen Zurückweisung und dem Schlechtreden des liberalen politischen Denkens. Vielmehr versucht Mills, den Liberalismus zu revidieren, zu entrassifizieren (»deracialize«) und zu radikalisieren, sodass er für emanzipatorische Zwecke verwendet werden kann. Die Konzentration auf den *Racial Contract* als etwas mit globaler Reichweite hilft uns dabei, Debatten in der politischen Philosophie seit Hobbes neu zu konzipieren. *Race*-basierte Herrschaft und der europäische Imperialismus sollten schon seit jeher im Zentrum der Anliegen des Teilgebiets gestanden haben.

In diesem Buch vollzieht Mills einen öffentlichen Bruch mit dem herkömmlichen »Weißen« Marxismus und verortet seine folgenden Schriften in der Schwarzen radikalen Tradition. Trotzdem lässt sich der Einfluss von Marx' Ideen in der dargebotenen Analyse leicht erkennen. In den entwickelten Thesen gibt es einen festen Standpunkt des historischen Materialismus und der Klassenanalyse. Beispielsweise wird gesagt, dass der *Racial Contract* in erster Linie von wirtschaftlichem Gewinn und der Kapitalakkumulation angetrieben wird – der Ausbeutung von Land, Arbeit und natürlichen Ressourcen. Der Ansatz hat vieles gemein mit der Ideologiekritik im westlichen marxistischen Sinne, die von der Kritischen Theorie her vertraut ist.

Eine Erklärung dessen, wie die globale Weiße Solidarität im Widerstreit mit den Freiheitskämpfen von Menschen mit dunklerer Hautfarbe steht – ein zentrales Thema von Du Bois –, wird in dem Buch deutlich formuliert. Dabei geht es nicht nur um eine verderbliche soziale Identität, sondern um die politischen und materiellen Dimensionen einer staatenübergreifenden und katastrophalen Gesamtheit von Praktiken. Es geht ebenso um Macht, Arbeit, Geld und darum, wer lebt oder stirbt, wie um die Politik der Anerkennung und den Multikulturalismus. Das Buch öffnet auch den Raum für nicht-Weiße politische Theoretiker und erhöht die Lesbarkeit ihrer Beiträge, und es unterstreicht die philosophische Bedeutung des praktischen antirassistischen Kampfes. Die Gegenstände dieser oppositionellen Theorie und Praxis sind *race*-basierte Gemeinwesen und die globale Weiße Vorherrschaft, die durch Mills' provokanten Bezugsrahmen, der herrschende Tropen und Motive auf diesem Gebiet in Frage stellt, stärker sichtbar und explizit gemacht werden.

Gegenwärtig gibt es einen rechtsgerichteten und wohl auch Weißen nationalistischen Angriff auf die kritische *Race*-Theorie (KRT). Der größte Teil dieser reaktionären Propaganda benutzt die Idee der kritischen *Race*-Theorie als leeren Signifikanten, der arglistig eingesetzt wird, um in einer Zeit der *race*-basierten Polarisierung einen politischen Vorteil zu erzielen. *Der Racial Contract* ist ein bewusster Beitrag zur kritischen *Race*-Theorie und kann daher unvoreingenommenen Leser:innen dabei helfen, diese intellektuelle Bewegung besser zu verstehen.[3]

Pioniere der kritischen *Race*-Theorie, wie etwa Derrick Bell, hoben die Hartnäckigkeit und weite Verbreitung des Rassismus in der US-amerikanischen Gesellschaft hervor. Die strukturellen Grundlagen der Gesellschaftsordnung – vom Verfassungsrecht bis zum Strafrechtssystem – gelten als in der Weißen Vorherrschaft verwurzelt, wodurch grundlegende Veränderungen äußerst schwierig, wenn nicht gar unmöglich werden. Umsetzungsfähige, fortschrittliche Veränderungen geschehen nur dann, wenn die meisten Weißen davon überzeugt sind, dass solche Veränderungen ihnen materielle Vorteile bringen werden. *Race* ist zwar real und mächtig, aber auch gesellschaftlich konstruiert (und keine biologische Art) und wird von der Rechtspraxis aufrechterhalten. Obwohl Mills Rassismus nicht als ein beständiges Merkmal der US-amerikanischen Gesellschaft auffasst, betrachtet er ihn als grundlegend und als etwas, das in ein von ihm so genanntes »*race*-basiertes Gemeinwesen« mündet, das durch eine Übereinkunft derer geschaffen wurde, die zu Zwecken der Herrschaft über für nicht-Weiß gehaltene Menschen als Weiß konstruiert wurden. Dieser Racial Contract erzeugt Mills zufolge das Konstrukt der *race* und seine andauernden, mit ihm verbundenen Identitäten. Häufig wird die Staatsmacht genutzt, um die Vertragsbedingungen durchzusetzen und Infragestellungen des Vertrags durch entlang der *race*-Linie untergeordnete Personen niederzuschlagen.

Vertreter der KRT stehen dem liberalen Denken und der Rechtspraxis zutiefst kritisch gegenüber, insbesondere wegen deren Unterstützung einer farbenblinden Sozialpolitik und deren Mangel an *race*-basiertem Realismus. Mills steht der liberalen Theorie aus ähnlichen Gründen ebenfalls deutlich kritisch gegenüber. Er glaubt, dass sie die dunkle Geschichte der *race*-basierten Herrschaft (die auch weiterhin unsere Gegenwart prägt) verschleiert, indem sie sich in eine abstrakte und idealistische Mythologie zurückzieht, anstatt sich dem konkreten Erbe des globalen Racial Contract zu stellen.

Die kritische *Race*-Theorie hat sich Hand in Hand mit der radikalen feministischen Theorie entwickelt, mit deren Verpflichtung auf Intersektionalität und Standpunkt-Theorie. Mills' Buch wurde von dem einflussreichen feministischen Buch *The Sexual Contract* von Carole Pateman angeregt, und Mills bezieht entscheidende Einsichten aus dem radikalen Feminismus ein, u. a. die Vorstellung, dass das Patriarchat ein politisches System für sich ist und dass es ebenso wie das *race*-basierte Gemeinwesen zerschlagen werden muss. Außerdem vertritt er die Idee, dass die im Hinblick auf ihre *race* Unterdrückten einen besonderen Einblick in das Wesen ihrer Unterordnung haben, und legt sogar nahe, dass er diesen Einblick bloß explizit macht – man betrachte das Epigraf dieses Buchs, das einem »Schwarzen amerikanischen Volksaphorismus« zugeschrieben wird.

Schließlich setzen kritische *Race*-Theoretiker:innen unkonventionelle oder gar regelwidrige Methoden der Mitteilung ihrer Ideen ein, etwa das Erzählen von Geschichten, Autobiografien und Allegorien, anstatt sich ausschließlich auf weithin akzeptierte Formen des theoretischen Ausdrucks zu stützen (beispielsweise die systematische Abhandlung oder nüchterne Zeitschriftenartikel). Mills liefert ein umfassendes Gegennarrativ, das unsere Erwartungen mit Bezug darauf verletzt, wie ein Werk politischer Philosophie aussehen sollte.

Es steht mir nicht zu, mich darüber auszusprechen, was die bleibenden Ideen aus *Der Racial Contract* sein werden. Es gibt jedoch bestimmte Ideen, die mich die letzten 25 Jahre begleitet haben. Um die besondere Form der Entmenschlichung zu kennzeichnen, die People of Color[4] aufgrund der Weißen Vorherrschaft erfahren haben, trifft Mills eine wichtige Unterscheidung zwischen einer Person und einer Unterperson (»subperson«). Die Leser:innen sollten sorgfältig darauf achten, wie diese Unterscheidung entwickelt und verwendet wird, um die Beziehung zwischen dem offenkundigen Gesellschaftsvertrag und dem verdeckten *Racial Contract* zu erklären.

Die provokante und erhellende Idee, dass der *Racial Contract* ständig neu geschrieben wird, ist ein nicht hinreichend gewürdigter Aspekt von Mills' Theorie. Das *race*-basierte Gemeinwesen ist nicht statisch, sondern entwickelt sich gemeinsam mit sich verändernden gesellschaftlichen Bedingungen und Machtwechseln. Zum größten Teil ist die Weiße Herrschaft nicht mehr formal in Gesetzen kodifiziert. Aber der Vertrag zwischen denen, die sich an ihr Weißsein klammern und darauf erpicht sind, an dessen Vorteilen festzuhalten, wurde neu gestaltet, um ähnliche Zwecke zu erreichen und das Erbe früherer und in einem expliziteren Sinne rassistischer Systeme auszunutzen. Dadurch wird der antirassistische Kampf komplexer und zu einer größeren Herausforderung, zum Teil deshalb, weil viele Weiße leugnen, dass der Rassismus weiter existiert.

Ich glaube auch, dass Mills' Unterscheidung zwischen dem Unterzeichner und dem Nutznießer des *Racial Contract* wichtig ist. Obwohl er meint, dass alle Weißen zwangsläufig vom *Racial Contract* profitieren (ob sie wollen oder nicht), behauptet er, dass nur einige Weiße tatsächlich unterzeichnet haben, um den Vertrag aufrechtzuerhalten. Einige dieser Unterzeichner verfechten offen Ideen Weißer Vorherrschaft und setzen sich aktiv dafür ein, People of Color ihre Grundrechte zu verweigern. Andere Unterzeichner, obwohl sie sich nicht (offiziell) zu rassistischen Idealen bekennen, nehmen bereitwillig die Vorteile ihres Weißseins an und tun wenig oder gar nichts, um zur Zerschlagung des *race*-basierten

Gemeinwesens beizutragen. Mills verdammt Menschen nicht dafür, dass sie einfach Weiß sind; und er meint auch nicht, dass die bloße Akzeptanz der Vorteile Weißer Vorherrschaft jemanden tadelnswert macht. Er lenkt die Aufmerksamkeit auf die Komplizenschaft in Systemen *race*-basierter Herrschaft, eine Komplizenschaft, die manchmal die Form der Gleichgültigkeit gegenüber und der absichtlichen Unwissenheit mit Bezug auf vergangene und fortbestehende *race*-basierte Unterordnung annimmt. Aber die andere, hoffnungsvollere Seite dieses Umstands besteht darin, dass Weiße Menschen, die sich des *Racial Contract* bewusst geworden sind, sich weigern können zu unterzeichnen, rebellieren können gegen jene, die sich dafür entscheiden, diesen Vertrag aufrechtzuerhalten und von ihm zu profitieren. Sie können sich den Völkern dunklerer Hautfarbe dieser Erde im ruhmreichen, wenn auch langwierigen Kampf der Annullierung des Vertrags anschließen.

Obwohl ich mit vielen Aspekten der Kritik übereinstimme, die Mills gegen die politische Philosophie erhebt, muss ich gestehen, dass ich sie nicht alle befürworte. Insbesondere akzeptiere ich nicht seine Kritik der idealen Theorie, zumindest nicht in allen Einzelheiten. Dies ist jedoch nicht der Ort, um unsere Meinungsverschiedenheiten auszutragen.[5] Aber es gibt eine Kritik, die ich gegenüber seinem Buch anzubringen pflegte und die ich jetzt für unangebracht halte. Mills übertreibt die Fehler und Mängel der zeitgenössischen politischen Philosophie. Das ist immer noch mein fundiertes Urteil. Aber ich hege jetzt den Verdacht, dass eine solche Übertreibung notwendig war, um die Aufmerksamkeit auf ein Thema zu lenken, das in dem Teilgebiet so kläglich und unverzeihlich vernachlässigt wurde. Vielleicht war es notwendig, die kognitive Voreingenommenheit und blinden Flecken zu behandeln, die Mills in dem Fach feststellte. Schließlich versuchte Mills, einen Gestaltwandel zu bewirken und ein herrschendes Paradigma zu erschüttern. Darüber hinaus verwendet Mills eine subversive Technik, die er aus der Schwarzen Alltagspraxis des Humors und Komödiantentums schöpft und die sich über die herrschende Gruppe und die Mächtigen anhand von Übertreibungen und Verallgemeinerungen lustig macht. Er schreibt gegen den Strich, gegen die Erwartungen des Mainstreams und verletzt manchmal sogar akademische Normen.

Diese polemischen Strategien und dieses Schwarze rhetorische Gespür zahlten sich aus, indem sie einen klassischen Text hervorbrachten, der bereits mehr als eine Generation von Denkern beeinflusst hat, die über die Grenzen der etablierten politischen Theorie und des fortwährenden Problems des Rassismus nachdenken. Für mich ist jetzt klar, dass Mills eine unverwechselbare Stimme hat, die die Kraft besitzt, viele zu erreichen. Daher heiße ich diese neue Jubiläumsausgabe des *Racial Contract* willkommen. Und ich hoffe zutiefst, dass sie noch mehr Philosoph:innen (und andere mit einer solchen Neigung) dazu bringt, sich dem Kampf der Begriffe anzuschließen.

2021

Einleitung zur deutschen Ausgabe *Kristina Lepold*

25 Jahre nach der Erstveröffentlichung liegt *The Racial Contract* von Charles W. Mills endlich in deutscher Übersetzung vor. Die zentrale These dieses modernen Klassikers hat dabei nichts von ihrer ursprünglichen Brisanz verloren. Denn Mills behauptet in seinem Buch, dass unsere Gesellschaften auf einem Vertrag beruhen, dem sogenannten *racial contract*, den Weiße zum Zweck der Ausbeutung und Beherrschung von nicht-Weißen Menschen geschlossen haben. Der Vertrag, von dem hier die Rede ist, ist also ein Vertrag, bei dem es um handfesten wirtschaftlichen Nutzen geht. Dieser Vertrag hat aber auch eine moralische, eine politische und eine epistemologische Komponente: moralisch, weil der Vertrag vorschreibt, dass nur Weiße Menschen als vollwertige Personen anzusehen sind; politisch, weil er darauf aufbauend ein Gemeinwesen begründet, in dem nicht-Weiße Menschen entweder gar keine Rechte oder nicht die gleichen Rechte besitzen oder durch eingespielte Alltagspraktiken faktisch von der gleichberechtigten Teilhabe am gesellschaftlichen Leben abgehalten werden; epistemologisch, weil der Vertrag zuletzt auch die Verdrängung all dessen vorschreibt mit dem Ergebnis, dass – wie Mills nicht ohne die ihm eigene Ironie feststellt – »Weiße im Allgemeinen nicht in der Lage sind, die Welt zu verstehen, die sie selbst gemacht haben« (S. 57, im Original kursiv).

Wie schon diese kurze Synopse deutlich macht, unternimmt Mills in *Der Racial Contract* nicht weniger als den Versuch einer radikalen Neubeschreibung der Welt, in der wir bis heute leben. Wir sollen diese durch die Lektüre anders sehen – bzw. sollen wir sie endlich so sehen, wie sie in Wirklichkeit ist. Vor welche Schwierigkeiten ein solcher Versuch gestellt ist und welche Anstrengungen gerade auch in begrifflicher Hinsicht damit verbunden sind, lässt der Text selbst nur erahnen. Mit großer Mühelosigkeit, so scheint es, und gestützt auf zahlreiche historische und sozialwissenschaftliche Studien, legt Mills die Besonderheiten jenes *racial contract* bloß und erläutert sein Wirken in der Geschichte und Gegenwart: wie sich mit dem im 15. und 16. Jahrhundert einsetzenden europäischen Kolonialismus das System der Weißen Vorherrschaft weltweit etablierte, wie fremde Kollektive europäischer Herrschaft unterworfen wurden und sich im Zuge dessen die Kategorie von *race* oder »Rasse« überhaupt erst herausbildete – und wie das System der Weißen Vorherrschaft über die Jahrhunderte zwar sein Gesicht verändert, sich aber in seinen Grundzügen dennoch bis heute erhalten hat. Das Ergebnis ist ein gut zu lesender und einprägsamer Text.

Die Einleitung deutet die intellektuelle Leistung, die dem zugrunde liegt, jedoch kurz an. Mills nimmt hier – wie dann auch ausführlicher im dritten Teil des Buchs – auf die globalen politischen Kämpfe von nicht-Weißen Menschen gegen koloniale Herrschaft und Ausbeutung, Versklavung, rassistische Gewalt und Ungleichbehandlung Bezug. An das Wissen, das diese Kämpfe zutage gefördert haben, das also selbst untrennbar mit den praktischen und intellektuellen Anstrengungen von Generationen von nicht-Weißen Menschen verknüpft ist, schließt Mills an. Allerdings ist Mills von Haus aus Philosoph. Und die akademische Philosophie ist nicht nur, wie er in der Einleitung hervorhebt, eine der »Weißesten« Disziplinen überhaupt. In ihr spielt in den 1980er und frühen 1990er Jahren auch nichts von alldem eine nennenswerte Rolle. In Lehrveranstaltungen oder beim Lesen philosophischer Texte könne man den Eindruck gewinnen, Weiße Vorherrschaft und Rassismus gäbe es überhaupt nicht, so Mills. Er hat hier vor allem den liberalen Mainstream in der politischen Philosophie vor Augen. Dabei ist wichtig zu sehen, dass es Mills nicht um die bloße Abwesenheit bestimmter Themen geht. Vielmehr verweist er auf ein zentrales Hindernis, das einer Auseinandersetzung mit Fragen von *race* und Rassismus im Wege steht. Die zeitgenössische liberale politische Philosophie neige nämlich dazu, von realen Gegebenheiten und konkreten Erfahrungen abzusehen; später hat Mills daraus seine viel diskutierte methodologische Kritik an John Rawls' idealtheoretischem Ansatz entwickelt.[1] Angesichts dessen lautet die Frage, mit der sich Mills konfrontiert sieht, wie man *race* und Rassismus überhaupt zu Themen der politischen Philosophie machen kann.

Bevor auf Mills' Lösung für dieses Problem eingegangen wird, sei darauf hingewiesen, dass Mills auch gegenüber der marxistischen Tradition, obwohl diese immerhin reale gesellschaftliche Verhältnisse adressiert, skeptisch ist. Die Bedeutung von Marx für Mills' intellektuelle Entwicklung kann sicherlich nicht zu gering eingeschätzt werden. Doch hält

Mills den theoretischen Rahmen, den Marx bietet, für unzureichend, um die Rolle, die *race* in unserer Welt spielt, angemessen zu begreifen.[2] Am Ende ist es die feministische Theorie, die entscheidende Impulse für Mills' Projekt in *Der Racial Contract* liefert. Vor allem Carole Patemans *The Sexual Contract* von 1988 zeigt Mills, wie man gesellschaftliche Herrschaftsverhältnisse jenseits von Klasse theoretisieren kann und zwar auf eine Weise, dass dabei zugleich der Brückenschlag zur zeitgenössischen liberalen politischen Philosophie gelingt. Um über die Beherrschung von Frauen durch Männer nachzudenken, bedient sich Pateman nämlich der klassischen Vertragstheorie. Was die klassische Vertragstheorie so geeignet für Mills' Vorhaben macht, ist, dass ihr Vokabular bis heute in der politischen Philosophie gebraucht wird, dass sie aber anders als die zeitgenössische liberale politische Philosophie noch überwiegend an realen Vorkommnissen interessiert war.

Im Unterschied zu John Rawls, der, als er mit *Eine Theorie der Gerechtigkeit* in den 1970er Jahren an die klassische Vertragstheorie anschloss, nur noch von einem hypothetischen Vertrag sprach, besteht der Anspruch der klassischen Vertragstheoretiker darin, die tatsächliche Entstehung von Staat und Gesellschaft zu erklären. Selbstverständlich gehen Autoren wie John Locke dabei von einer Übereinkunft von Freien und Gleichen aus, die auf diese Weise einvernehmlich ihr Zusammenleben regeln. Nichtsdestotrotz ist Mills der Auffassung, dass zentrale Annahmen und Konzepte der klassischen Vertragstheorie hilfreich sind, um verständlich zu machen, weshalb nicht-Weiße Menschen in der modernen Welt systematisch benachteiligt werden. Man darf sich den Vertrag, so Mills, eben nicht so vorstellen, dass es ein Vertrag zwischen allen ist. Vielmehr ist der Vertrag über die Weiße Vorherrschaft ein Vertrag, an dem nur einige beteiligt sind.

Im Zusammenhang mit Mills' Vorstellung des *racial contracts*, die er gestützt auf die klassische Vertragstheorie entwickelt, verdienen an dieser Stelle mehrere Punkte Aufmerksamkeit: Erstens – darauf weist auch Tommie Shelby anlässlich der 25-jährigen Jubiläumsausgabe von *The Racial Contract* hin – wird der Vertrag laut Mills zwar von Weißen geschlossen, aber nicht alle Weißen Menschen sind automatisch Vertragsparteien; man kann den Vertrag als Weiße Person ablehnen – wobei man in diesem Fall dennoch Nutznießerin des Vertrags ist. Vertragspartei ist man hingegen dann, wenn man den Vertrag durch aktives Zutun oder auch durch Unterlassung aufrechterhält. Ob auch nicht-Weiße Personen

Vertragsparteien sein können, ist eine Frage, die *Der Racial Contract* nicht eindeutig beantwortet. Zweitens gibt es, wie Mills betont, kein einzelnes Schriftstück, das alle Vertragsbedingungen enthält, einmal unterzeichnet wurde und in dieser Form bis heute Gültigkeit besitzt. Der Vertrag existierte und existiert vielmehr in einer Vielzahl von Dokumenten, rechtlichen Regelungen, behördlichen Entscheidungen und Alltagspraktiken. Viele der rechtlichen Regelungen, die in noch nicht allzu ferner Vergangenheit die Weiße Vorherrschaft absicherten – man denke etwa an die Apartheidsgesetze in Südafrika –, gehören mittlerweile der Vergangenheit an. Mills spricht diesbezüglich von einem Übergang von einer de jure existierenden Weißen Vorherrschaft hin zu einer de facto existierenden Weißen Vorherrschaft. Diese Phaseneinteilung sollte allerdings nicht darüber hinwegtäuschen, dass das Recht nach wie vor eine wichtige Rolle bei der Diskriminierung von nicht-Weißen Menschen spielt – und wie sich etwa in den USA seit einiger Zeit an Änderungen des Wahlrechts beobachten lässt, auch wieder ganz bewusst zu diesem Zweck eingesetzt wird. Drittens ist erwähnenswert, dass die Gruppen, die im Englischen als »races« bezeichnet werden,[3] laut Mills erst durch den *racial contract* geschaffen werden. Mills ist somit Konstruktivist mit Blick auf *race*, der die fraglichen Gruppen als Gruppen begreift, die in sozialen Prozessen der Bedeutungszuschreibung und unterschiedlichen Behandlung entstehen und reproduziert werden.[4]

Die klassische Vertragstheorie bietet nach Mills' Auffassung allerdings nicht nur ein hilfreiches begriffliches Repertoire, das mit einigen entscheidenden Anpassungen zur Beschreibung der Welt herangezogen werden kann. Die Bezugnahme auf die klassische Vertragstheorie in *Der Racial Contract* ist bei näherer Betrachtung noch komplexer als das und zwar in zweierlei Hinsicht. Die klassische Vertragstheorie ist nämlich zum einen selbst in die Geschichte des europäischen Kolonialismus verstrickt, in dessen Kontext sie entstanden ist. Ein genaues Studium der Texte offenbart, dass dieser deutliche Spuren in ihnen hinterlassen hat. In gewisser Weise erzählen die Texte der klassischen Vertragstheorie also selbst die Geschichte des *racial contracts*; Freiheit und Gleichheit sind hier in erster Linie Attribute Weißer Europäer:innen, während allen anderen Bewohner:innen der Erde die Fähigkeit zur Selbstbestimmung abgesprochen wird. Zum anderen deutet Mills in *Der Racial Contract* an, dass er trotz allem an den normativen Ideen, die die klassischen Vertragstheoretiker artikuliert haben, festhalten will. Nicht die Ideen von Freiheit und Gleichheit an sich sind laut Mills das Problem, sondern die Art und Weise, wie sie von diesen Autoren gefasst und auch in unserer Welt verwirklicht wurden. In seinem letzten zu Lebzeiten veröffentlichten Buch *Black Rights/White Wrongs* von 2017 argumentiert der 2021 vorzeitig verstorbene Mills daher für einen radikalen Liberalismus, der in den Erfahrungen nicht-Weißer Menschen gründet und die zentralen normative Ideen des Liberalismus endlich realisiert.

Tommie Shelby bezeichnet *Der Racial Contract* in seinem Vorwort zurecht als Meilenstein. Fragen von *race* und Rassismus werden in diesem Buch ins Zentrum der politischen Philosophie gerückt. Shelby schildert zudem eindrücklich, wie Mills auch durch sein ganz persönliches Engagement innerhalb der US-amerikanischen Philosophie einen Raum zu schaffen half, in dem Fragen von *race* und Rassismus mit größerer Selbstverständlichkeit verhandelt werden konnten. Dass es heute in den USA ein eigenes Forschungsfeld namens *Critical Philosophy of Race* gibt, daran hatte Mills entscheidenden Anteil – auch wenn er sich in jüngeren Texten skeptisch zeigte, ob sich im Fach insgesamt viel geändert hat.[5] Im deutschsprachigen Raum steht die philosophische Auseinandersetzung mit Fragen von *race* und Rassismus erst am Anfang. *Der Racial Contract* stellt für die Diskussion in mehreren Hinsichten einen wichtigen Ausgangspunkt dar. Zwei dieser Hinsichten möchte ich hier abschließend thematisieren.

Eine größere Schwierigkeit für die Diskussion im deutschsprachigen Raum ergibt sich aus der häufig unhinterfragten Orientierung am US-amerikanischen Kontext. In diesem erfahren andere Formen von Rassismus zwar auch Aufmerksamkeit, doch nimmt anti-Schwarzer Rassismus dort aufgrund des enormen Unrechts der Sklaverei, das sich auf US-amerikanischem Boden vollzog, mit all seinen Nachwirkungen bis heute eine herausgehobene Stellung ein. Folgt man der öffentlichen Debatte insbesondere in Deutschland, ist regelmäßig zu beobachten, wie auf dieser Grundlage vorschnell eine Gleichsetzung von Rassismus und anti-Schwarzem Rassismus vorgenommen wird: Rassismus gibt es dann vermeintlich nur dort, wo Schwarze Menschen rassistisch diskriminiert werden. Es kann kein Zweifel daran bestehen, dass anti-Schwarzer Rassismus auch in Deutschland ein massives Problem darstellt. Doch äußert dieser sich hier teils anders und spielen aufgrund der Geschichte zudem auch andere Formen von Rassismus wie etwa anti-slawischer Rassismus eine bedeutende Rolle.[6] Auch Antisemitismus und Antiziganismus, die in der deutschen Geschichte Millionen Menschen das Leben gekostet haben, müssen in diesem Zusammenhang diskutiert werden.

Nun ist *Der Racial Contract* zwar im US-amerikanischen Kontext entstanden und einige Beispiele, auf die sich Mills stützt, sind diesem entnommen. Dennoch besteht eine zentrale Leistung des Buches, wie auch Shelby in seinem Vorwort hervorhebt, darin, dass Mills das binäre Schwarz-Weiß-Schema überwindet. Es wird, wie bereits deutlich geworden sein sollte, durch die Unterscheidung von Weißen und nicht-Weißen Menschen ersetzt, um Rassismus in all seinen Erscheinungsformen zu fassen zu bekommen. Mills diskutiert in diesem Zusammenhang auch den schwierigen Fall von »Weiße[n] Menschen mit einem Fragezeichen« (S. 111), darunter maßgeblich Jüdinnen:Juden in Europa; diese Gruppe von Menschen, zu der auch Slaw:innen und andere gehören, wird von ihm auch als »gebrochen Weiß« (S. 112) bezeichnet. Man kann diese begriffliche Strategie für verbesserungsfähig halten, und überhaupt stellt sich die Frage, ob sich gerade die systematische Abwertung, Verfolgung und Vernichtung von Jüdinnen:Juden in Europa restlos in Mills' Narrativ eines globalen *racial contracts* zum Zwecke der ökonomischen Ausbeutung fügt.[7] Doch zunächst einmal stellt Mills' begriffliches Schema eine für den deutschen Kontext überaus hilfreiche Grundlage dar: Es öffnet den Blick dafür, dass es Rassismus auch ohne Hautfarbe geben kann, und fordert uns zudem dazu auf, Rassismus und Antisemitismus in ihrem komplexen Verhältnis zueinander zu untersuchen – statt, wie so häufig, getrennt voneinander.

Auch in einer zweiten Hinsicht kann die Diskussion in Deutschland von *Der Racial Contract* entscheidend profitieren. Vor einiger Zeit gab es, unter anderem befeuert durch einen Beitrag des ehemaligen Bundestagspräsidenten Wolfgang Thierse in der FAZ, eine öffentliche Debatte um den Begriff des strukturellen Rassismus.[8] Thierse und einige, die ihm beisprangen, halten den Begriff für wenig sinnvoll. Einer der in diesem Zusammenhang erhobenen Vorwürfe lautet, dass der Begriff alle Weißen Menschen pauschal zu Rassist:innen und damit für moralisch schuldig erkläre. Nun ist für Mills zwar klar, dass Rassismus eine strukturelle Angelegenheit ist. Doch bezieht er sich damit zunächst einmal auf die Weise, in der unsere Welt organisiert ist. Sie ist nämlich derart eingerichtet, dass nicht-Weiße Menschen nach wie vor systematisch benachteiligt werden. Es geht hier also nicht primär um einzelne Rassist:innen mit bösen Absichten, sondern um ein politisches System, das sich durch rechtliche

Regelungen, aber auch informelle Praktiken täglich weiter fortschreibt. Mills' Buch erlaubt es uns, dieses System in den Blick zu nehmen und so auch über geeignete Ansätze der Veränderung nachzudenken. Darüber hinaus erlaubt seine Unterscheidung von Vertragsparteien und Nutznießer:innen des *racial contracts* aber auch eine differenzierte Betrachtung der Rolle, die Individuen bei der Aufrechterhaltung einer rassistischen Welt spielen. Mills' Botschaft ist eindeutig: Weiße Menschen können sich gegen die Bedingungen des Vertrags wenden.

Die deutsche Übersetzung von *Der Racial Contract* kommt spät, aber angesichts der gegenwärtigen Debatten in Deutschland genau zum rechten Zeitpunkt. Mills' genialem Buch ist zu wünschen, dass es auch hier die breite Leser:innenschaft findet, die es verdient.

2022

Regelungen, aber auch informelle Praktiken täglich weiter [illegible] Mills [illegible] dieses System in den Blick zu [illegible] und [illegible] auch [illegible] der Verschwörung nach [illegible] [illegible] Unterscheidung [illegible] Verschwörung [illegible] [illegible] über zwei oder [illegible] [illegible] bei der [illegible] [illegible] Meine Menschen [illegible] gegen [illegible] werden.

[illegible] konnte [illegible] Deutschland [illegible] [illegible] [illegible]

Vorbemerkung

Der Racial Contract: Altes wird wieder neu

»Professor Mills, ich schreibe einfach, um Ihnen zu sagen, dass *Der Racial Contract* mein Leben verändert hat.«

Meines auch.

Im Lauf der Jahre habe ich viele solcher Nachrichten von nicht-Weißen Studierenden erhalten, die mich aus heiterem Himmel per E-Mail anschrieben, um mir mitzuteilen, welche Wirkung mein Buch auf sie ausübte. *Der Racial Contract* schlug eine Saite an, die Jahrzehnte später immer noch erklingt. In Anbetracht dessen, dass ich dies im Gefolge der massiven Demonstrationen auf der ganzen Welt gegen Rassismus schreibe, die durch den Tod von George Floyd unter den Händen der Polizei von Minneapolis entfacht wurden, könnte sein größter Einfluss tatsächlich noch vor uns liegen. Ein Buch, das mit der scheinbar provozierenden Aussage »Die Weiße Vormachtstellung ist das ungenannte politische System, das die moderne Welt zu dem gemacht hat, was sie heute ist« beginnt, scheint nicht mehr so ungeheuerlich zu sein. Internationale Proteste gegen das Erbe des europäischen Kolonialismus, Imperialismus, *race*-bezogene Sklaverei und ausgrenzende Weiße Siedlerstaaten; Forderungen nach der Reform westlicher Lehrpläne und Bildungssysteme, die eine gefährliche »Weiße Unwissenheit« mit Bezug auf die Vergangenheit und Gegenwart fördern; Rufe nach dem Ende der strukturellen Weißen Herrschaft und der rassistischen Ungerechtigkeit – plötzlich ist es viel schwieriger geworden, die Korrektheit des Bildes zu leugnen, das dieses kurze Buch vor 25 Jahren zeichnete.

Ich folge einer langen Reihe Schwarzer Intellektueller, die in zahlreichen Disziplinen arbeiten und gehofft haben, dass ihre Schriften zur Schaffung einer besseren Gesellschaft beitragen würden. In der Philosophie gibt es zwar viele Vorstellungen von Philosoph:innen und der Aufgabe der Philosophie, vom bescheidenen Hilfsarbeiter (Locke) bis zum ehrgeizigen Systemkonstrukteur (Hegel), von einer Disziplin, die alles lässt, wie es ist (Wittgenstein), bis zu einer solchen, deren Ziel es ist, die Welt zu verändern (Marx). Aber die internationale Schwarze radikale Tradition war immer unerschütterlich auf Letzteres verpflichtet.[1] Lange vor der Geburt von Karl Marx hat die durch Sklaverei erzwungene afrikanische Diaspora eine Gemeinschaft der im Hinblick auf ihre *race* Unterdrückten hervorgebracht, die versuchen, ihre Unterdrückung kritisch zu analysieren, zu verstehen und ihr letztlich ein Ende zu setzen. Leonard Harris' Formulierung zufolge ist die afroamerikanische Philosophie (und in einem bedeutenden Maße auch die moderne Africana-Philosophie) eine »Philosophie, die aus dem Kampf geboren wurde«.[2] Das Klassenzimmer und das Tagungsforum sind relativ junge räumliche Umgebungen für diesen revolutionären Diskurs; das ursprüngliche Milieu waren die Sklavenviertel. Und im besten Fall war die Schwarze radikale Tradition auch nicht verengt nationalistisch, sondern hat ihre Solidarität mit den Unterdrückten auf der ganzen Welt bekundet.

Im Unterschied also zu jenen Weißen Mainstream-Philosoph:innen, insbesondere aus der analytischen Tradition, die sich als interessenlose Denker darstellen, welche sich mit zeitlosen Fragen beschäftigen, ohne dass irgendeine Notwendigkeit bestünde, ihre Aufmerksamkeit kontingenten Umständen zuzuwenden, verstehe ich die Disziplin als verkörpert und gesellschaftlich eingebettet. *Der Racial Contract* wurde sowohl durch die Erfahrung der Schwarzen als auch durch meine besondere Identität als Jamaikaner und anschließend als jamaikanischer Amerikaner geformt, nachdem ich in die Vereinigten Staaten eingewandert war, um Teil der winzigen, aber entschlossenen Gruppe Schwarzer Philosoph:innen zu werden (die immer noch bloß ein Prozent der Berufsgruppe ausmacht).

Die internationale Perspektive, die sich in dem Buch offenkundig zeigt, drängte sich mir ohne Weiteres auf. Wenn man einer kleinen Nation des globalen Südens von weniger als drei Millionen Menschen angehört, ist es schwieriger zu glauben, dass man sich im Mittelpunkt der Welt befindet (obwohl manche Jamaikaner es ernsthaft versuchten), und die internationalen Kräfte zu ignorieren, die die Umrisse dieser Welt bestimmt haben. Tatsächlich ist die Bildung von Jamaika selbst in der Moderne das Ergebnis des europäischen Imperialismus. Xaymaca (der ursprüngliche indianische Taino-Name) wurde von Christoph Kolumbus

1494 überfallen und erobert. Die einheimische Bevölkerung wurde dezimiert, und durch den Import gefangen genommener afrikanischer Völker wurde eine Sklavenwirtschaft begründet. Die Spanier wurden später in den 1650er Jahren von den Briten vertrieben und Sklaverei im Großmaßstab eingerichtet, wodurch das Land zu einem von Großbritanniens profitabelsten Sklavenbesitztümern wurde (eine »Ausbeutungskolonie«, mit Bezug auf jene die Weißen im Grunde externe Aufseher waren im Unterschied zu den europäischen Weißen Siedlerkolonien, wie etwa den Vereinigten Staaten, die durch eine massive Einwanderung aus Europa gekennzeichnet waren). Die Sklaverei wurde zwar schließlich im Laufe von vier Jahren ab 1834 abgeschafft, aber Jamaika sollte bis 1962 eine britische Kolonie bleiben. Und rassistische Ideologien europäischer Überlegenheit rechtfertigten diese Herrschaftssysteme über Hunderte von Jahren hinweg.

Es überrascht also nicht, dass das gerade erst unabhängig gewordene Jamaika, in dem ich aufwuchs, in intensive politische Debatten über die Frage des Kolonialismus und sein Erbe für das postkoloniale Jamaika (oder war es in Wirklichkeit das neokoloniale?) vertieft war. Außerdem versuchte Jamaika unter der sozialdemokratischen Regierung Michael Manleys in den 1970er Jahren nicht nur, seine Weiße/Braune/Schwarze pyramidenförmige sozioökonomische Struktur zu reformieren, sondern auch, auf der Weltbühne eine Schlüsselrolle zu spielen; gemeinsam mit anderen Nationen des globalen Südens versuchte es, eine neue internationale Wirtschaftsordnung zu schaffen. Nachdem ich diese politische Treibhausatmosphäre durchdrungen von den damaligen radikalen anglo-karibischen Debatten verlassen hatte, war ich daher völlig erstaunt, in die politische Philosophie des Mainstreams anhand des Werks von John Rawls eingeführt zu werden, als ich mit meiner Promotion an der University of Toronto begann. Seine Mahnung in *Eine Theorie der Gerechtigkeit*, dass wir uns die Gesellschaft tatsächlich – und nicht nur idealerweise – als »ein kooperatives Unternehmen zur Förderung des gegenseitigen Vorteils« vorstellen sollten, dessen Regeln »dem Wohl seiner Teilnehmer dienen sollen«, ließ mich erkennen, dass diese Leute mit einem ganz anderen Bühnenmanuskript arbeiteten![3]

Obwohl es viele Jahre später geschrieben wurde, sollte *Der Racial Contract* als meine nachdrückliche Ablehnung jeder derartigen Konzeptualisierung verstanden werden. Eigentlich schrieb ich das Buch, das ich selbst gern gelesen hätte, als ich erstmals versuchte, mich in dem blendenden Weiß der Disziplin zurechtzufinden. (Die vielen Studenten, die mir E-Mails schreiben, sind immer noch mit demselben Problem konfrontiert.) Dieses Weißsein muss nicht nur im Sinne von Zahlen und Berufsdemografie verstanden werden, nicht nur als offenkundig in rassistischen Bemerkungen zu People of Color im Werk kanonischer Autoren und dem Ausschluss von People of Color aus demselben Kanon, sondern – auf der tiefsten und schwierigsten Ebene – im Entwurf und der theoretischen Interpretation von Schlüsselproblemen. Und im Sinne des Erreichens einer Massenleser:innenschaft für meinen eigenen Versuch der Reinterpretation ist *Der Racial Contract* meine Erfolgsgeschichte, da es um einige Male mehr als meine anderen fünf Bücher zusammen verkauft wurde und fast die Hälfte meiner gesamten Zitationen auf Google-Scholar ausmacht. Seine Rezeption war sowohl international als auch interdisziplinär. Es wurde, wie ich erfuhr, auf vergleichende Farbhierarchien in Jamaika und Barbados angewandt, auf die Politik im postkolonialen Indien, auf die nationale und internationale *race*-Dynamik in Israel/Palästina, auf den Rassismus im öffentlichen Dienst von Australien und die »Weiße Unwissenheit« im Bildungssystem Neuseelands (Aotearoa). Es wurde breitflächig in Klassenzimmern und universitären Seminarräumen über verschiedene Disziplinen hinweg verwendet: Politikwissenschaft, Soziologie, Erziehungswissenschaft, internationale Beziehungen, afroamerikanische Studien, Anthropologie, Geschichte und Rechtswissenschaft.

Nachdem ich meine Promotion in Kanada abgeschlossen hatte, sollte ich schließlich eine Stelle in den Vereinigten Staaten ergattern, wobei ich mich einer engagierten Schar von Schwarzen, größtenteils afroamerikanischen Philosoph:innen anschloss, die schon lange mit demselben Projekt beschäftigt waren.

Es ist schwer, den heutigen jungen Leser:innen zu vermitteln, wie anders die philosophische Szene Mitte der 1990er Jahre war. Es wurden zwar Bücher über *race* und afroamerikanische Philosophie veröffentlicht – die sich mit sozialer Gerechtigkeit, der religiösen Tradition der Propheten, dem Problem der »Unterschicht«, Philosophie und Sklaverei und afroamerikanischen philosophischen Traditionen befassten –, aber sie waren immer noch verhältnismäßig selten. Kein einziger Verlag hatte eine Reihe zu Philosophie und *race* oder afroamerikanischer Philosophie; heute gibt es mindestens fünf. Es waren auch keine Begleit- oder Handbücher für beide Gebiete zu finden; jetzt gibt es mindestens drei.

Aber Kwame Anthony Appiahs *In My Father's House*, das 1992 erschien, stellte einen gewissen Wendepunkt dar, obwohl er damals nicht unbedingt als solcher (an)erkannt wurde.[4] Meinem Schwarzen Philosophenkollegen Paul C. Taylor zufolge war Appiahs Buch der entscheidende Text bei der Legitimation der Erforschung von *race* und der Africana-Philosophie für den Mainstream. Appiah hatte nicht nur tadellose Referenzen aus Oxford und Cambridge, sondern auch einen technischen Hintergrund in analytischer Sprachphilosophie. Weil die analytische Philosophie wohl oder übel der vorherrschende Ansatz in der Berufsgruppe ist, bedeutete dies, dass *race* und Africana durch diesen Ansatz auf eine Art und Weise salonfähig gemacht wurden, wie kontinentale Ansätze es nicht vermocht hätten. Aber obwohl Appiahs Werk eine viel größere Leser:innenschaft erreichte, waren seine Schlussfolgerungen den meisten Schwarzen Philosoph:innen nicht willkommen. Seine Position im Hinblick auf *race* war bekanntlich eliminativistisch – »Die Wahrheit ist, dass es keine Rassen[5] gibt« –, und er stand der *race*-bezogenen panafrikanischen politischen Tradition, wie sie beispielsweise in den Schriften von W. E. B. Du Bois zum Ausdruck kommt, feindselig gegenüber, weil er sie für moralisch zweifelhaft und möglicherweise sogar rassistisch hielt.[6] Im Gegensatz dazu beharrte Lucius Outlaw, der von der Tradition der kontinentalen kritischen Theorie kam (obwohl er ihr kritisch gegenüberstand, weil sie *race* vernachlässigte) und seit langer Zeit am Befreiungskampf der Schwarzen Amerikaner:innen beteiligt war, auf der Wirklichkeit und soziopolitischen Bedeutung von *race*, was er in seinem Buch *On Philosophy and Race* deutlich formulierte.[7] In den kleinen philosophischen Zirkeln von Leuten, die ein Interesse an *race* hatten, sollte der Streit zwischen Appiah und Outlaw als die Schlüsseldebatte jener Zeit anerkannt werden, die in Foren und Zeitschriftenartikeln ausgetragen wurde, ganz zu schweigen von einer heftigen Auseinandersetzung bei einer Tagung über Philosophie und *race*, die 1994 an der Rutgers University stattfand (obwohl Frieden und Anstand später wiederhergestellt wurden – fragen Sie ihre Ältesten nach den Einzelheiten).

Natürlich wollte ich mich an diesem Gespräch selbst beteiligen, aber wie genau? Meine eigenen Sympathien lagen eindeutig bei Outlaw, auch wenn dies nicht für seine Ausdrucksweise galt. Ich wurde als analytischer Philosoph ausgebildet und betrachte mich auch weiterhin als solchen, obwohl meine Offenheit für Erkenntnisse aus der Geschichte, Soziologie, Politikwissenschaft – und demjenigen Teil der kontinentalen Philosophie, den ich verstehen kann – mich in den Augen vieler analytischer Philosoph:innen suspekt oder vielleicht einfach abtrünnig werden ließ. Die Herausforderung, wie ich sie verstand, lag darin, die analytische politische Philosophie in gesellschaftshistorischer Hinsicht verantwortlicher zu machen: Wie könnte das erreicht werden? Man kann sich *Der Racial Contract* als eine Schwarze philosophische Intervention vorstellen, die den äußerst soliden politischen Apparat der Theorie des Gesellschaftsvertrags zum Ausgangspunkt nimmt und ihn radikal anzupassen versucht, und zwar so, dass die Kategorie der *race* in das Bild aufgenommen wird. Anstelle des abgesonderten Weißen Diskurses der damaligen analytischen politischen Philosophie des Mainstreams plädierte ich für eine neue Konzeption, die die politischen Wirklichkeiten anerkannte, welche die Erfahrungen von People of Color in der Moderne kennzeichneten. Ja, *race* gibt es tatsächlich, wenn nicht biologisch, dann als ein gesellschaftliches Konstrukt mit einer gesellschaftlichen Wirklichkeit, und ja, *race* im Allgemeinen und Weiße Herrschaft im Besonderen sind für die Entstehung der modernen Welt zentral gewesen, und deshalb können wir – und sollten wir auch – eine politische Philosophie entwickeln, die von diesen Wirklichkeiten unterrichtet ist, während sie natürlich selbst den Rassismus vermeidet.

Meine jamaikanischen Wurzeln und afrokaribischen internationalistischen Sympathien hatten eine Möglichkeit gefunden, in einem syntheseartigen Buch (und einem darauf folgenden Œuvre) zum Ausdruck zu kommen in Verbundenheit und im Dialog mit der Schwarzen amerikanischen radikalen Tradition. In diesem stecke ich eine Position ab, die ich in jüngster Zeit als Schwarzen radikalen Liberalismus bezeichnet habe und die als Teil einer ganz allgemein revisionistisch-antirassistischen Neukonzeption des Liberalismus für Progressive gemeint ist.[8] Und tatsächlich legt Tommie Shelby, Autor des Vorworts für diese Ausgabe, in seinem Buch *Dark Ghettos: Injustice, Dissent, and Reform* nahe, dass, obwohl sie mit verschiedenen Namen bezeichnet wurde, dies eine Position oder ein Bündel von Positionen ist, die (bzw. das) von vielen Schwarzen politischen Denkern eingenommen wurde.[9] Obwohl Shelby und ich vielleicht mit Bezug auf Einzelheiten unterschiedlicher Meinung sind, insbesondere bei unseren Interpretationen von John Rawls, stimmen wir im Hinblick auf das Gesamtbild überein. (Als eine Parallele aus der Welt der Genderstudien denke man an die vielen verschiedenen Spielarten des feministischen Liberalismus.)[10] Die Grundidee besteht darin, den Liberalismus in einer *race*-sensiblen Form wiederzugewinnen, indem man Schwarze feministische kritische Stimmen berücksichtigt. Die Arbeiten von Shatema Threadcraft betonen zum Beispiel die Notwendigkeit der Entwicklung von Begriffen der rassistischen Unterdrückung und eine entsprechende korrigierende Gerechtigkeit mit Bezug auf *race*, die das intersektionale Wesen beider anerkennt, wie etwa die historische Verletzung der Reproduktionsrechte Schwarzer Frauen.[11]

Folgendes ist meine eigene Interpretation dieses Projekts. Der Schwarze radikale Liberalismus befasst sich notwendigerweise innig und kritisch mit den »Weißen« europäischen und euro-amerikanischen politischen Traditionen. Wenn man von diesen als völlig getrennten Traditionen spricht, läuft man tatsächlich Gefahr, sie als deutlich unterschiedene Entitäten, die verschiedene Territorien abbilden, zu verdinglichen, während doch der ganze Witz der Schwarzen/Africana-Tradition darin besteht, eine revisionistische Kartografie desselben Territoriums vorzulegen. Es handelt sich nicht um verschiedene politische Welten, sondern um hegemoniale und untergeordnete Perspektiven auf »dieselbe« politische Welt – obwohl sie von den Standpunkten sozialer Privilegiertheit und sozialer Unterordnung ganz unterschiedlich erfahren und gesehen wird.

Daher sind sowohl ein deskriptiver als auch ein normativer Aspekt beteiligt: die Neubestimmung standardmäßiger Grenzen und interner Differenzierungen des politischen Raums und das Formulieren normativer Fragen, die von der hegemonialen Ordnung typischerweise ignoriert oder, stärker noch, gänzlich abgelehnt werden. Die liberalen Staaten des Westens und jene Länder, denen sie ihren Liberalismus aufgezwungen haben, diejenigen Länder also, die wir uns Rawls zufolge als kooperative Unternehmungen zum gegenseitigen Vorteil vorzustellen haben, waren Weiße suprematistische Staaten. Rassismus war keine Anomalie, sondern in ihren »Grundstrukturen« (um Rawls zu zitieren) als Kolonial- und Imperialmächte, Ausbeutungskolonien, Gesellschaften von *race*-bezogener Leibeigenschaft und Weißen Siedlerstaaten wesenhaft enthalten. Aber da die Weiße Vormachtstellung nicht anerkannt wird (eine deskriptive/begriffliche Ausblendung), wird die *race*-basierte Gerechtigkeit als Thema an den Rand gedrängt (eine normative/präskriptive Ausblendung). Das Ergebnis? Die Weiße westliche liberale Theorie sozialer Gerechtigkeit des vergangenen halben Jahrhunderts.

Meine Behauptung lautet also, dass so, wie sie standardmäßig entfaltet wird, die Metapher des Gesellschaftsvertrags der westlichen politischen Theorie, die von Rawls in den 1970er Jahren wiederbelebt wurde, nicht im

Entferntesten ein neutraler Apparat zur Darstellung dieser Wirklichkeiten, sondern ein tendenziöser und zutiefst theoretisch voreingenommener ist. Stattdessen müssen wir mit der konkurrierenden und nützlicheren Metapher eines »Herrschaftsvertrags« arbeiten, sei es im Hinblick auf *race* wie beim Racial Contract oder in anderen Zusammenhängen.[12] Dadurch werden wir in die Lage versetzt, uns mit den einflussreichsten Abstammungslinien des liberalen Diskurses zu befassen, während wir den People of Color, die durch die westliche *race*-bezogene Herrschaft und die daraus folgende rassistische Ungerechtigkeit zu Opfern wurden, Gehör verschaffen. Die Frage nach der sozialen Gerechtigkeit wird dann in erster Linie zu einer Frage korrigierender Gerechtigkeit: Wie können wir die *race*-zentrierte Grundstruktur abbauen, die durch den Racial Contract geschaffen wurde?[13] Anstatt in einer getrennten Begriffswelt isoliert zu sein, sind die politischen Texte von People of Color, die in ihrer langen Geschichte antiimperialistischer, antikolonialer, abolitionistischer, Anti-Apartheids- und antirassistischer Kämpfe verwurzelt sind, in einen diskursiven Raum einbezogen. Dieser behandelt zwar alle dieselben Probleme wie die Mainstream-Theorie, aber durch Fragestellungen, die im Hinblick auf *race* gut unterrichtet sind, anstatt die Kategorie der *race* auszublenden.

Die Jubiläumsausgabe dieses Buches ist Anlass, sowohl in die Zukunft als auch in die Vergangenheit zu blicken. Während ich diese Vorbemerkungen schreibe, untersucht eine neue Generation politischer Philosoph:innen und Theoretiker:innen die Probleme struktureller rassistischer Ungerechtigkeit im globalen Maßstab. Eine Post-Floyd-Welt kann nicht – so hofft man – zur politischen Selbstvergessenheit der Vergangenheit mit Bezug auf *race* zurückkehren. Außerdem hoffe ich, dass *Der Racial Contract* auch weiterhin als nützlicher Text bei der Förderung dieses Projekts dienen wird. Obwohl es Gründe dafür gibt, optimistisch zu sein, ist eine Gegenreaktion gegen die kritische Theorie der *race* und die kritische Philosophie der *race* im Entstehen begriffen. Mächtige politische Kräfte in verschiedenen westlichen Staaten – u. a. in den USA, Großbritannien und Frankreich – betrachten eine solche Arbeit als subversiv und als Bedrohung der bestehenden Ordnung.[14] Und in einem bestimmten Sinn haben sie natürlich völlig recht angesichts dessen, dass diese Ordnung auf der Weißen *race*bezogenen Herrschaft gründet. Ihre Gegnerschaft bestätigt die Gültigkeit der Diagnose von *Der Racial Contract* – dass der Liberalismus *race*-zentriert ist, auf Ausgrenzung beruht und dass Widerstand gegen die substanzielle Inklusion von People of Color geleistet wird. Nur durch das Eingeständnis dieser Wirklichkeit und die Auseinandersetzung mit ihr lässt sich *Der Racial Contract* auflösen. Der Kampf für *race*-basierte Gerechtigkeit geht weiter, aber auch der Kampf dagegen.

Der Racial Contract

Wenn Weiße »Gerechtigkeit« sagen, meinen sie »Nur wir«.[1]
–Schwarzamerikanischer Volksaphorismus

Einleitung

Die Weiße Vormachtstellung ist das unbenannte politische System, das die moderne Welt zu dem gemacht hat, was sie heute ist. Diesen Begriff wird man nicht in Einführungs- und auch nicht in fortgeschrittenen Texten politischer Theorie finden. Ein üblicher Philosophiekurs des Grundstudiums wird mit Platon und Aristoteles beginnen, vielleicht etwas über Augustinus, Thomas von Aquin und Machiavelli sagen, zu Hobbes, Locke, Mill und Marx übergehen und schließlich mit Rawls und Nozick enden. Er wird Sie, die Leser:innen, in die Begriffe der Aristokratie, Demokratie, des Absolutismus, Liberalismus, der repräsentativen Regierung, des Sozialismus, des Wohlfahrtskapitalismus und des Libertarismus einführen. Aber obwohl er über zweitausend Jahre westlichen politischen Denkens abdeckt und das mutmaßliche Spektrum politischer Systeme darlegt, wird das grundlegende politische System, das die Welt in den vergangenen Jahrhunderten geformt hat, keine Erwähnung finden. Und diese Auslassung ist kein Zufall. Sie spiegelt vielmehr die Tatsache wider, dass standardmäßige Lehrbücher und Kurse zum größten Teil von Weißen geschrieben und entworfen wurden, die ihr *race*-bezogenes Privileg so sehr für selbstverständlich halten, dass sie es nicht einmal als *politisch*, als eine Form der Herrschaft betrachten. Ironischerweise wird das wichtigste politische System der jüngeren Weltgeschichte – das Herrschaftssystem, durch das Weiße Menschen historisch über nicht-Weiße Menschen regierten und in bestimmten bedeutenden Hinsichten immer noch regieren – überhaupt nicht als politisches System angesehen. Es wird einfach für selbstverständlich gehalten; es ist der Hintergrund, gegenüber dem andere Systeme, die wir als politisch betrachten *sollen*, hervorgehoben werden. Dieses Buch ist ein Versuch, Ihre Sicht umzulenken, damit Sie das sehen, was in einem gewissen Sinne schon immer da war.

Die Philosophie ist bemerkenswert unberührt geblieben von den Debatten über Multikulturalismus, die Reform kanonischer Regeln und ethnischer Vielfalt, die die akademische Welt plagen; sowohl in demografischer als auch in begrifflicher Hinsicht ist sie eine der »Weißesten« Disziplinen der Humanwissenschaften. Schwarze machen nur etwa ein Prozent von Philosoph:innen an nordamerikanischen Universitäten aus – etwa hundert Menschen von mehr als 10.000 –, und es gibt noch weniger Latino-, asiatisch-amerikanische und indianische Philosoph:innen.[2] Diese Unterrepräsentation ist gewiss selbst erklärungsbedürftig, und meiner Meinung nach lässt sie sich teilweise auf ein begriffliches Feld und ein Standardrepertoire von Anliegen zurückführen, deren Abstraktheit typischerweise die Erfahrung von *Race*-Minderheiten auslässt, anstatt sie wirklich einzuschließen. Da (Weiße) Frauen einen demografischen Zahlenvorteil haben, gibt es natürlich weitaus mehr Philosophinnen in der Berufsgruppe als nicht-Weiße Philosophinnen (obwohl ihr Anteil immer noch nicht proportional zum Prozentsatz von Frauen in der Bevölkerung ist), und sie haben weitaus größere Fortschritte bei der Entwicklung alternativer Konzepte erzielt. Diejenigen afroamerikanischen Philosoph:innen, die auf dem Gebiet der Moral- und Politiktheorie arbeiten, bringen entweder allgemeine Arbeiten hervor, die sich von denen ihrer Weißen Peers nicht unterscheiden lassen, oder konzentrieren sich auf eingeschränktere Probleme (Fördermaßnahmen zugunsten benachteiligter Gruppen, die Schwarze »Unterschicht«) oder historische Gestalten (W. E. B. Du Bois, Alain Locke), und zwar auf eine Art und Weise, die sich mit der umfassenderen Debatte nicht sonderlich offensiv auseinandersetzt.

Wir brauchen einen globalen theoretischen Rahmen, um die Erörterungen von *race* und Weißem Rassismus einzuordnen, und damit für die Infragestellung der Annahmen Weißer politischer Philosophie, was der Formulierung der zentralen Rolle von sozialem Geschlecht, Patriarchat und Sexismus für die traditionelle Moral- und Politiktheorie seitens feministischer Theoretiker:innen entsprechen würde. Wir brauchen mit anderen Worten die Anerkennung der Tatsache, dass der Rassismus (oder, wie ich geltend machen werde, die globale Weiße Vormachtstellung) *selbst* ein politisches System ist, eine besondere Machtstruktur formeller oder informeller Regeln, sozioökonomischer Privilegien und Normen für die unterschiedliche Verteilung von materiellem Wohlstand und Chancen, von Vergünstigungen und Lasten, Rechten und Pflichten. Die Vorstellung des Racial Contract ist, so schlage ich vor, eine Möglichkeit, diese Verbindung mit der Mainstream-Theorie herzustellen, da sie das Vokabular und den Apparat benutzt, die bereits für den Kontraktualismus entwickelt wurden, um dieses nicht anerkannte System abzubilden. Die Rede von Verträgen ist schließlich die politische Verkehrssprache unserer Zeit.

Wir alle verstehen die Idee eines »Vertrags«, einer Übereinkunft von zwei oder mehr Menschen, so, etwas Bestimmtes zu tun. Der »Gesellschaftsvertrag« erweitert diese Idee bloß. Wenn wir uns Menschen so vorstellen, dass sie in einem »Naturzustand« anfangen, dann wird nahegelegt, dass sie anschließend *entscheiden*, eine bürgerliche Gesellschaft und eine Regierung zu begründen. Wir haben also eine Theorie, die die Regierung auf die öffentliche Zustimmung von Individuen gründet, die als Gleiche angenommen werden.[3]

Aber der eigentümliche Vertrag, von dem ich spreche, ist, obwohl er auf der Tradition des Gesellschaftsvertrags beruht, die für die politische Theorie des Westens zentral war, kein Vertrag zwischen jedermann (»wir, das Volk«), sondern nur zwischen den Menschen, die zählen, den Menschen, die wirklich Menschen sind (»Wir, das Weiße Volk«). Daher ist er ein Racial Contract.

Der Gesellschaftsvertrag, sei es in seiner ursprünglichen oder seiner gegenwärtigen Form, stellt eine leistungsfähige Gesamtheit von Subjekten dar, um damit auf die Gesellschaft und die Regierung zu blicken. Aber aufgrund seiner Verschleierung der hässlichen Wirklichkeit von Gruppenmacht und Herrschaft ist er, wenn er nicht ergänzt wird, eine zutiefst irreführende Darstellung der Art und Weise, wie die moderne Welt tatsächlich ist und wie sie entstand. Der »Racial Contract« als Theorie – ich verwende Anführungszeichen, um anzuzeigen, wenn ich über die Theorie des Racial Contract spreche im Gegensatz zum Racial Contract selbst – wird erklären, dass der Racial Contract real ist und dass scheinbare rassistische Verletzungen der Bedingungen des Gesellschaftsvertrags in Wirklichkeit die Bedingungen des Racial Contract *aufrechterhalten*.

Der »Racial Contract« ist daher als begriffliche Brücke zwischen zwei Gebieten gedacht, die jetzt weitgehend voneinander getrennt sind: einerseits die Welt der Mainstream- (das heißt Weißen) Ethik und politischen Philosophie, die sich mit Erörterungen von Gerechtigkeit und Rechten im Abstrakten befasst, andererseits die Welt des politischen Denkens von *Native Americans*, Afroamerikaner:innen und der Dritten und Vierten

Welt[4], die sich historisch auf Probleme der Eroberung, des Imperialismus, des Kolonialismus, der Weißen Besiedelung, von Bodenrechten, *race* und Rassismus, Sklaverei, Jim Crow, Reparationen, Apartheid, kultureller Authentizität, nationaler Identität, *indigenismo*, Afrozentrismus etc. konzentrierte. Diese Probleme erscheinen in der politischen Philosophie des Mainstreams[5] zwar kaum, aber sie waren für die politischen Kämpfe der Mehrheit der Weltbevölkerung zentral. Ihre Abwesenheit in dem, was als ernsthafte Philosophie betrachtet wird, spiegelt nicht etwa ihren Mangel an Ernsthaftigkeit wider, sondern die Farbe der überwältigenden Mehrheit westlicher akademischer Philosoph:innen (und vielleicht *deren* Mangel an Ernsthaftigkeit).

Der große Vorzug der traditionellen Theorie des Gesellschaftsvertrags bestand darin, dass sie scheinbar klare Antworten sowohl auf Tatsachenfragen nach den Ursprüngen und der Funktionsweise von Gesellschaft und Regierung als auch auf normative Fragen nach der Rechtfertigung sozioökonomischer Strukturen und politischer Institutionen lieferte. Darüber hinaus war der »Vertrag« sehr vielseitig verwendbar, je nach dem, wie unterschiedliche Theoretiker den Naturzustand, die menschliche Motivation, die Rechte und Freiheiten, die Menschen aufgaben oder behielten, die besonderen Einzelheiten der Zustimmung und den sich daraus ergebenden Charakter der Regierung ansahen. In der modernen Rawls'schen Variante des Vertrags wird diese Flexibilität weiterhin illustriert, da Rawls auf die historischen Behauptungen des klassischen Kontraktualismus verzichtet und sich stattdessen auf die Rechtfertigung der Grundstruktur der Gesellschaft konzentriert.[6] Gegenüber seiner Blütezeit von 1650–1800 als glanzvolle quasi-anthropologische Theorie der Ursprünge und Entwicklung der Gesellschaft und des Staats ist der Vertrag jetzt bloß zu einem normativen Werkzeug geworden, zu einem begrifflichen Mittel, um unsere Intuitionen mit Bezug auf Gerechtigkeit hervorzulocken.

Aber mein Gebrauch ist ein anderer. Der »Racial Contract«, den ich verwende, stimmt in einem gewissen Sinne mehr mit dem Geist der klassischen Vertragsdenker überein – Hobbes, Locke, Rousseau und Kant.[7] Ich gebrauche ihn nicht nur normativ, um Urteile über soziale Gerechtigkeit und Ungerechtigkeit zu entwickeln, sondern auch deskriptiv, um die tatsächliche Genese der Gesellschaft und des Staats, die Strukturierung der Gesellschaft, die Funktionsweise der Regierung und die Moralpsychologie der Menschen zu *erklären*.[8] Der berühmteste Fall, in dem der Vertrag verwendet wird, um eine offenkundig *nicht*-ideale

Gesellschaft zu erklären, was man im heutigen philosophischen Jargon als »naturalisierte« Erklärung bezeichnen würde, ist Rousseaus *Diskurs über die Ungleichheit* (1755). Rousseau macht geltend, dass die technische Entwicklung im Naturzustand eine entstehende Gesellschaft wachsender Spaltungen hinsichtlich des Wohlstands zwischen Reichen und Armen hervorbringt, die anschließend durch einen betrügerischen »Gesellschaftsvertrag« konsolidiert und dauerhaft gemacht werden.[9] Während der ideale Vertrag erklärt, wie eine gerechte Gesellschaft gebildet werden würde, die von einer moralischen Regierung regiert und von einem vertretbaren moralischen Kodex reguliert wird, erklärt dieser nicht-ideale/naturalisierte Vertrag, wie eine ungerechte, *ausbeuterische* Gesellschaft entsteht, die von einer *unterdrückerischen* Regierung regiert und von einem *unmoralischen* Kodex reguliert wird. Wenn der ideale Vertrag befürwortet und nachgebildet werden soll, muss dieser nicht-ideale/naturalisierte Vertrag entmystifiziert und verurteilt werden. Der Zweck der Analyse des nicht-idealen Vertrags ist daher nicht, ihn zu ratifizieren, sondern ihn zu verwenden, um die Ungerechtigkeiten des wirklichen nicht-idealen Gemeinwesens zu erklären und bloßzulegen und uns dabei zu helfen, durch die Theorien und moralischen Rechtfertigungen hindurchzusehen, die zu seiner Verteidigung angeboten werden. Sie liefert uns eine Art von Röntgenblick in die wirkliche innere Logik des soziopolitischen Systems. Sie leistet also für uns normative Arbeit nicht durch seine eigenen Werte, die verabscheuungswürdig sind, sondern indem sie uns in die Lage versetzt, die tatsächliche Geschichte des Gemeinwesens zu verstehen und zu begreifen, welche Rolle diese Werte und Begriffe bei der Rationalisierung von Unterdrückung spielten, um sie zu reformieren.

Carole Patemans provokantes feministisches Werk von vor einem Jahrzehnt, *The Sexual Contract*, ist ein gutes Beispiel für diesen Ansatz (und zugleich die Anregung zu meinem eigenen Buch, obwohl meine Verwendung etwas anders gelagert ist), das belegt, wie viel deskriptives und erklärendes Leben immer noch im Vertrag steckt.[10] Pateman verwendet ihn naturalistisch, als Möglichkeit zur Modellierung der inneren Dynamik von nicht-idealen, durch Männer dominierten Gesellschaften, die heute wirklich existieren. Es ist also, wie bereits angedeutet, eine Rückkehr zum ursprünglichen »anthropologischen« Ansatz, demzufolge der Vertrag in historischer Hinsicht erklärend sein *soll*. Aber der Witz besteht natürlich darin, dass ihre Absicht jetzt subversiv ist: den verborgenen, ungerechten männlichen Pakt auszugraben, auf dem der angeblich geschlechtsneutrale Gesellschaftsvertrag wirklich beruht. Indem sie die westliche Gesellschaft und ihre herrschenden politischen und moralischen Ideologien so betrachtet, als ob sie auf einem nicht anerkannten »Geschlechtervertrag« beruhten, bietet Pateman eine »mutmaßliche Geschichte«, die die normative Logik enthüllt und bloßlegt, welche den Inkonsistenzen, Umschreibungen und Ausflüchten der klassischen Vertragstheoretiker und entsprechend auch der Welt der patriarchalen Herrschaft einen Sinn abgewinnt, der ihre Arbeiten zu rationalisieren half.

Mein Ziel lautet hier, einen nicht-idealen Vertrag als rhetorische Figur und theoretische Methode zum Verstehen der inneren Logik *race*-bezogener Herrschaft und zur Beantwortung der Frage zu verwenden, wie sie die Politik des Westens und anderswo strukturiert. Der ideale »Gesellschaftsvertrag« ist ein zentraler Begriff westlicher politischer Theorie zum Verständnis und zur Bewertung der gesellschaftlichen Welt gewesen. Und Begriffe sind für die Erkenntnis entscheidend: Kognitionswissenschaftler weisen darauf hin, dass sie uns beim Kategorisieren, Lernen, Erinnern, Schließen, Erklären, Problemlösen, Verallgemeinern und der Bildung von Analogien helfen.[11] Entsprechend kann das *Fehlen* geeigneter Begriffe das Lernen behindern, das Gedächtnis beeinträchtigen, Schlüsse blockieren, Erklärungen versperren und Probleme fortschreiben. Ich schlage also vor, dass der Begriff eines Racial Contract als zentraler Begriff den wirklichen Charakter der Welt, in der wir leben, und die entsprechenden geschichtlichen Mängel ihrer normativen Theorien und Praktiken besser enthüllen kann als die nicht auf *race* bezogenen Vorstellungen, die in der politischen Theorie gegenwärtig dominieren.[12] Sowohl auf der primären Ebene einer alternativen Konzeption der Tatsachen als auch auf der sekundären (reflexiven) Ebene einer kritischen Analyse der orthodoxen Theorien selbst ermöglicht uns der »Racial Contract«, uns mit der westlichen politischen Theorie des Mainstream auseinanderzusetzen, um den Begriff der *race* ins Spiel zu bringen. Insofern man sich den Kontraktualismus als eine nützliche Art und Weise vorstellt, politische Philosophie zu treiben und darüber nachzudenken, wie das Gemeinwesen geschaffen wurde und welche Werte unsere Anordnungen leiten, um es gerechter zu gestalten, ist es offenbar entscheidend zu verstehen, worin der ursprüngliche und fortdauernde »Vertrag« wirklich bestand und besteht, damit wir ihn bei der Konstruktion des idealen »Vertrags« korrigieren können. Der »Racial Contract« sollte daher auch von Weißen Vertragstheoretikern mit Begeisterung willkommen geheißen werden.

Dieses Buch kann man sich folglich so vorstellen, dass es auf drei einfachen Behauptungen beruht: der Existenzbehauptung – die Weiße Vormachtstellung, sowohl lokal als auch global, existiert und hat seit vielen Jahren existiert; die begriffliche Behauptung – die Weiße Vormachtstellung sollte selbst als politisches System aufgefasst werden; die methodologische Behauptung – als politisches System lässt sich die Weiße Vormachtstellung auf erhellende Weise als auf einem »Vertrag« zwischen Weißen beruhend vorstellen, einem Racial Contract. Es folgen nun zehn Thesen zum Racial Contract, die in drei Kapitel unterteilt sind.

1 Überblick

Ich werde mit einem Überblick über den Racial Contract beginnen und seine Unterschiede und Ähnlichkeiten im Vergleich zum klassischen und zeitgenössischen Gesellschaftsvertrag hervorheben. Der Racial Contract ist politisch, moralisch und epistemologisch; der Racial Contract ist real; und in ökonomischer Hinsicht ist der Racial Contract bei der Bestimmung dessen, wer was bekommt, ein Ausbeutungsvertrag.

Der Racial Contract ist politisch, moralisch und epistemologisch.

Der »Gesellschaftsvertrag« ist in Wirklichkeit mehrere Verträge in einem. Heutige Kontraktualisten unterscheiden gewöhnlich zunächst zwischen dem *politischen* Vertrag und dem *moralischen* Vertrag, bevor sie weitere (untergeordnete) Unterscheidungen innerhalb beider machen. Ich behaupte jedoch, dass der orthodoxe Gesellschaftsvertrag außerdem stillschweigend einen »epistemologischen« Vertrag voraussetzt und dass es für den Racial Contract entscheidend ist, dies ausdrücklich hervorzuheben.

Der politische Vertrag ist eine Darstellung der Ursprünge der Regierung und unserer politischen Pflichten ihr gegenüber. Die untergeordnete Unterscheidung, die manchmal innerhalb des politischen Vertrags vorgenommen wird, ist die zwischen dem Vertrag zur Begründung einer *Gesellschaft* (wodurch »natürliche«, vorsoziale Individuen aus dem Naturzustand herausgenommen und sie als Mitglieder eines Kollektivs rekonstruiert und konstituiert werden) und dem Vertrag zur Begründung des *Staats* (wodurch die Rechte und Vollmachten, die wir im Zustand der Natur haben, auf eine souveräne regierende Entität unmittelbar übertragen oder in einer Vertrauensbeziehung delegiert werden).[1] Andererseits ist der moralische Vertrag die Begründung des Moralkodex, der für die

Gesellschaft eingerichtet wurde und anhand dessen die Bürger ihr Verhalten regulieren sollen. Die untergeordnete Unterscheidung ist hier die zwischen zwei Interpretationen (die noch zu erörtern sein werden) der Beziehung zwischen dem moralischen Vertrag und der Moralität im Naturzustand. Modernen Varianten des Vertrags zufolge, insbesondere der von Rawls, verschwindet der politische Vertrag weitgehend, da die moderne Anthropologie seit langem die naiven Erzählungen der Kontraktualisten mit Bezug auf die Ursprünge der Gesellschaft abgelöst hat. Der Fokus liegt also fast ausschließlich auf dem moralischen Vertrag. Dieser wird nicht als ein wirkliches historisches Ereignis aufgefasst, das beim Verlassen des Naturzustands stattfand. Vielmehr überlebt der Naturzustand nur in der abgeschwächten Form dessen, was Rawls als »ursprüngliche Position« bezeichnet, und der »Vertrag« ist eine rein hypothetische Übung (ein Gedankenexperiment) bei der Begründung dessen, was eine gerechte »Grundstruktur« wäre – mit einer Aufstellung von Rechten, Pflichten und Freiheiten, die die Moralpsychologie, Vorstellungen des Recht(mäßig)en, Begriffe der Selbstachtung etc. der Bürger gestaltet.[2]

Nun folgt der Racial Contract – und ebenso der »Racial Contract« als Theorie, das heißt die distanzierte, kritische Untersuchung des Racial Contract – dem klassischen Modell darin, dass er sowohl gesellschaftspolitisch als auch moralisch ist. Er erklärt, wie die Gesellschaft geschaffen oder entscheidend umgewandelt wurde, wie die Individuen in dieser Gesellschaft neu konstituiert wurden, wie der Staat gegründet wurde und wie ein bestimmter Moralkodex und eine bestimmte Moralpsychologie entstanden. (Wie ich betont habe, versucht der »Racial Contract«, sowohl die Art und Weise zu erklären, wie die Dinge sind und wie sie so wurden – das Deskriptive –, *als auch* die Art und Weise, wie sie sein sollten – das Normative –, da tatsächlich eine seiner Beschwerden mit Bezug auf die Weiße politische Philosophie gerade deren Weltfremdheit ist, ihre Ignoranz gegenüber den grundlegenden politischen Realitäten.) Aber der Racial Contract ist, wie wir noch sehen werden, auch epistemologisch und schreibt Normen für die Erkenntnis vor, die seine Unterzeichner befolgen müssen.

Eine vorläufige Charakterisierung sähe in etwa folgendermaßen aus: Der Racial Contract ist diejenige Gesamtheit formeller oder informeller Übereinkünfte oder Meta-Übereinkünfte (Verträge höherer Stufe *über* Verträge, die die Gültigkeitsgrenzen der Verträge festsetzen) zwischen den Mitgliedern einer Teilmenge von Menschen, die im Folgenden durch (wechselnde) »*race*-bezogene« (phänotypische/genealogische/kulturelle) Kriterien C1, C2, C3 ... als »Weiß« bezeichnet werden und koextensiv (unter gebührender Berücksichtigung der Geschlechtsdifferenzierung) mit der Klasse vollgültiger Personen sind, um die verbleibende Teilmenge von Menschen als »nicht-Weiß« und mit unterschiedlichem und unterlegenem moralischen Status, als Unterpersonen zu kategorisieren, sodass sie einen untergeordneten bürgerlichen Status in den Weißen oder von Weißen regierten Gemeinwesen haben, die von Weißen entweder bereits bewohnt oder begründet werden oder in Transaktionen als Fremde mit diesen Gemeinwesen. Die moralischen und rechtlichen Regeln, die normalerweise das Verhalten von Weißen in ihrem Umgang miteinander regeln, gelten entweder überhaupt nicht im Umgang mit Nicht-Weißen oder gelten nur in eingeschränkter Form (teilweise in Abhängigkeit von sich ändernden historischen Umständen und davon, um welche bestimmte Spielart von Nicht-Weißen es geht). Aber in jedem Fall ist der allgemeine Zweck des Vertrags immer die unterschiedliche Privilegierung der Weißen als Gruppe gegenüber den Nicht-Weißen als Gruppe, die Ausbeutung ihrer Körper, ihres Landes und ihrer Ressourcen und die Verweigerung gleicher sozioökonomischer Chancen ihnen gegenüber. Alle Weißen sind *Nutznießer* des Vertrags, obwohl einige Weiße nicht zu seinen Unterzeichnern gehören.[3]

Es wird daher offensichtlich sein, dass der Racial Contract kein Vertrag ist, für den die nicht-Weiße Teilmenge der Menschen eine wirklich zustimmende Partei ist (obwohl es wiederum je nach den Umständen manchmal diplomatisch sein mag, so zu tun, als ob das der Fall sei). Vielmehr ist er ein Vertrag zwischen denen, die als Weiß *gegenüber* Nicht-Weißen kategorisiert werden, wobei letztere folglich die Objekte anstatt die Subjekte der Übereinkunft sind. Die politische, moralische und epistemologische Logik des klassischen Gesellschaftsvertrags vollzieht also eine entsprechende Brechung mit Verschiebungen der Schlüsselbegriffe und -prinzipien.

In politischer Hinsicht dient der Vertrag zur Begründung der Gesellschaft und der Regierung, der dadurch abstrakte, *race*-unspezifische »Menschen« von Bewohnern des Naturzustands zu sozialen Geschöpfen verwandelt, die politisch gegenüber einem neutralen Staat verpflichtet sind, als Gründung eines *race*-basierten Gemeinwesens, sei es Weißer Siedlerstaaten (in denen die zuvor existierende Bevölkerung bereits spärlich ist oder stark reduziert werden kann) oder von sogenannten »Gastkolonien«, der Einrichtung einer Weißen Präsenz und Kolonialherrschaft über bereits bestehende Gesellschaften (die etwas zahlreicher sind oder deren Bewohner ihrer Dezimierung mehr Widerstand entgegensetzen). Zusätzlich wird das kolonisierende Mutterland durch seine Beziehung zu diesen neuen Gemeinwesen ebenfalls verändert, sodass seine eigenen Bürger verwandelt werden.

Dem Gesellschaftsvertrag zufolge vollzieht sich die entscheidende Metamorphose des Menschen vom »natürlichen« Menschen zum »bürgerlichen/politischen« Menschen, vom Bewohner des Naturzustands zum Bürger der geschaffenen Gesellschaft. Diese Veränderung kann in Abhängigkeit vom jeweiligen Theoretiker mehr oder weniger extrem sein. Für Rousseau ist sie eine dramatische Verwandlung, durch die tierartige Wesen, welche von Verlangen und Instinkten bestimmt werden, zu Bürgern werden, die durch Gerechtigkeit und selbst verordnete Gesetze gebunden sind. Für Hobbes ist sie eine etwas entspanntere Angelegenheit, durch die Menschen, die sich in erster Linie um sich selbst kümmern, lernen, ihr Eigeninteresse zu ihrem eigenen Wohlergehen zu beschränken.[4] Aber in allen Fällen bezeichnet der ursprüngliche »Naturzustand« anscheinend die Lage *aller* Menschen, und die gesellschaftliche Metamorphose beeinflusst sie alle auf dieselbe Weise.

Im Gegensatz dazu ist dem Racial Contract zufolge die vorläufige begriffliche Aufteilung und entsprechende Umwandlung der menschlichen Bevölkerung in »Weiße« und »nicht-Weiße« Menschen die entscheidende Metamorphose. Die Rolle, die der »Naturzustand« spielt, wird dann eine völlig andere. Im Weißen Siedlerstaat besteht seine Rolle nicht in erster Linie darin, den (zeitweisen) vorpolitischen Zustand »aller« Menschen (die in Wirklichkeit Weiße Menschen sind) abzugrenzen, sondern den dauerhaften vorpolitischen Zustand oder besser vielleicht *nicht*-politischen Zustand (insofern »vor-« auf eine letztendlich innere Bewegung zu einem bestimmten Ziel hinweist) nicht-Weißer Menschen. Die Begründung der Gesellschaft impliziert somit die Leugnung, dass eine Gesellschaft bereits existierte; die Schaffung der Gesellschaft *erfordert* das Eingreifen Weißer Menschen, die dadurch als *immer schon* soziopolitische Wesen bestimmt werden. Weiße Menschen, die (definitionsgemäß) bereits Teil einer Gesellschaft sind, treffen auf Nicht-Weiße, für die das nicht gilt, die »wilde« Bewohner eines Naturzustands sind, der von Wildnis, Dschungel, Ödland gekennzeichnet ist. Diese werden von den Weißen Menschen zum Teil als untergeordnete Bürger in die Gesellschaft gebracht oder in Reservaten ausgeschlossen, oder es wird ihnen ihre Existenz verweigert, oder sie werden ausgelöscht. Im Fall der Kolonien werden zugegebenermaßen bereits existierende, aber (aus dem einen oder anderen Grund) mangelhafte Gesellschaften (dekadente, stagnierende, korrupte) übernommen und zum »Vorteil« der nicht-Weißen Einheimischen regiert, die als kindlich, unfähig zur Selbstregierung und Handhabung ihrer eigenen Angelegenheiten und folglich entsprechend als Mündel des Staats betrachtet werden. Hier werden die Einheimischen gewöhnlich als »Barbaren« anstatt als »Wilde« gekennzeichnet, da ihr Naturzustand etwas weiter entfernt ist (obwohl er natürlich nicht so weit entfernt und in der Vergangenheit versunken ist – wenn er überhaupt je existierte – wie der Naturzustand der Europäer). Aber in Krisenzeiten neigt der begriffliche Abstand zwischen den beiden, dem Barbaren und dem Wilden, zur Schrumpfung oder zum Verschwinden, denn diese technische Unterscheidung innerhalb der nicht-Weißen Bevölkerung ist weitaus weniger wichtig als die *zentrale* Unterscheidung zwischen Weißen und Nicht-Weißen.

In beiden Fällen, wenn auch auf unterschiedliche Weise, begründet der Racial Contract also ein *race*-basiertes Gemeinwesen, einen *race*-basierten Staat und ein *race*-basiertes Rechtssystem, in dem der Status von Weißen und Nicht-Weißen deutlich abgegrenzt ist, sei es durch Gesetz oder durch Brauchtum. Und der Zweck dieses Staats ist im Gegensatz zum neutralen Staat des klassischen Vertragsdenkens unter anderem gerade die Aufrechterhaltung und Reproduktion dieser *race*-basierten Ordnung, wodurch die Privilegien und Vorteile der vollgültigen Weißen Bürger gesichert und die Unterordnung der Nicht-Weißen aufrechterhalten werden. Entsprechend wird die »Zustimmung«, die von den Weißen Bürgern erwartet wird, zum Teil als ausdrückliche oder stillschweigende Zustimmung zur *race*-basierten Ordnung, zur Weißen Vormachtstellung, zu dem, was man als Weißsein bezeichnen könnte, bestimmt. In dem Maße, in dem diejenigen, die phänotypisch/genealogisch/kulturell als Weiß kategorisiert werden, nicht in der Lage sind, die bürgerlichen und politischen Verantwortungen des Weißseins zu erfüllen, verletzen sie ihre Pflichten als Bürger. Von Anfang an ist *race* also keineswegs ein »nachträglicher Einfall«, eine »Abweichung« von den angeblich *race*-freien westlichen Idealen, sondern vielmehr ein zentraler formgebender Bestandteil dieser Ideale.

Der Tradition des Gesellschaftsvertrags zufolge gibt es zwei hauptsächliche mögliche Beziehungen zwischen dem moralischen und dem politischen Vertrag. Nach der ersten Auffassung repräsentiert der moralische Vertrag eine *im Voraus existierende* objektivistische (theologische oder weltliche) Moral und beschränkt dadurch die Bedingungen des politischen Vertrags. Das ist die Auffassung, die man bei Locke und Kant findet. Mit anderen Worten, es gibt einen objektiven Moralkodex im Naturzustand selbst, auch wenn es keine Polizisten und Richter gibt, um ihn durchzusetzen. Daher sollte jede Gesellschaft, jede Regierung und jedes Rechtssystem, die begründet werden, auf diesem Moralkodex beruhen. Nach der zweiten Auffassung *erzeugt* der politische Vertrag die Moral als eine konventionalistische Gesamtheit von Regeln. Es gibt also kein unabhängiges objektives moralisches Kriterium dafür, den einen Moralkodex als einem anderen überlegen zu beurteilen, oder dafür, die etablierte Moral einer Gesellschaft als ungerecht anzuklagen. Dieser Auffassung zufolge, die bekanntlich Hobbes zugeschrieben wird, ist die Moral einfach eine Gesamtheit von Regeln zur Förderung der rationalen Verfolgung und Koordination unserer eigenen Interessen, ohne dass sie mit denen von anderen Menschen, die dasselbe tun, in Konflikt geraten.[5]

Der Racial Contract bietet zwar Raum für beide Varianten, aber weil es die erstere Variante (der Vertrag, wie er bei Locke und Kant beschrieben wird) und nicht die letztere (der Vertrag, wie er bei Hobbes beschrieben wird) ist, die die Hauptströmung der Vertragstradition repräsentiert, konzentriere ich mich auf diese.[6] Hier wird angenommen, dass das gute Gemeinwesen auf einer zuvor schon existierenden moralischen Grundlage beruht. Offensichtlich ist das eine weitaus attraktivere Konzeption eines politischen Systems als Hobbes' Auffassung. Das Ideal einer objektiv gerechten Polis, das wir bei unserem politischen Aktivismus anstreben sollten, geht in der westlichen Tradition bis auf Platon zurück. Laut der mittelalterlichen christlichen Weltanschauung, die den Kontraktualismus bis weit in die Neuzeit hinein beeinflusste, gibt es ein »Naturrecht«, das der Struktur des Universums immanent ist und von dem man annimmt, dass es uns moralisch beim Streben nach diesem Ideal leitet.[7] (Für spätere, profane Varianten des Kontraktualismus wäre die Grundidee einfach, dass Menschen sogar im Naturzustand Rechte und Pflichten haben, und zwar aufgrund ihrer Natur als Menschen.) Daher ist es im Naturzustand falsch, zu stehlen, zu vergewaltigen, zu töten, auch wenn es keine geschriebenen menschlichen Gesetze gibt, die sagen, dass dies falsch ist.

Diese moralischen Prinzipien müssen die von Menschen gemachten Gesetze und die zugewiesenen Bürgerrechte beschränken, sobald das Gemeinwesen begründet ist. Der politische Vertrag *kodifiziert* also zum Teil einfach eine Moral, die bereits existiert, schreibt sie auf und ergänzt die Einzelheiten, sodass wir uns nicht auf einen von Gott eingepflanzten moralischen Sinn oder ein Gewissen verlassen müssen, dessen Wahrnehmungen gelegentlich durch das Eigeninteresse verzerrt sein können. Was in der Gesellschaft richtig und falsch, gerecht und ungerecht ist, wird weitgehend durch das bestimmt sein, was im Naturzustand richtig und falsch, gerecht und ungerecht ist.

Der Charakter dieser objektiven moralischen Grundlage ist daher offensichtlich entscheidend. Für den Mainstream der kontraktualistischen Tradition ist sie die *Freiheit und Gleichheit aller Menschen im Naturzustand*. Wie Locke in der *Zweiten Abhandlung* schreibt: »Um politische Gewalt richtig zu verstehen und sie von ihrem Ursprung abzuleiten, müssen wir erwägen, in welchem Zustand sich die Menschen von Natur aus befinden. Es ist ein Zustand *vollkommener Freiheit* [...], ihre Handlungen zu regeln. [E]in Zustand der *Gleichheit*, in dem alle Macht und Rechtsprechung wechselseitig sind, da niemand mehr besitzt als ein anderer.«[8] Ähnlich ist sie für Kant unser gleiches moralisches Personsein.[9] Der Kontraktualismus ist (anscheinend) auf einen moralischen Egalitarismus verpflichtet, auf die moralische Gleichheit aller Menschen, auf die Vorstellung, dass die Interessen aller Menschen gleich wichtig sind und dass alle Menschen gleiche Rechte haben müssen. Der Kontraktualismus ist außerdem auf einen prinzipiellen und grundlegenden Gegensatz zur traditionalistischen hierarchischen Ideologie der alten Feudalordnung verpflichtet, zur Ideologie eines vorgegebenen, zugewiesenen Status und natürlicher Unterordnung. Es ist diese Sprache der Gleichheit, die ihr Echo in der Amerikanischen und Französischen Revolution, in der Unabhängigkeitserklärung und der Erklärung der Menschenrechte findet. Und es ist dieser moralische Egalitarismus, der in der Zuteilung von Rechten und Freiheiten in der bürgerlichen Gesellschaft beibehalten werden muss. Wenn Menschen in einer modernen westlichen Gesellschaft auf ihren Rechten und Freiheiten bestehen und ihre Empörung darüber zum Ausdruck bringen, nicht gleich behandelt zu werden, dann berufen sie sich auf diese klassischen Ideen, ob sie es wissen oder nicht.

Aber wie wir später im Einzelnen sehen werden, schränkt die farbkodierte Moral des Racial Contract den Besitz dieser natürlichen Freiheit und Gleichheit auf *Weiße* Menschen ein. Aufgrund ihrer völligen Unkenntnis oder bestenfalls inadäquaten, kurzsichtigen Kenntnis naturrechtlicher Pflichten werden Nicht-Weiße entsprechend auf eine niedrigere Sprosse der moralischen Leiter verwiesen (die große Kette der Wesen).[10] Sie werden als *un*frei und *un*gleich geboren bezeichnet. Daher wird eine aufgeteilte Sozialontologie geschaffen, ein Universum, das gespalten ist zwischen Personen und *race*-bezogenen Unterpersonen, *Untermenschen*[11], die abwechselnd Schwarz, Rot, Braun, Gelb sein können – Sklav:innen, Aborigines, Kolonialbevölkerung –, die aber kollektiv entsprechend als »Untertanenrassen« bezeichnet werden. Und diese Unterpersonen – N**ger, Injuns (beleidigende Bezeichnung für *Native Americans*), Schlitzaugen, Kanaken, Greasers (beleidigende Bezeichnung für Lateinamerikaner, bes. Mexikaner), Schwarzkittel, Kaffern, Kulis, Abos (beleidigende Bezeichnung für die indigene Bevölkerung Australiens), Dinks (beleidigende Bezeichnung für Asiaten, bes. Vietnamesen), Googoos (beleidigende Bezeichnung für Philippinos), Gooks (beleidigende Bezeichnung für dunkelhäutige Menschen) – sind biologisch dazu bestimmt, niemals die Decke normativer Rechte zu durchdringen, die für sie unterhalb von Weißen Menschen eingerichtet wurde. Fortan wird also als selbstverständlich angenommen, ob es offen zugegeben wird oder nicht, dass die erhabenen ethischen Theorien, die bei der Entwicklung des westlichen moralischen und politischen Denkens formuliert wurden, einen eingeschränkten Anwendungsbereich haben und von ihren Verfechtern explizit oder implizit so gemeint sind, dass sie sich auf Personen, das heißt Weiße, beschränken. Die Bedingungen des Racial Contract legten die Parameter für die Weiße Moral als Ganzes fest, sodass konkurrierende Locke'sche und Kant'sche kontraktualistische Theorien natürlicher Rechte und Pflichten oder spätere anti-kontraktualistische Theorien, wie zum Beispiel der Utilitarismus des 19. Jahrhunderts, alle durch seine Festlegungen begrenzt sind.

Schließlich erfordert der Racial Contract seine eigene eigentümliche moralische und empirische Epistemologie, seine Normen und Verfahrensweisen zur Bestimmung dessen, was als moralisches und Tatsachenwissen mit Bezug auf die Welt gilt. In den Standarddarstellungen des Kontraktualismus ist es nicht üblich, davon zu sprechen, dass es einen »epistemologischen« Vertrag gibt, aber es *gibt* eine Epistemologie, die mit dem Kontraktualismus verbunden ist, nämlich in Form von Naturrechten. Das liefert uns einen moralischen Kompass, sei es gemäß der traditionellen Variante

Lockes – das Licht der Vernunft, das uns von Gott eingepflanzt wurde, sodass wir objektiv erkennen können, was richtig und was falsch ist – oder gemäß der revisionistischen Variante Hobbes' – die Fähigkeit, den objektiv optimalen, der Klugheit entsprechenden Handlungsverlauf zu bestimmen und was dieser von uns für die eigennützige Kooperation mit anderen verlangt. Durch unsere natürlichen Anlagen gelangen wir also dazu, die Wirklichkeit sowohl in ihren Tatsachen- als auch in ihren Wertaspekten zu erkennen, die objektive Beschaffenheit der Dinge und das, was an ihnen gut oder schlecht ist. Ich schlage vor, dass wir uns dies als einen idealisierten Konsens über kognitive Normen und in dieser Hinsicht als eine gewisse Übereinkunft oder einen »Vertrag« vorstellen. Es gibt ein Verständnis dessen, was als richtige, objektive Interpretation der Welt gilt, und für die Zustimmung zu dieser Auffassung wird einer Person (»vertraglich«) ein vollgültiger kognitiver Status im Gemeinwesen, der offiziellen epistemischen Gemeinschaft zugestanden.[12]

Aber für den Racial Contract sind die Dinge zwangsläufig komplizierter. Die Erfordernisse »objektiver« Tatsachen- und moralischer Erkenntnis in einem *race*-basierten Gemeinwesen sind in einem gewissen Sinne anspruchsvoller, insofern die offiziell genehmigte Wirklichkeit von der tatsächlichen Wirklichkeit abweicht. Hier könnte man also sagen, dass wir eine Übereinkunft haben, die Welt *falsch* zu interpretieren. Man muss lernen, die Welt falsch zu sehen, aber mit der Versicherung, dass diese Gesamtheit falscher Wahrnehmungen durch die Weiße epistemische Autorität, sei sie religiös oder profan, für gültig erklärt werden wird.

Für seine Unterzeichner schreibt der Racial Contract im Hinblick auf Dinge, die mit der race *zu tun haben, somit praktisch eine umgekehrte Epistemologie vor, eine Epistemologie der Unwissenheit, ein bestimmtes Muster lokaler und globaler kognitiver Fehlfunktionen (die psychologisch und sozial funktional sind), wodurch das ironische Ergebnis erreicht wird, dass Weiße im Allgemeinen nicht in der Lage sind, die Welt zu verstehen, die sie selbst gemacht haben.* Ein Teil von dem, was es bedeutet, als »Weiß« konstruiert zu werden (die Metamorphose des gesellschaftspolitischen Vertrags), ein Teil von dem, was für das Erreichen von Weißsein erforderlich ist, das heißt dafür, dass man erfolgreich zu einer Weißen Person wird (man stelle sich eine Zeremonie mit einer Bescheinigung vor, die den erfolgreichen Initiationsritus begleitet: »Herzlichen Glückwunsch, Sie sind jetzt eine offizielle Weiße Person!«), ist ein kognitives Modell, das Selbsttransparenz und ein echtes Verstehen sozialer Wirklichkeiten ausschließt. In einem bedeutenden Maße werden die Weißen Unterzeichner also in einer erfundenen wahnhaften Welt leben, einem *race*-bezogenen Fantasieland, einer »konsensuellen Halluzination«, um William Gibsons berühmte Charakterisierung des Cyberspace zu zitieren, obwohl diese besondere Halluzination im wirklichen Raum angesiedelt ist.[13] Es wird Weiße Mythologien geben, erfundene Oriente, erfundene Afrikas mit einer entsprechend fabrizierten Bevölkerung, Länder, die es nie gab, bewohnt von Menschen, die es nie gab – Calibans und Tontos, Freitags und Sambos –, aber die durch ihre Existenz in den Geschichten Reisender, in Volksmythen, in populärer und hochgestochener Belletristik, in Kolonialberichten, in den Theorien von Gelehrten, im Kino von Hollywood eine virtuelle Realität erwerben, in der Weißen Fantasie leben und ihren alarmierten wirklichen Gegenstücken entschieden aufgezwungen werden.[14] Als allgemeine Regel könnte man daher sagen, dass *das Weiße Missverstehen, die Weiße Fehlrepräsentation, das Ausweichen und die Selbsttäuschung mit Bezug auf Dinge, die mit* race *zu tun haben*, zu den am weitesten verbreiteten geistigen Phänomenen der vergangenen Jahrhunderte gehören, einer kognitiven und moralischen Ökonomie, die in psychischer Hinsicht für die Eroberung, Kolonisierung und Versklavung erforderlich ist. Und diese Phänomene sind keineswegs *zufällig*, sondern von den Bedingungen des Racial Contract *vorgeschrieben*, der ein bestimmtes Programm strukturierter Blindheiten und Undurchsichtigkeiten verlangt, um das Weiße Gemeinwesen zu begründen und aufrechtzuerhalten.

Der Racial Contract ist eine historische Realität.

Der Gesellschaftsvertrag in seiner modernen Variante hat seit langem jeglichen Anspruch aufgegeben, die historischen Ursprünge der Gesellschaft und des Staats erklären zu können. Während die klassischen Vertragstheoretiker mit einem sowohl deskriptiven als auch präskriptiven Projekt befasst waren, ist der moderne, von Rawls inspirierte Vertrag ein rein präskriptives Gedankenexperiment. Und selbst Patemans Geschlechtervertrag ist nicht als buchstäbliche Darstellung dessen gemeint, wofür sich die Menschen im Jahr 4004 v. Chr. auf den Ebenen Mesopotaniens entschieden, obwohl sein Gegenstand das Reale und nicht das Ideale ist. Was auch immer dafür verantwortlich ist, was Friedrich Engels einst als »die weltgeschichtliche Niederlage des weiblichen Geschlechts«[15] bezeichnete – ob es die Entwicklung eines wirtschaftlichen Überschusses sei, wie er dachte, oder die Entdeckung der Fähigkeit zu vergewaltigen seitens der Männer und der Nachteil, die gebärfähige Hälfte der Spezies seitens der Frauen zu sein, wie radikale Feminist:innen geltend gemacht haben –, ist offenkundig in der Vorzeit verschollen.

Im Gegensatz dazu kann der Racial Contract, der meines Wissens nie als solcher erforscht wurde, den besten Anspruch darauf erheben, eine reale historische Tatsache zu sein. Weit entfernt davon, im Nebel der Zeiten untergegangen zu sein, ist er historisch eindeutig in der Reihe von Ereignissen lokalisierbar, die die Schaffung der modernen Welt durch den europäischen Kolonialismus und die »Entdeckungs«-Reisen markierten, welche jetzt zunehmend und angemessener als Eroberungsexpeditionen bezeichnet werden. Der 500. Jahrestag der Reise von Kolumbus vor einigen Jahren mit den damit einhergehenden Debatten, Polemiken, Kontroversen, Gegenbeweisen und Ergüssen revisionistischer Literatur konfrontierte viele Weiße mit der unbequemen Tatsache, die in der Moral- und Politiktheorie des Mainstream kaum erörtert wird, dass wir in einer Welt leben, die *in den letzten fünfhundert Jahren grundlegend durch die Wirklichkeiten europäischer Herrschaft und der allmählichen Verfestigung der globalen Weißen Vormachtstellung gestaltet wurde*. Der Racial Contract ist daher nicht nur »real«, sondern – während der Gesellschaftsvertrag typischerweise so verstanden wird, dass er die Legitimität des Nationalstaats begründet und die Moral und Gesetze innerhalb seiner Grenzen kodifiziert – er ist *global*, insofern er eine tektonische Verschiebung der ethisch-rechtlichen Grundlage der Erde als Ganzes beinhaltet, der Aufteilung der Welt, wie Jean-Paul Sartre es vor langer Zeit formulierte, zwischen »Menschen« und »Eingeborenen«.[16]

Die Europäer treten dadurch als »Herren der Menschheit« zutage, die »Herren der gesamten Welt« mit der zunehmenden Macht zur Bestimmung des Status der Nicht-Europäer, die ihre Untertanen sind.[17] Obwohl keine einzelne Handlung der Verfassung und Unterzeichnung eines Vertrags entspricht, gibt es eine Reihe von Handlungen – päpstliche Bullen und andere theologische Verkündungen; europäische Erörterungen über Kolonialismus, »Entdeckungen« und Völkerrecht; Pakte, Abkommen und Rechtsentscheidungen; akademische und allgemeine Debatten über das Menschsein von Nicht-Weißen; die Begründung formalisierter rechtlicher Strukturen für die unterschiedliche Behandlung; und die routinemäßige Durchführung informeller, illegaler oder quasi-legaler Praktiken, die erfolgreich durch die Komplizenschaft des Schweigens und des Nichteingreifens und der mangelnden Bestrafung von Übeltätern seitens der Regierung geduldet werden –, was insgesamt nicht nur metaphorisch, sondern nahezu buchstäblich als ihr begriffliches, juristisches und normatives Äquivalent betrachtet werden kann.

Anthony Pagden schlägt vor, dass eine Unterteilung der europäischen Imperien in ihre Hauptperioden »zwei verschiedene, aber voneinander abhängige Geschichten« anerkennen sollte: die Kolonisierung des amerikanischen Kontinents von 1492 bis zu den 1830er Jahren und die Besetzung von Asien, Afrika und dem Pazifik von den 1730er Jahren bis zur Zeit nach dem II. Weltkrieg.[18] In der ersten Periode waren es zunächst das Wesen und der moralische Status der indigenen Bevölkerung Nordamerikas, die in erster Linie bestimmt werden mussten, und dann die der importierten afrikanischen Sklav:innen, deren Arbeit für den Aufbau dieser »Neuen Welt« erforderlich war. In der zweiten Periode, die in der formalen europäischen Kolonialherrschaft über den größten Teil der Welt bis zum frühen 20. Jahrhundert kulminierte, war es der Charakter der Kolonialvölker, dem entscheidende Bedeutung zukam. Aber in allen Fällen ist »*race*« der gemeinsame begriffliche Nenner, der allmählich dazu gelangte, den jeweiligen globalen Status der Überlegenheit und Unterlegenheit, der Privilegien und der Unterordnung zu symbolisieren. Es gibt einen Gegensatz zwischen uns und denen mit mehreren, sich überschneidenden Dimensionen: Europäer gegenüber Nicht-Europäern (Geografie), Zivilisierte gegenüber Wilden/Unzivilisierten/Barbaren (Kultur), Christen gegenüber Heiden (Religion). Aber alle vereinigten sich schließlich zu dem *grundlegenden* Gegensatz zwischen Weiß und nicht-Weiß.

Ein indianischer Rechtswissenschaftler der Lumbee, Robert Williams, hat die Entwicklung der westlichen Gesetzeslage bezüglich der Rechte indigener Völker von ihren mittelalterlichen Vorläufern bis zum Beginn der Moderne verfolgt und gezeigt, wie sie systematisch auf der Annahme der »Richtigkeit und Notwendigkeit der Unterjochung und Assimilierung anderer Völker unter bzw. an [die europäische] Weltanschauung« beruht.[19] Zu Beginn war der geistige Rahmen theologisch, wobei die normative Inklusion und Ausschließung sich als die Abgrenzung zwischen Christen und Heiden erwiesen. Die Macht des Papstes über die *Societas Christiana*, das universale christliche Gemeinwesen, wurde so aufgefasst, dass es »sich nicht nur auf alle Christen innerhalb des universalen Gemeinwesens erstreckte, sondern auch auf unbekehrbare Heiden und Ungläubige«, und diese Politik sollte in der Folge nicht nur die Kreuzzüge gegen den Islam unterstützen, sondern auch die späteren Reisen auf den amerikanischen Kontinent. Manchmal gestanden die päpstlichen Verkündigungen den Nichtgläubigen Rechte und Rationalität zu. Als Folge der Auseinandersetzung mit den Mongolen im 13. Jahrhundert räumte beispielsweise Papst Innozenz IV. ein, »dass Ungläubige und Heiden das Naturrecht besäßen, ihre eigenen profanen Anführer zu wählen«. Und Papst Pauls III. berühmtes *Sublimis Deus* (1537) erklärte, dass die Urbevölkerung Amerikas rationale Wesen seien, die nicht als »gefühlloses Vieh, das zu unseren Diensten geschaffen wurde«, behandelt werden sollten, sondern »als wahrhafte Menschen ..., die in der Lage sind, den katholischen Glauben zu verstehen«.[20] Aber, so Williams, letztere Einschränkung war immer entscheidend. Eine eurozentrisch normierte Auffassung von Rationalität ließ sie gleichbedeutend mit der Annahme der christlichen Botschaft werden, sodass deren Ablehnung ein Beweis tierischer Irrationalität war.

Noch bemerkenswerter ist die Tatsache, dass im Fall der Urbevölkerung Amerikas diese Annahme durch ihre Zustimmung zum *Requerimiento* kundgetan werden sollte, einer langen Erklärung, die ihnen laut in einer Sprache vorgelesen wurde, die sie natürlich nicht verstanden, wobei bei ausbleibender Zustimmung rechtmäßig gegen sie ein gerechter Krieg geführt werden konnte.[21] Ein bestimmter Autor schreibt:

> Das *requerimiento* ist das prototypische Beispiel eines *Textes*, der die Eroberung rechtfertigt. Nachdem es den Indianern[22] mitteilt, dass ihre Ländereien von Christus dem Papst und von ihm den Königen Spaniens anvertraut wurden, bietet das Dokument Freiheit von Sklaverei denjenigen Indianern, die die spanische Herrschaft akzeptieren. Obwohl es für einen Sprecher, der kein Spanisch konnte, unverständlich war, lieferte das Vorlesen des Dokuments eine hinreichende Rechtfertigung für die Enteignung des Landes und die sofortige Versklavung der indigenen Bevölkerung. [Bartolomé de] Las Casas' berühmter Kommentar zum *requerimiento* war, dass man nicht weiß, »ob man über dessen Absurdität lachen oder weinen soll«. ... Obwohl es so scheint, als ob das *requerimiento* »Rechte« achtet, entzieht es sie in Wirklichkeit.[23]

Tatsächlich legitimierten also die Erklärungen der katholischen Kirche entweder formell die Eroberung oder ließen sich leicht umgehen, wo nur eine schwache, scheinbare moralische Schranke errichtet wurde.

Die zunehmende Aufklärung und der Aufstieg des Säkularismus *stellten* diese strategische Dichotomisierung (Christ/Ungläubiger) *nicht in Frage*, sondern übersetzten sie nur in andere Formen. Philip Curtin spricht vom typischen »Exzeptionalismus im europäischen Denken mit Bezug auf den Nicht-Westen«, »eine Weltauffassung, die weitgehend auf der Selbstidentifizierung – und der Identifizierung ›der anderen Menschen‹ beruht«.[24] Ähnlich beschreibt Pierre van den Berghe die »Aufklärungsdichotomisierung« der normativen Theorien jener Zeit.[25] »*Race*« wurde allmählich zur formellen Kennzeichnung dieses differenzierten Status und ersetzte die religiöse Aufteilung (deren Nachteil es schließlich war, dass sie durch die Konversion überwunden werden konnte). So kristallisierte sich mit der Zeit im europäischen Denken eine Kategorie heraus, um Entitäten zu repräsentieren, die *menschenähnlich*, aber nicht gänzlich *menschlich* sind (»Wilde«, »Barbaren«) und die als solche dadurch bestimmt werden, dass sie Mitglieder der allgemeinen Gesamtheit nicht-Weißer *races* sind. Unter dem Einfluss der antiken römischen Unterscheidung zwischen den Zivilisierten innerhalb und den Barbaren außerhalb des Römischen Reiches, der Unterscheidung zwischen vollgültigen Menschen und solchen mit einem Fragezeichen, errichteten die Europäer einen zweistufigen Moralkodex mit einem Satz von Regeln für Weiße und einem anderen für Nicht-Weiße.[26]

Entsprechend wurden verschiedene moralische und rechtliche Lehren entwickelt, die als spezifische, den Umständen auf geeignete Weise angepasste Manifestationen und Instanziierungen des übergreifenden Racial Contract verstanden werden können. Es handelte sich dabei um spezifische ergänzende Verträge, die für unterschiedliche Arten der Ausbeutung von Ressourcen und Völkern der übrigen Welt für Europa entworfen wurden: der Enteignungsvertrag, der Sklavereivertrag, der Kolonialvertrag.

Die »Entdeckungsdoktrin« zum Beispiel, das, was Williams als den »paradigmatischen Grundsatz [identifiziert], der den zeitgenössischen europäischen Rechtsdiskurs bezüglich der Beziehungen zu westlichen Stammesgesellschaften prägt und bestimmt«, war für den Enteignungsvertrag zentral.[27] Der amerikanische Richter Joseph Story bemerkte dazu, dass sie den Europäern

> eine absolute Herrschaft über die gesamten Territorien garantierte, die später von ihnen besetzt wurden, und zwar nicht aufgrund irgendeiner Eroberung der indigenen Indianer oder deren Abtretung dieser Territorien, sondern als ein Recht, das durch die Entdeckung erworben wurde … Das Anrecht der Indianer wurde nicht als ein Recht auf Eigentum und Herrschaft angesehen, sondern als bloßes Bewohnungsrecht. Als Ungläubigen, Heiden und Wilden wurde ihnen nicht erlaubt, die Vorrechte zu besitzen, die absoluten, souveränen und unabhängigen Nationen zugehören. Das Territorium, über das sie wanderten und das sie für ihre zeitweisen und flüchtigen Zwecke in Anspruch nahmen, wurde mit Bezug auf die Christen so betrachtet, als ob es nur von rohen Tieren bewohnt wurde.[28]

Auf ähnliche Weise gab der Sklavereivertrag den Europäern das Recht, die indigene Bevölkerung Amerikas und Afrikas zu einer Zeit zu versklaven, als die Sklaverei in Europa tot oder im Aussterben begriffen war, und zwar auf der Grundlage von Doktrinen der wesentlichen Minderwertigkeit dieser Völker. Eine klassische Formulierung des Sklavereivertrags ist die Entscheidung von Oberrichter Roger Taney vom US-amerikanischen Obersten Gerichtshof in der Sache *Dred Scott vs. Sanford*, die erklärte, dass Schwarze vor über einem Jahrhundert als Wesen eines minderwertigen Rangs und als völlig ungeeignet für den Umgang mit der Weißen Rasse,[29] sei es in gesellschaftlichen oder politischen Beziehungen, betrachtet wurden; und zwar so minderwertig, dass sie keine Rechte hatten, die der Weiße Mann achten musste; und dass der N*ger zu dessen Vorteil gerechter- und billigerweise versklavt werden kann. ... Diese Ansicht war damals im zivilisierten Teil der Weißen Rasse starr und universell. Sie wurde sowohl in der Moral als auch in der Politik als Axiom betrachtet, das niemand in Frage zu stellen gedachte oder als fragwürdig ansah.[30]

Schließlich gibt es den Kolonialvertrag, der die europäische Herrschaft über die Nationen in Asien, Afrika und im Pazifik legitimierte. Betrachten wir beispielsweise das folgende wunderbare Beispiel, das nahezu buchstäblichen »kontraktualistischen« Charakter hat und auf den französischen Imperiumstheoretiker Jules Harmand (1845–1921) zurückgeht, der den Begriff der *Vereinigung* entwarf:

> Die Expansion durch Eroberungen scheint, wie notwendig sie auch immer sein mag, für das Gewissen von Demokratien besonders ungerecht und verstörend zu sein. ... Aber demokratische Institutionen in eine solche Umgebung zu transponieren ist abwegiger Unsinn. Die unterworfenen Menschen sind keine Bürger und können auch keine solchen im demokratischen Sinne des Begriffs werden. ... Daher ist es notwendig, als Prinzip und Ausgangspunkt die Tatsache zu akzeptieren, dass es eine Hierarchie von Rassen und Kulturen gibt und dass wir zur überlegenen Rasse und Kultur gehören. ... Die grundlegende Legitimation der Eroberung von indigenen Völkern ist die Überzeugung von unserer Überlegenheit, und nicht nur unserer mechanischen, wirtschaftlichen und militärischen Überlegenheit, sondern auch unserer moralischen. Unsere Würde beruht auf dieser Eigenschaft, und sie liegt unserem Recht zugrunde, den übrigen Teil der Menschheit zu leiten.

Daher ist ein »Vereinigungsvertrag« notwendig:

> Ohne in Rousseausche Träumereien zu verfallen, lohnt es sich festzuhalten, dass Vereinigung einen Vertrag impliziert, und obwohl diese Idee nichts weiter als eine Illustration ist, gilt sie doch im eigentlicheren Sinne für die Koexistenz zweier grundverschiedener Gesellschaften, die auf drastische und künstliche Weise miteinander in Kontakt geraten, als für die

einzelne Gesellschaft, die sich durch die natürlichen Prozesse gebildet hat, die Rousseau sich vorstellte. Auf diese Weise lassen sich die Bedingungen dieser impliziten Übereinkunft begreifen. Der europäische Eroberer bringt Ordnung, Weitsicht und Sicherheit einer menschlichen Gesellschaft, der es, obwohl sie sehnlich nach diesen grundlegenden Werten strebt, ohne die keine Gemeinschaft Fortschritte erzielen kann, an der Fähigkeit mangelt, sie aus sich selbst heraus zu erreichen. ... Mit diesen geistigen und materiellen Mitteln, die ihr fehlten und die sie jetzt erhält, gewinnt sie die Vorstellung und den Ehrgeiz im Hinblick auf eine bessere Existenz und die Mittel, diese zu erreichen. Wir werden euch gehorchen, sagen die Untertanen, wenn ihr damit beginnt, euch als würdig zu erweisen. Wir werden euch gehorchen, wenn ihr uns erfolgreich von der Überlegenheit dieser Kultur überzeugen könnt, von der ihr soviel redet.[31]

Indianische Gesetze, Sklavenkodizes und Kolonialverträge mit indigenen Völkern kodifizierten den untergeordneten Status von Nicht-Weißen und regulierten (angeblich) ihre Behandlung, wobei sie einen rechtlichen Raum für Nicht-Europäer als gesonderte Kategorie von Wesen schufen. Auch wenn es also auch manchmal einen Versuch gab, »Missbräuche« zu verhindern (und diese Kodizes wurden weitaus mehr durch die Verletzung als durch ihre Beachtung geehrt), ist der entscheidende Punkt, dass »Missbrauch« als Begriff die *Legitimität* der Unterordnung als Norm voraussetzt. Sklaverei und Kolonialismus werden in ihrer Verweigerung der Selbstbestimmung gegenüber Personen nicht als falsch aufgefasst; falsch ist vielmehr die unsachgemäße Verwaltung solcher Regime.

Es wäre folglich ein grundlegender Irrtum – ein Punkt, auf den ich zurückkommen werde –, den Rassismus als etwas Anormales zu betrachten, als eine rätselhafte Abweichung vom europäischen Humanismus der Aufklärung. Vielmehr muss man erkennen, dass in Übereinstimmung mit dem römischen Vorbild der *europäische Humanismus bedeutete, dass nur Europäer Menschen seien*. Die europäische Moral- und politische Theorie entwickelte sich wie das europäische Denken im Allgemeinen innerhalb des Rahmens des Racial Contract und setzte ihn in der Regel als selbstverständlich voraus. Wie Edward Said in *Kultur und Imperialismus* aufzeigt, dürfen wir die Kultur nicht als »antiseptische Sphäre, abgeschottet gegen alle Berührung mit der Welt«, ansehen. Aber diese Berufsblindheit hat tatsächlich die meisten »professionellen Geisteswissenschaftler« (und sicherlich die meisten Philosoph:innen) infiziert, sodass sie »daher unfähig [sind], eine Verbindung zwischen der Grausamkeit solcher Praktiken wie Sklaverei, Kolonialismus, rassischer Unterdrückung, imperialer Unterwerfung einerseits und der Dichtung, Literatur und Philosophie der

Gesellschaft, die sich auf diese Praktiken einlässt, andererseits herzustellen«.[32] Im 19. Jahrhundert nahm die konventionelle Meinung der Weißen zwanglos die unstrittige Gültigkeit einer Hierarchie von »höheren« und »niedrigeren«, »Herren-« und »Knechtrassen« an, für die offensichtlich andere Regeln gelten müssen.

Die moderne Welt wurde daher ausdrücklich als ein im Hinblick auf *race hierarchisches* Gemeinwesen geschaffen, das global von Europäern dominiert wurde. Ein Artikel aus dem Jahr 1969 in *Foreign Affairs*, den es sich heute noch einmal zu lesen lohnt, erinnert uns daran, dass noch in den 1940er Jahren die Welt »immer noch im großen Ganzen eine westliche von Weißen dominierte Welt war. Die vor Langem begründeten Muster Weißer Macht und nicht-Weißer Nicht-Macht waren immer noch die allgemein anerkannte Ordnung der Dinge. Alle begleitenden Annahmen mit Bezug auf *race* und Hautfarbe wurden immer noch größtenteils für selbstverständlich gehalten. ... Die Weiße Vormachtstellung wurde in den Vereinigten Staaten sowie in Europas Imperien allgemein angenommen und akzeptiert.«[33] Aber Aussagen von solcher Offenheit sind heute in der Weißen Meinung des Mainstreams, die im Allgemeinen die Vergangenheit so umzuschreiben versucht, dass die offensichtliche Tatsache globaler Weißer Herrschaft geleugnet oder bagatellisiert wird, selten oder nicht existent.

Doch die Vereinigten Staaten selbst sind natürlich ein Weißer Siedlerstaat auf einem Territorium, das von seiner indigenen Bevölkerung durch die Verbindung von Militärgewalt, Krankheiten und ein »Jahrhundert der Schande« gebrochener Verträge enteignet wurde.[34] Die Enteignung umfasste buchstäblichen Völkermord (ein Wort, das jetzt leider durch allzu häufige Verwendung entwertet ist) einer Art, die manchen revisionistischen Historiker:innen der jüngeren Vergangenheit zufolge als mit derjenigen des »Dritten Reichs« vergleichbar betrachtet werden muss.[35] Washington, Vater der Nation, war verständlicherweise den Senecas etwas anders als »Stadtzerstörer« bekannt.[36] In der Unabhängigkeitserklärung charakterisierte Jefferson die indigene Bevölkerung Amerikas als »unbarmherzige indianische Wilde«, und in der Verfassung erscheinen Schwarze natürlich nur indirekt, anhand der berühmten »60-Prozent-Lösung«. So kommt beispielsweise Richard Drinnon zu dem Schluss: »Die Verfasser begründeten offenkundig eine Regierung, unter der Nicht-Europäer keine als Gleiche erschaffenen Menschen waren – im Gemeinwesen ... waren sie Nicht-Völker.«[37] Obwohl in einem kleineren Maßstab und nicht immer so rücksichtslos (oder im Falle Neuseelands aufgrund eines erfolgreicheren Widerstands der indigenen Bevölkerung) wurden all jene, die gemeinhin als die anderen Weißen Siedlerstaaten klassifiziert werden – zum Beispiel Kanada, Australien, Neuseeland, Rhodesien und Südafrika –, nach ähnlichen Richtlinien gegründet: Vernichtung, Vertreibung und/oder Einpferchung der indigenen Bevölkerung in Reservate.[38] Pierre van den Berghe hat die erhellende Bezeichnung »*Herrenvolk*-Demokratien« geprägt, um diese Gemeinwesen zu beschreiben, was die Dichotomisierung des Racial Contract perfekt erfasst.[39] Ihre nachfolgende Entwicklung ist zwar etwas anders gewesen, aber die Befürworter von Südafrikas Apartheidssystem machten häufig geltend, dass die Kritik der Vereinigten Staaten im Lichte ihrer eigenen Jim-Crow-Geschichte heuchlerisch war, da die faktische Segregation immer noch hinreichend verankert bleibt, sodass auch heute noch, vierzig Jahre nach *Brown vs. Board of Education*, zwei amerikanische Soziologen ihrer Studie den Titel *Amerikanische Apartheid* geben können.[40] Die rassistische Verfasstheit von Rhodesien (jetzt Zimbabwe) und Südafrika vor der Befreiung ist wohlbekannt; weniger vertraut ist wahrscheinlich die Tatsache, dass die Vereinigten Staaten, Kanada und Australien alle bis vor wenigen Jahrzehnten eine »Weiße« Einwanderungspolitik aufrechterhielten. Und die indigenen Völker leiden in allen drei Ländern an hoher Armut, Säuglingssterblichkeit und Suizidraten.

Anderswo wurden in Lateinamerika, Asien und Afrika große Teile der Welt kolonisiert, das heißt formell der Herrschaft der einen oder anderen europäischen Macht (oder später der Vereinigten Staaten) unterworfen: die frühen spanischen und portugiesischen Imperien auf dem amerikanischen Kontinent, den Philippinen und in Südasien; die eifersüchtige Konkurrenz von Großbritannien, Frankreich und den Niederlanden; die britische Eroberung Indiens, die französische Expansion nach Algerien und Indochina; der holländische Vorstoß nach Indonesien; die Opiumkriege gegen China; der »Wettlauf um Afrika« des späten 19. Jahrhunderts; der US-amerikanische Krieg gegen Spanien, die Besitzergreifung von Kuba, Puerto Rico und den Philippinen und die Annexion von Hawaii.[41] Die Geschwindigkeit der Veränderung in diesem Jahrhundert ist so dramatisch gewesen, dass man leicht vergisst, dass vor weniger als einhundert Jahren, nämlich 1914, »Europa [...] grob geschätzt 85 % der Erdoberfläche als Kolonien, Protektorate, Schutzgebiete, Dominien und abhängige Gemeinwesen [kontrollierte]. Kein anderer Kolonienverbund in der Geschichte war ähnlich groß, keiner so akribisch beherrscht, keiner an Macht der westlichen Metropole so unebenbürtig.«[42] Man könnte sagen, dass der Racial Contract ein transnationales Weißes Gemeinwesen, eine virtuelle Gemeinschaft von Menschen erzeugt, die durch ihre Staatsbürgerschaft in Europa zuhause und im Ausland (Europa selbst, im kolonialen größeren Europa und in den »Fragmenten« von Euro-Amerika, Euro-Australien etc.) miteinander verbunden und im Gegensatz zu ihren indigenen Untertanen konstituiert sind. Im größten Teil von Afrika und Asien, wo die Kolonialherrschaft erst nach dem II. Weltkrieg endete, hielten starre »Farbschranken« die Trennung zwischen Europäern und Indigenen aufrecht. Als Europäer, als Weißer, wusste man, dass man selbst ein Mitglied der überlegenen *race* war, wobei die eigene Haut als Pass diente: »Was auch immer ein Weißer Mann tat, musste auf groteske Weise ›zivilisiert‹ sein.«[43] Obwohl es also lokale Variationen des Racial Contract gab, die von den jeweiligen Umständen und der besonderen Art der Ausbeutung abhingen – beispielsweise ein zweipoliges, *race*-basiertes System in den (angelsächsischen) Vereinigten Staaten gegenüber einer subtileren Farbhierarchie im (iberischen) Lateinamerika –, bleibt es der Fall, dass der Stamm der Weißen als globaler Vertreter von Kultur und Moderne im Allgemeinen an der Spitze der gesellschaftlichen Pyramide steht.[44]

Wir leben also in einer Welt, die auf dem Racial Contract errichtet wurde. Diese Tatsache ist zugleich ganz offensichtlich, wenn man darüber nachdenkt (die Daten und Einzelheiten kolonialer Eroberungen, die Verfassungen dieser Staaten und ihre ausschließenden juristischen Mechanismen, die Geschichten offizieller rassistischer Ideologien, die Kämpfe gegen Sklaverei und Kolonialismus, die formellen und informellen Strukturen der Diskriminierung befinden sich alle innerhalb der jüngeren historischen Erinnerung und sind natürlich in anderen Disziplinen massiv dokumentiert), als auch nicht offensichtlich, da die meisten Weißen *nicht* darüber nachdenken oder nicht darüber als Ergebnis einer Geschichte politischer Unterdrückung nachdenken, sondern eher als nur so, »wie die Dinge eben sind«. (»Sie sagen, wir sind auf der ganzen Welt verteilt, weil wir die Welt *eroberten*? Warum würden Sie das so formulieren?«) Im Vertrag von Tordesillas (1494), der die Welt zwischen Spanien und Portugal aufteilte, auf der Valladolid-Konferenz (Spanien, 1550/51), um zu entscheiden, ob die indigene BevölkerungAmerikas wirklich Menschen sind, in den späteren Debatten über afrikanische Sklaverei und deren Abschaffung, auf der Berliner Konferenz (1884/85) zur Aufteilung Afrikas, in den verschiedenen intereuropäischen Bündnissen, Verträgen und informellen Vereinbarungen bezüglich der Beaufsichtigung ihrer Kolonien, in den Erörterungen nach dem I. Weltkrieg in Versailles nach einem Krieg, um die Welt für die Demokratie sicher zu machen, sehen wir (oder sollten wir sehen) mit völliger Deutlichkeit eine Welt, die von Weißen Menschen regiert wird. Obwohl es also einen inneren Konflikt gibt – Meinungsverschiedenheiten, Kämpfe, sogar Weltkriege –, werden die bestimmenden Beweger und Gestalter Europäer zuhause und im Ausland sein, wobei die Nicht-Europäer sich aufreihen, um unter ihrer jeweiligen Flagge zu kämpfen, und das System Weißer Herrschaft selbst nur selten in Frage gestellt wird. (Die Ausnahme ist natürlich Japan, das der Kolonisierung entging und deshalb für den größten Teil des 20. Jahrhunderts eine wechselhafte und ambivalente Beziehung zum globalen Weißen Gemeinwesen hatte.) Das Erbe dieser Welt begleitet uns natürlich immer noch in der wirtschaftlichen, politischen und kulturellen Herrschaft über die Erde seitens der Europäer und deren Nachkommen. Die Tatsache, dass diese *race*-basierte Ordnung, die einen eindeutig politischen Charakter besitzt, und ebenso der Kampf gegen sie größtenteils *nicht* für einen geeigneten Gegenstand der angloamerikanischen politischen Philosophie des Mainstreams gehalten wurde, und der Umstand, dass die Begriffe selbst, die in der Disziplin vorherrschen, sich einem Verständnis dieser Realitäten widersetzen, offenbaren bestenfalls einen verstörenden Provinzialismus und eine Historizität, die zutiefst unverträglich mit dem radikalen Aufwerfen von Grundlagenfragen sind, auf das die Philosophie so stolz ist, und schlimmstenfalls eine Komplizenschaft mit den Bedingungen des Racial Contract selbst.

Der Racial Contract ist ein Ausbeutungsvertrag, der die globale europäische ökonomische Herrschaft und nationale Weiße *race*-bezogene Privilegien erzeugt.

Der klassische Gesellschaftsvertrag ist, wie ich ausgeführt habe, in erster Linie moralisch-politischer Natur. Aber er ist auch *ökonomisch* in dem Hintergrundsinn, dass der Zweck des Verlassens des Naturzustands teilweise darin besteht, eine stabile Umgebung für die Aneignung der Welt durch Arbeit zu gewährleisten. (Schließlich besagt eine berühmte Definition der

Politik, dass es bei ihr darum geht, wer was und warum bekommt.) Selbst in Lockes moralisiertem Naturzustand, in dem die Menschen im Allgemeinen das Naturrecht befolgen, geht es ihm um die Sicherheit von Privateigentum, wobei er tatsächlich verkündet, »dass der große und *hauptsächliche Zweck* dessen, dass Menschen sich zu Gemeinwesen zusammenschließen und sich einer Regierung unterstellen, *die Erhaltung ihres Eigentums ist*«.[45] Und mit Bezug auf Hobbes' berühmten amoralischen und unsicheren Naturzustand erfahren wir, dass es »keinen Platz für Fleiß [gibt], denn seine Früchte sind ungewiss, und folglich keine Kultivierung des Bodens«.[46] Daher ist ein Teilzweck der Gründung einer Gesellschaft mit ihren Gesetzen und den Instanzen, die diese Gesetze durchsetzen, der Schutz dessen, was man angehäuft hat.

Was ist also das Wesen des Wirtschaftssystems der neuen Gesellschaft? Der allgemeine Vertrag schreibt kein bestimmtes Modell oder einen bestimmten Plan für Eigentumsrechte vor und verlangt nur, dass die »Gleichheit« im vorpolitischen Zustand irgendwie erhalten bleibt. Diese Bestimmung kann unterschiedlich interpretiert werden: entweder als eigennütziger Verzicht gegenüber einer absolutistischen Hobbes'schen Regierung, die selbst Eigentumsrechte festlegt, oder als Locke'sches Insistieren darauf, dass Privateigentum, das im moralisierten Naturzustand angehäuft wurde, von der verfassungsstaatlichen Regierung respektiert wird. Oder radikalere politische Theoretiker, wie zum Beispiel Sozialist:innen und Feminist:innen, könnten geltend machen, dass die Gleichheit im Naturzustand eigentlich einen Klassen- oder Geschlechteregalitarismus in der Gesellschaft gebietet. Es können also unterschiedliche politische Interpretationen des ursprünglichen moralischen Egalitarismus vorgebracht werden. Doch die allgemeine Hintergrundvorstellung ist, dass die Gleichheit der Menschen im Naturzustand irgendwie (sei es als Chancengleichheit oder als Ergebnisgleichheit) in die Wirtschaft der geschaffenen gesellschaftlich-politischen Ordnung überführt werden soll, was ein System freiwilligen Verkehrs und Austauschs zur Folge hat, in dem Ausbeutung ausgeschlossen ist.

Im Gegensatz dazu ist die ökonomische Dimension des Racial Contract der *auffälligste* Vorder- anstatt Hintergrund, da der Racial Contract geplantermaßen auf die ökonomische Ausbeutung abzielt. Der ganze Zweck der Begründung einer moralischen Hierarchie und der rechtlichen Aufteilung des Gemeinwesens entsprechend der *race* besteht darin, die Privilegierung derjenigen Individuen zu gewährleisten und zu legitimieren, die als Weiße/Personen bezeichnet werden, und die Ausbeutung derjenigen Individuen, die als Nicht-Weiße/Unterpersonen bezeichnet werden. Es gibt zwar andere Vorteile, die aus dem Racial Contract erwachsen – ein weitaus größerer politischer Einfluss, kulturelle Vormachtstellung, der psychische Lohn, der aus dem Bewusstsein entsteht, dass man ein Mitglied des *Herrenvolks* ist (was W. E. B. Du Bois einst als »Löhne des Weißseins« bezeichnete[47]) – aber unter dem Strich geht es um materielle Vorteile. In globaler Hinsicht erzeugt der Racial Contract Europa als denjenigen Kontinent, der die Welt beherrscht; in lokaler Hinsicht innerhalb Europas und den anderen Kontinenten zeichnet er die Europäer als die privilegierte *race* aus.

Die Herausforderung, das zu erklären, was »das europäische Wunder« genannt wurde – der Aufstieg Europas zur globalen Herrschaft –, hat lange Zeit sowohl die akademische als auch die Debatte von Laien beschäftigt.[48] Wie kommt es, dass eine zuvor periphere Region am Rande der asiatischen Landmasse, am entfernten Ende der Handelsrouten, weit entfernt von den großen Kulturen des Islam und des Ostens, in ein oder zwei Jahrhunderten in der Lage war, die globale politische und ökonomische Herrschaft zu erreichen? Die Erklärungen, die historisch von Europäern selbst gegeben wurden, zeigen eine enorme Variationsbreite und reichen von unmittelbar rassistischen und geografisch deterministischen bis zu den auf subtilere Weise umgebungsbezogenen und kulturalistischen. Aber das, was alle miteinander gemein hatten, selbst jene, die vom Marxismus beeinflusst sind, ist ihre Tendenz, diese Entwicklung als wesentlich autochthon zu beschreiben, ihre Tendenz, eine bestimmte Menge interner Variablen zu privilegieren und entsprechend die Rolle kolonialer Eroberungen und afrikanischer Sklaverei herunterzuspielen oder zu ignorieren. Europa habe es aus eigener Kraft geschafft, so wird behauptet, wegen der eigentümlichen Eigenschaften Europas und der Europäer.

Während also kein namhafter Historiker heute die offenkundig biologistischen Theorien der Vergangenheit befürworten würde, die die Europäer (laut ihren Erklärungen sowohl vor als auch nach Darwin) im Gegensatz zu den rückständigen/weniger entwickelten *races* an anderen Orten von Natur aus zur fortschrittlichsten *race* machten, wird die These der europäischen Besonderheit und Ausnahmeerscheinung immer noch vorausgesetzt. Es wird immer noch angenommen, dass der Rationalismus und die Naturwissenschaft, die Innovativität und der

Erfindungsreichtum hier ihre besondere Heimat fanden gegenüber der geistigen Stagnation und dem Traditionalismus der übrigen Welt, sodass Europa aus diesem Grund im Voraus dazu bestimmt war, die besondere Stellung in der Weltgeschichte einzunehmen, die es eingenommen hat. James Blaut bezeichnet das als Theorie oder »Supertheorie« (ein Oberbegriff, der viele verschiedene Varianten abdeckt: theologische, kulturelle, biologistische, geografische, technologische etc.) des »eurozentrischen Diffusionismus«, demzufolge der Fortschritt Europas als »natürlich« und asymmetrisch bestimmend für das Schicksal von Nicht-Europa angesehen wird.[49] Auf ähnliche Weise führt Sandra Harding in ihrem Sammelband über die »*race*-basierte« Ökonomie der Naturwissenschaft »die Annahme [an], dass Europa sein eigener Ursprung, Endzweck und Agens ist; und dass Europa und Menschen europäischer Abstammung auf dem amerikanischen Kontinent und anderswo der übrigen Welt nichts schulden«.[50]

Es überrascht nicht, dass Schwarze Theoretiker und solche aus der Dritten Welt traditionellerweise dieser Vorstellung einer glücklichen göttlichen oder natürlichen europäischen Fügung widersprochen haben. Ganz im Gegensatz dazu haben sie behauptet, dass es eine entscheidende kausale Verbindung zwischen dem Fortschritt Europas und dem unglücklichen Schicksal der übrigen Welt gibt. Ein klassisches Beispiel solcher wissenschaftlicher Forschung von vor fünfzig Jahren war das Buch *Capitalism and Slavery* des karibischen Historikers Eric Williams, das darlegte, dass die Profite aus der afrikanischen Sklaverei zur Ermöglichung der Industriellen Revolution beitrugen, sodass internalistische Erklärungen grundsätzlich verfehlt waren.[51] Und in jüngster Zeit hat sich mit der Entkolonialisierung, dem Aufstieg der Neuen Linken in den Vereinigten Staaten und dem Eintritt von mehr alternativen Stimmen in die akademische Welt diese Herausforderung vertieft und verbreitert. Es gibt zwar Variationen in den Positionen der Autoren – zum Beispiel Walter Rodney, Samir Amin, André Gunder Frank, Immanuel Wallerstein[52] –, aber das Grundthema ist, dass die Ausbeutung des Imperiums (das Gold aus den großen Gold- und Silberminen in Mexiko und Peru, die Profite aus der Plantagen-Sklaverei, die Vermögen, die von Kolonialgesellschaften angehäuft wurden, der allgemeine soziale und ökonomische Ansporn, den die Erschließung der »Neuen Welt« darstellte) mehr oder weniger entscheidend für die Ermöglichung und anschließende Konsolidierung des Aufstiegs dessen war, was zuvor ein ökonomisches Nebengewässer gewesen ist. Es war durchaus nicht der Fall, dass Europa besonders dazu bestimmt war, eine ökonomische Vormachtstellung einzunehmen; es gab eine Reihe von Zentren in Asien und Afrika mit einem vergleichbaren Entwicklungsgrad, die sich potenziell auf dieselbe Weise hätten entwickeln können. Aber der Aufstieg Europas blockierte diesen Entwicklungspfad für andere, weil es sie gewaltsam in ein koloniales Netzwerk einfügte, dessen Ausbeutungsverhältnisse und Extraktionsmechanismen ein autonomes Wachstum verhinderten.

Insgesamt liegt also der Kolonialismus »im Zentrum« des Aufstiegs von Europa.[53] Die ökonomische Analyseeinheit muss Europa als Ganzes sein, da es nicht immer der Fall ist, dass die unmittelbar beteiligten Kolonialstaaten langfristig profitierten. Das imperiale Spanien zum Beispiel, das immer noch einen feudalen Charakter hatte, erlitt eine massive Inflation durch seine Goldimporte. Aber durch Handel und finanziellen Austausch profitierten andere, wie beispielsweise die Niederlande, die sich auf den Pfad des Kapitalismus begaben. Interne nationale Rivalitäten setzten sich natürlich fort, aber diese gemeinsame Identität, die auf der transkontinentalen Ausbeutung der nicht-europäischen Welt beruhte, sollte in vielen Fällen politisch entscheidend sein und den Eindruck hervorbringen, dass Europa eine kosmopolitische Entität sei, die an einem gemeinsamen Unternehmen beteiligt ist, das auf *race* beruht. Oder wie Victor Kiernan es ausdrückt: »Alle Länder innerhalb der europäischen Umlaufbahn profitierten jedoch, wie Adam Smith hervorhob, von den Beiträgen der Kolonien zu einem gemeinsamen Bestand an Reichtum, auch wenn sie sich noch so bitter über den Besitz des einen oder anderen Territoriums zanken mochten. ... Es gab einen Sinn, demzufolge alle Europäer ein gesteigertes Machtgefühl teilten, welches durch die Erfolge von jedem Beliebigen von ihnen erzeugt wurde, sowie den Fonds des materiellen Wohlstands ..., den die Kolonien produzierten.«[54]

Obwohl eine formelle Entkolonialisierung stattgefunden hat und in Afrika und Asien Schwarze, Braune und Gelbe Einheimische im Amt sind und unabhängige Staaten regieren, wird heute entsprechend die Weltwirtschaft wesentlich von den früheren Kolonialmächten, ihren Ablegern (Euro-Vereinigte Staaten, Euro-Kanada) und ihren internationalen Finanzinstitutionen, Kreditanstalten und Körperschaften dominiert. (Wie zuvor schon bemerkt, ist die namhafte Ausnahme, deren Geschichte die Regel eher bestätigt als in Frage stellt, Japan, das der Kolonisierung entging und nach der Meiji-Restauration mit seiner eigenen Industrialisierung begann.) Man könnte also sagen, dass die Welt wesentlich von Weißem Kapital dominiert wird. Globale Zahlen mit Bezug auf Einkommen und Immobilienbesitz werden natürlich je nach Staaten und nicht nach *races* aufgeschlüsselt, aber wenn eine transnationale *race*-bezogene Aufgliederung durchgeführt werden sollte, würde sie zeigen, dass Weiße einen Prozentsatz des Wohlstands der Welt kontrollieren, der in krassem Missverhältnis zu ihrer absoluten Anzahl steht. Weil es keinen Grund für die Annahme gibt, dass die Kluft zwischen der Ersten und der Dritten Welt (die weitgehend mit dieser *race*-bezogenen Aufteilung zusammenfällt) in Zukunft überbrückt werden wird – siehe das jämmerliche Versagen verschiedener Pläne der Vereinten Nationen vom »Jahrzehnt der Entwicklung« der 1960er Jahre an –, scheint es unbestreitbar, dass auf Jahre hinaus die Erde von Weißen dominiert werden wird. Mit dem Zusammenbruch des Kommunismus und dem Debakel von Versuchen der Dritten Welt, alternative Pfade ausfindig zu machen, steht der Westen unangefochten an erster Stelle, wie in einer Schlagzeile der Londoner *Financial Times* bejubelt wurde: »Nach dem Zerfall des sowjetischen Blocks: G-7 und Weltwährungsfonds können die Welt regieren und ein neues imperiales Zeitalter einläuten.«[55] Wirtschaftsstrukturen wurden eingerichtet, kausale Prozesse begründet, deren Ergebnis darin besteht, Reichtum von der einen Seite des Globus auf eine andere zu pumpen. Diese Strukturen und Prozesse werden auch weiterhin weitgehend unabhängig vom schlechten oder guten Willen, von rassistischen oder antirassistischen Gefühlen einzelner Menschen operieren. Diese global farbkodierte Verteilung von Wohlstand und Armut wurde vom Racial Contract hervorgebracht und verstärkt wiederum dessen Einhaltung durch seine Unterzeichner und Nutznießer.

Außerdem ist es nicht nur so, dass Europa und die ehemaligen Weißen Siedlerstaaten global dominierend sind, sondern dass *innerhalb* von ihnen, wo es eine bedeutende Anzahl von Nicht-Weißen gibt (indigene Völker, Nachkommen importierter Sklav:innen, freiwillige nicht-Weiße Einwanderer:innen) die Weißen weiterhin gegenüber den Nicht-Weißen privilegiert werden. Die alten Strukturen formeller, rechtlicher Exklusion wurden zwar weitgehend abgebaut, die alten ausdrücklich biologistischen Ideologien weitgehend aufgegeben[56] – der Racial Contract, wie wir später erörtern werden, wird ständig neu geschrieben –, aber Chancen für Nicht-Weiße, obwohl sie erweitert wurden, bleiben hinter denen für Weiße zurück. Die Behauptung lautet natürlich nicht, dass es allen Weißen besser geht als Nicht-Weißen, sondern dass als statistische Verallgemeinerung die objektiven Lebenschancen von Weißen signifikant besser sind.

Als Beispiel betrachten wir die Vereinigten Staaten. Eine Reihe von Büchern hat in jüngster Zeit den Niedergang der integrativen Hoffnungen, die von den 1960er Jahren geweckt wurden, und die wachsende Unnachgiebigkeit und Feindseligkeit von Weißen dokumentiert, die meinen, »genug getan« zu haben. Trotz der Tatsache, dass das Land auch weiterhin massiv segregiert ist, hat das Media-Einkommen Schwarzer Familien im Vergleich zum Einkommen Weißer Familien zu sinken begonnen, nachdem die Lücke in früherer Zeit etwas geschlossen wurde, die so genannte »Schwarze Unterschicht« wurde im Grunde abgeschrieben, und Wiedergutmachungen für Sklaverei und Diskriminierung nach der Befreiung wurden nie gezahlt oder auch nur ernsthaft in Erwägung gezogen.[57] Jüngere Arbeiten über *race*-basierte Ungleichheit von Melvin Oliver und Thomas Shapiro deuten darauf hin, dass das Vermögen wichtiger als das Einkommen ist bei der Bestimmung der Wahrscheinlichkeit zukünftiger *race*-bezogener Gleichstellung, da es einen kumulativen Effekt hat, der durch den Transfer von einer Generation an die nächste weitergegeben wird, wodurch die Lebenschancen und -möglichkeiten der eigenen Kinder beeinflusst werden. Während im Jahr 1988 Schwarze Haushalte 62 Cents für jeden Dollar verdienten, der von Weißen Haushalten verdient wurde, ist das Vergleichsdifferenzial im Hinblick auf das Vermögen viel größer und liefert wohl ein realistischeres negatives Bild für die Aussichten auf die Schließung der *race*-basierten Lücke: »Weiße besitzen fast ein zwölfmal so großes Median-Nettovermögen wie Schwarze oder $ 43.800 gegenüber $ 3.700. In einem vielleicht noch deutlicheren Kontrast kontrolliert der durchschnittliche Weiße Haushalt $ 6.999 an finanziellem Nettovermögen, während der durchschnittliche Schwarze Haushalt überhaupt kein finanzielles Polster an Nettovermögen einbehält.« Darüber hinaus enthüllt der analytische Fokus mit Bezug auf das Vermögen anstatt auf das Einkommen, wie illusorisch der viel beschworene Aufstieg der »Schwarzen Mittelschicht« ist: »Schwarze aus der Mittelschicht verdienten beispielsweise 70 Cents für jeden Dollar, den Weiße aus der Mittelschicht verdienen, aber sie besitzen nur 15 Cents für jeden Dollar des Vermögens, das Weiße aus der Mittelschicht besitzen.« Diese gewaltige Diskrepanz zwischen Weißem und Schwarzem Vermögen ist nicht im Entferntesten kontingent, zufällig oder eine schicksalhafte Fügung; sie ist das direkte Ergebnis amerikanischer Staatspolitik und des insgeheimen

Einverständnisses mit ihr seitens der Weißen Bürgerschaft. Tatsächlich »bilden Weiße und Schwarze in materieller Hinsicht zwei Nationen«,[58] wobei die Weiße Nation durch den amerikanischen Racial Contract in einem Verhältnis strukturierter *race*-bezogener Ausbeutung zur Schwarzen (und historisch natürlich auch zur roten) Nation konstituiert wird.

Eine Aufsatzsammlung aus Foren, die in den 1980er Jahren von der National Economic Association, der Berufsorganisation Schwarzer Ökonomen, veranstaltet wurden, liefert einige Einblicke in die Mechanik und das Ausmaß solcher ausbeutender Übereignung und Verweigerung von Chancen zur Akkumulation von materiellem und menschlichem Kapital. Ihr Titel ist *The Wealth of Races* – eine ironische Hommage an Adam Smiths berühmtes Buch *The Wealth of Nations* –, und sie analysiert die verschiedenen Spielarten von Diskriminierung, der Schwarze unterworfen wurden: Sklaverei, Diskriminierung bei der Einstellung, Lohndiskriminierung, Beförderungsdiskriminierung, Diskriminierung mit Bezug auf Weiße Monopolmacht gegenüber Schwarzem Kapital, *race*-basierte Preisdiskriminierung bei Konsumgütern, Wohnungen, Dienstleistungen, Versicherungen etc.[59] Vieles davon ist naturgemäß schwer zu quantifizieren; außerdem gibt es Kosten im Sinne von Angst und Leid, die nie wirklich kompensiert werden können. Dennoch bieten diejenigen, die berechnet werden können, bemerkenswerte Zahlen. (Leider sind die Zahlen veraltet; die Leser:innen sollten sie mit einem Faktor multiplizieren, der 15 Jahre Inflation berücksichtigt.) Wenn man die *kumulativen* Vergünstigungen (aufgrund von Zinseszinsen) anhand der Arbeitsmarktdiskriminierung über die Zeit von 40 Jahren von 1929 bis 1969 berechnen und die Inflation bereinigen würde, läge die Zahl bei über 1,6 Billionen US-Dollar.[60] Eine Schätzung für die Gesamtheit »abgezweigten Einkommens« aus der Sklaverei von 1790 bis 1860 mit Zinseszins und ausgedrückt in US-Dollar von 1983 ergäbe eine Summe von 2,1 bis 4,7 Billionen Dollar.[61] Und wenn man versuchen würde, den kumulativen Wert mit Zinseszins von Folgendem auszurechnen, unbezahlte Sklavenarbeit vor 1863, Unterbezahlung seit 1863 und Verweigerung der Möglichkeit, Land und natürliche Ressourcen zu erwerben, die Weißen Siedlern zur Verfügung stehen, dann könnte der Gesamtbetrag, der erforderlich wäre, um Schwarze Verluste zu kompensieren, »mehr als das gesamte Vermögen der Vereinigten Staaten beanspruchen«.[62]

Diese Zahlen geben uns also eine Vorstellung von der Zentralität *race*-basierter Ausbeutung der US-amerikanischen Wirtschaft und von den

Dimensionen des Nutzens für ihre Weißen Nutznießer aufgrund des Racial Contract einer Nation. Aber genau diese Zentralität, genau diese Dimensionen machen das Thema zu einem Tabu, das in den Debatten über Gerechtigkeit des größten Teils der Weißen politischen Theorie so gut wie nicht erörtert wird. Wenn es eine solche Gegenreaktion gegen aktive Fördermaßnahmen zugunsten von Minderheiten gibt, was wäre dann die Reaktion auf die Forderung nach Zinsen für die unbezahlten achtzig Morgen und einen Maulesel? Diese Fragen können nicht gestellt werden, weil sie sich auf das Zentrum der wirklichen Natur des Gemeinwesens und seine Strukturierung durch den Racial Contract richten. Die Debatten über Gerechtigkeit im Staat seitens der Weißen Moraltheorie müssen daher zwangsläufig einen gewissen grotesken Charakter haben, da sie die zentrale Ungerechtigkeit ignorieren, auf der der Staat beruht. (Kein Wunder, dass ein hypothetischer Kontraktualismus bevorzugt wird, der den wirklichen Umständen der Gründung des Gemeinwesens ausweicht!)

Sowohl global als auch innerhalb bestimmter Nationen profitieren also Weiße Menschen, Europäer und ihre Nachkommen, auch weiterhin vom Racial Contract, der eine Welt nach ihrem kulturellen Bild erzeugt, politische Staaten hervorbringt, die ihre eigenen Interessen in unterschiedlicher Weise begünstigen, eine Wirtschaft einrichtet, die um die *race*-basierte Ausbeutung von anderen herum strukturiert ist, und eine Moralpsychologie begründet (nicht nur bei Weißen, sondern manchmal auch bei Nicht-Weißen), die bewusst oder unbewusst im Sinne ihrer Privilegierung verzerrt ist, wobei sie den Status quo unterschiedlicher *race*-bezogener Anrechte für normativ legitim halten und meinen, dass er keiner weiteren Untersuchung bedarf.

2 Einzelheiten

Nun haben wir also einen Überblick. Gehen wir jetzt zu einer genaueren Untersuchung der Einzelheiten und Funktionsweisen des Racial Contract über: seiner Normierung des Raums und der (Unter)-Person, seiner Beziehung zum »offiziellen« Gesellschaftsvertrag und den Bedingungen seiner Durchsetzung.

Der Racial Contract normiert den Raum (und bestimmt ihn mit Bezug auf *race*), wodurch bürgerliche und unkultivierte Räume voneinander abgegrenzt werden.

Weder der Raum noch die Person sind für den Gesellschaftsvertrag des Mainstreams gewöhnlich Gegenstand einer ausdrücklichen und detaillierten Normierung. Der Raum ist einfach *da*, wird für selbstverständlich gehalten und die Person wird stillschweigend als Weißer erwachsener Mann bestimmt, sodass alle Personen offensichtlich gleich sind. Aber für den Racial Contract sind der Raum selbst und die Personen in ihm nicht homogen; daher müssen notwendig ausdrückliche normative Unterscheidungen getroffen werden. Ich werde die Normierung des Raums und der Person getrennt behandeln, obwohl die Interpretation durch die Tatsache erschwert wird, dass sie miteinander verbunden sind. Die Normierung des Raums geschieht zum Teil im Sinne der race-*bezogenen Bestimmung* des Raums, der Darstellung des Raums als dominiert von Individuen (seien es Personen oder Unterpersonen) einer bestimmten *race*. Gleichzeitig wird die Normierung des Individuums teilweise dadurch erreicht, dass es *einem bestimmten Raum zugeordnet wird*, das heißt, dass es von den Eigenschaften einer bestimmten Art von Raum geprägt wird. Das ist also eine sich wechselseitig stützende Charakterisierung, die für Unterpersonen zu einer zirkulären Anklage wird: »Du bist, was du bist, zum Teil deshalb, weil du aus einer bestimmten Art von Raum kommst, und dieser Raum hat diese Eigenschaften zum Teil deshalb, weil er von Wesen wie dir selbst bewohnt wird.«

Der vermeintlich abstrakte, aber in Wirklichkeit Weiße Gesellschaftsvertrag charakterisiert den (europäischen) Raum im Grunde als präsoziopolitisch (»der Naturzustand«) und postsoziopolitisch (der Ort der »bürgerlichen Gesellschaft«). Aber diese Charakterisierung spiegelt nicht in negativer Weise die Eigenschaften des Raums selbst oder seiner Bewohner wider. Dieser Raum ist *unser* Raum, ein Raum, in dem wir (wir Weißen Menschen) zuhause sind, ein behaglicher, heimischer Raum. In einem bestimmten Stadium entscheiden sich (Weiße) Menschen, die die Nachteile des Naturzustands erkennen, freiwillig dafür, ihn zu verlassen, indem sie fortan Institutionen begründen, die seinen Charakter umwandeln. Aber es gibt nichts *Inhärentes* an dem Raum oder den Personen, was einen intrinsischen Mangel bedeutet.

Im Gegensatz dazu sind bei der Anwendung des Gesellschaftsvertrags auf Nicht-Europa, wo er zum Racial Contract wird, sowohl der Raum als auch seine Bewohner fremd. Dieser Raum und diese Individuen müssen also Gegenstand einer ausdrücklichen Betrachtung werden, da (wie sich herausstellt) sie beide auf eine Weise mangelhaft sind, die einen Eingriff von außen erfordert, um erlöst zu werden (das heißt, insoweit eine Erlösung überhaupt möglich ist). Die Europäer oder zumindest vollgültige Europäer waren »zivilisiert«, und diese Bedingung zeigte sich im Charakter der Räume, die sie bewohnten.[1] Nicht-Europäer waren »Wilde«, und diese Bedingung zeigte sich im Charakter der Räume, die *sie* bewohnten. Tatsächlich wurde darauf hingewiesen, dass diese Art des Wohnens in der Etymologie von »wild« (savage) selbst erfasst wird, was sich vom lateinischen *silva*, »Wald« ableitet, sodass der Wilde der wilde Mensch des Waldes ist, *silvaticus*, *homo sylvestris*, der Mensch, in dessen Sein die Wildheit, Wildnis, so tief eingedrungen ist, dass das Tor zur Zivilisation, zum Politischen, versperrt ist.[2] (Man kann den wilden Menschen zwar aus der Wildnis herausnehmen, aber man kann die Wildnis nicht aus dem wilden Menschen herauslösen.) Der wilde Mensch ist eine bedeutende Gestalt im mittelalterlichen Denken, der heimische Antipode (*innerhalb* Europas) der Zivilisation, und einer der begrifflichen Vorläufer der späteren *außer*-europäischen »Wilden«.[3] Wie Hayden White hervorhebt, illustriert die Schaffung des »wilden Menschen« »die Technik der hinweisenden Definition durch Negation«[4], die Charakterisierung von sich selbst durch den Bezug auf das, was man nicht ist. Wer sind wir? Wir sind die Nicht-Wilden. Daher ist es wirklich an dieser Stelle, in dem aus dem wirklichen Leben genommenen Racial Contract im Gegensatz zum mythischen Gesellschaftsvertrag, dass der »Naturzustand« und das »Natürliche« ihre entscheidende theoretische Rolle spielen. *Sie* sind im Naturzustand, und *wir* sind es nicht. Die Engländer, schreibt Roy Harvey Pearce, »fanden in Amerika nicht nur eine unzivilisierte Umwelt, sondern auch unzivilisierte Menschen – natürliche Menschen, wie man sagte, die in einer natürlichen Welt lebten.«[5]

Entsprechend muss der Racial Contract in seinen frühen, der Eroberung vorangehenden Varianten notwendig die pejorative Charakterisierung von Räumen beinhalten, die gezähmt werden müssen, Räume, in denen schließlich die *race*-basierten Gemeinwesen errichtet werden. Der Racial Contract ist daher offenkundig *materieller* als der Gesellschaftsvertrag. Diese sonderbaren Landschaften (die so anders sind als die zuhause), dieses fremde Fleisch (das so anders als unser eigenes ist) müssen kartiert und unterworfen werden. Die Schaffung des Bürgerlichen und des Politischen erfordert hier also einen aktiven *raumbezogenen* Kampf (dieser Raum ist widerspenstig) gegen das Wilde und Barbarische, ein Vorschieben der Grenze gegen Widerstand, eine Europäisierung der Welt. »Europa«, wie Mary Louise Pratt bemerkt hat, »gelangte dazu, sich selbst als einen ›planetaren Prozess‹ zu sehen anstatt einfach nur als eine Weltregion.«[6] Der Raum muss auf der *Makro*ebene (ganze Länder und Kontinente), auf der *lokalen* Ebene (Stadtviertel) und letztlich auch auf der *Mikro*ebene des Körpers selbst (die verunreinigte und verunreinigende fleischliche Ausstrahlung des nicht-Weißen Körpers) normiert und *race*-bezogen bestimmt werden.

Diese Normierung weist zwei Hauptdimensionen auf: die epistemologische und die moralische.

Die epistemologische Dimension ist die Folge der vorbeugenden Beschränkung der Erkenntnis auf europäische Erkenntnissubjekte, was impliziert, dass in bestimmten Räumen wirkliche Erkenntnis (Erkenntnis der Wissenschaft, Universalien) nicht möglich ist. Bedeutende kulturelle Leistungen, geistiger Fortschritt wird denjenigen Räumen also vorenthalten, von denen man glaubt, dass sie (mangels europäischer Intervention) dauerhaft in einen kognitiven Zustand des Aberglaubens und der Unwissenheit eingeschlossen sind. Valentin Mudimbe bezeichnet das als »epistemologischen Ethnozentrismus«. Gegenteilige Belege können dann auf verschiedene Art und Weise behandelt werden. Sie können einfach zerstört werden, wie beispielsweise die einfallenden spanischen Eroberer aztekische Manuskripte verbrannten. Sie können als Folgen der Intervention von Außenseitern wegerklärt werden, zum Beispiel durch einen zuvor unbekannten Kontakt mit Weißen: »Da Afrikaner:innen nichts Wertvolles hervorbringen konnten; die Technik der Yoruba-Bildhauerei muss von den Ägyptern übernommen worden sein; die Kunst Benins muss eine portugiesische Schöpfung sein; die architektonischen Leistungen Zimbabwes gingen auf arabische Techniker zurück; und Hausa- und Buganda-Staatskunst waren Erfindungen Weißer Invasoren.«[7] (Man denke an jene Lieblingscomics, Abenteuerromane, zweitklassige Filme – der verschollene Weiße Stamm, dessen Erbe an einem weit entfernten, ansonsten umnachteten Ort auf der Erde entdeckt wird und das für jegliche Kultur verantwortlich ist, die die glücklosen nicht-Weißen Einheimischen besitzen mögen.) Manchmal wird sogar nach einem außerirdischen Ursprung gefahndet, wie beispielsweise die Wüstenzeichnungen in Südamerika außerirdischen Besuchern zugeschrieben wurden. Unabhängig vom letztlichen Ausgang der Kontroverse, die kürzlich von der Behauptung des Buches *Black Athena* von Martin Bernal angeregt wurde, dass das alte Ägypten einen bedeutenden kulturellen Einfluss auf das antike Griechenland hatte, und dass es sich weitgehend um eine Schwarze Kultur handelte, kann man sicherlich auf ähnliche Weise schließen, dass zumindest *ein Teil* des Widerstands gegenüber dieser Vorstellung bei der Weißen wissenschaftlichen Forschung des Establishments von der apriorischen Annahme herrührt, dass keine solche Leistung wirklich aus dem Schwarzen (und letztlich »subsaharischen«) Afrika gekommen sein könnte.[8] (Der Ausdruck »subsaharisches Afrika« ist tatsächlich selbst ein geografischer Marker, der vom Racial Contract motiviert wird.) Schließlich können die kulturellen Errungenschaften anderer von Europa einfach ohne Anerkennung angeeignet werden, wodurch letztlich die Wirklichkeit geleugnet wird, dass »›der Westen‹ immer schon eine multikulturelle Schöpfung gewesen ist«.[9]

Diese Normierung zeigt sich natürlich auch im Vokabular von »Entdeckung« und »Erforschung«, das bis vor kurzem immer noch in Gebrauch war und im Grunde implizierte, dass, wenn keine Weiße Person vorher dort war, auch keine Erkenntnis wirklich stattgefunden haben könne. In *Das Herz der Finsternis* grübelt Joseph Conrads Marlow über die Erde nach und bemerkt, dass »es damals auf der Erde viele weiße Flecken gab«.[10] Und diese Leere bedeutet nicht nur, dass keine Europäer dort angekommen sind, sondern, dadurch dass diese *Räume* nicht angekommen sind, eine Leere der Einwohner selbst. Afrika ist somit der »finstere Kontinent« wegen der Spärlichkeit (erinnerter) europäischer Kontakte mit ihm. Entsprechend gibt es Benennungsrituale, die dazu dienen, das Terrain dieser »Neuen« Welten in Beschlag zu nehmen und sie in *unsere* Welt einzugliedern: Neuengland, Neuholland, Neufrankreich – mit einem Wort »Neue Europas«, »kulturell-räumliche Erweiterung(en) Europas«.[11] Sie werden domestiziert, umgewandelt, vertraut gemacht, zu einem Teil unseres Raums gemacht, in die Welt europäischer (das heißt menschlicher) Erkenntnis gebracht, sodass sie erkennbar sind und erkannt werden können. Erkenntnis, Wissenschaft und die Fähigkeit, die Welt geistig zu erfassen, sind somit auf Europa beschränkt, das sich als *der globale Ort der Rationalität* abzeichnet, zumindest für den europäischen Erkenntnisakteur, der derjenige sein wird, der lokale Erkenntnisansprüche für gültig erklärt. Damit diese Räume erkannt werden können, ist eine europäische Wahrnehmung erforderlich.

In moralischer Hinsicht werden Laster und Tugend *verräumlicht,* und zwar zuerst auf der Makroebene der moralischen Kartografie, die die buchstäbliche europäische Kartografierung der Welt begleitet, sodass ganze Regionen, Länder und in der Tat auch Kontinente mit moralischen Qualitäten ausgestattet werden. So beschreibt Mudimbe beispielsweise die »Geografie der Monstrosität« der frühen europäischen Kartografie, die in einem immer noch weitgehend theologischen Rahmen die bekannte Welt aufteilt und angibt, wo Drachen Sind.[12] Der nicht-europäische Raum wird also auf eine Weise dämonisiert, die die Notwendigkeit der Europäisierung impliziert, wenn moralische Erlösung möglich sein soll. Die Verbindung zwischen dem Kognitiven und dem Moralischen verknüpft natürlich die Unfähigkeit, die Naturgesetze wahrzunehmen, mit einem moralischen Makel: Die Finsternis des finsteren Kontinents ist nicht bloß das Fehlen einer europäischen Vorhandenheit, sondern eine Blindheit gegenüber dem christlichen Licht, was zwangsläufig zu moralischer Finsternis, Aberglaube, Teufelsverehrung führt. Sinnigerweise war folglich eine der mittelalterlichen kartografischen Traditionen die der *mappamundi*, der Weltkarte, die nicht auf einem Gitternetz angeordnet ist, sondern um das christliche Kreuz mit Jerusalem im Zentrum.[13] Auf ähnliche Weise beschrieben europäische Siedler in Amerika das Gebiet hinter den Bergen als »Indianerland«, »den Finsteren und Blutigen Boden ... eine heulende Wildnis, die von ›Wilden und wilden Tieren‹ bewohnt wird«, oder manchmal sogar als »Sodom und Gomorrah«. Und die Gesellschaft, als deren Gründer sie sich ansahen, wurde dementsprechend manchmal als »Neues Kanaan« bezeichnet.[14]

Der nicht-europäische Naturzustand ist somit *wirklich*, ein wilder und im Hinblick auf *race* bestimmter Ort, der, ursprünglich auch als mit einem theologischen Pesthauch verflucht, als unheiliges Land charakterisiert wurde. Der europäische Naturzustand ist im Gegensatz dazu entweder hypothetisch oder, wenn er wirklich ist, im Allgemeinen etwas Zahmeres, eine Art von verwildertem Garten, der vielleicht etwas beschnitten werden muss, aber in Wirklichkeit *bereits* teilweise domestiziert ist und nur ein paar wenige Veränderungen braucht, um angemessen umgewandelt zu werden – ein Zeugnis der überlegenen moralischen Eigenschaften *dieses* Raums und seiner Bewohner. (Hobbes' paradigmatischer grimmiger Naturzustand mag als Ausnahme erscheinen, ist aber, wie wir später sehen werden, in Wirklichkeit nur für *Nicht*-Europäer wörtlich gemeint, sodass er die Regel tatsächlich bestätigt, anstatt sie in Frage zu stellen).

Aufgrund dieser Moralisierung des Raums nimmt *die Reise flussaufwärts* oder im Allgemeinen *die Reise ins Innere* in der imperialen Literatur – die Reise weg von den Außenposten der Zivilisation in das Gebiet der indigenen Bevölkerung – eine tiefe symbolische Bedeutung an, denn es handelt sich um die Expedition sowohl in das geografische als auch in das persönliche Herz der Finsternis, das äußere Böse, das mit dem inneren Bösen korreliert ist. So ist in *Apocalypse Now* Francis Ford Coppolas Neufassung von Conrad im Kontext von Vietnam, Willards (Martin Sheen) Reise flussaufwärts, um Kurtz (Marlon Brando) zu finden, deren Entwicklungsstadien durch das schrittweise Ausziehen der (zivilisierten) Uniform der US-amerikanischen Armee bis zur schließlichen, schmutzbedeckten, Machete tragenden Figur markiert sind, die sich von den kambodschanischen Dorfbewohnern, die zeremoniell den Büffel töten, nicht unterscheidet. Sowohl ein normativer *Abstieg* zu moralischer Korruption als auch ein kognitiver *Aufstieg* führen zu der Einsicht, dass der Krieg nur durch die Aufgabe der Hemmnisse der euroamerikanischen Zivilisation (wie vermutlich in My Lai unter Beweis gestellt) und die Übernahme der »Barbarei« der nordvietnamesischen Armee hätte gewonnen werden können.[15]

Der Kampf gegen diese Barbarei dauert in einem gewissen Sinne so lange, wie die Wilden weiterexistieren, und kontaminiert den nicht-europäisierten Raum, der sie umgibt (wie er auch von diesem Raum kontaminiert wird). Es ist also nicht nur so, dass der Raum auf der Makroebene *vor* der Eroberung und kolonialen Besiedlung charakterisiert wird, sondern dass es selbst *danach* auf der lokalen Ebene Aufteilungen gibt: die europäische Stadt und das Viertel der indigenen Bevölkerung, Whitetown und N**gertown/Darktown, Vorstadt und Innenstadt. David Theo Goldberg bemerkt hierzu: »Macht in der Polis, und das gilt insbesondere für *race*-basierte Macht, spiegelt die räumlichen Beziehungen ihrer Bewohner wider und verschärft sie.«[16] Ein Teil des Zwecks der Farbschranke/Farbgrenze/Apartheid/Jim-Crow-Abgrenzung besteht darin, diese Räume *an ihrem Ort* zu erhalten, das Schachbrett von Tugend und Laster, hellem und finsterem Raum, *von uns* und *von ihnen* einzurichten, das eindeutig abgegrenzt ist, sodass die menschliche Geografie, die vom Racial Contract vorgeschrieben wird, erhalten bleiben kann. Denn hier ist die moralische Topografie anders und die Mission der Zivilisierung noch unabgeschlossen. Über diese Aufteilung von Raum und Person schreibt Frantz Fanon: »Die kolonisierte Welt ist eine zweigeteilte Welt. ... Die Stadt des Kolonialherrn ist eine Stadt von Weißen, von Ausländern. ... [Die Stadt des Kolonisierten] ist eine Stadt von Negern, eine Stadt von Bicots. ... Diese in Abteile getrennte, diese zweigeteilte Welt wird von zwei verschiedenen Menschenarten bewohnt.«[17] Tatsächlich bedeutet die Innigkeit der Verbindung zwischen Ort und (Unter-)Person, dass sie vielleicht nie abgeschlossen sein *wird*, dass jene, die mit dem Dschungel verbunden sind, den Dschungel mit sich tragen werden, auch wenn sie in zivilisierte Regionen gebracht werden. (Der Dschungel wartet sozusagen immer darauf, sich erneut Geltung zu verschaffen: Jeder Entwickelte birgt die Gefahr der Rückentwicklung.) Man könnte behaupten, dass in den Vereinigten Staaten die wachsende Beliebtheit der Redewendung des »städtischen Dschungels« in der Nachkriegszeit einen subtextuellen (und nicht sehr ausgeprägten Sub-) Bezug auf das zunehmende Nicht-Weißsein der Bewohner der Innenstädte und das entsprechende Muster einer »Flucht der Weißen« in die schnörkellosen Schutzgebiete der Vorstädte widerspiegelt: unser Raum/heimatlicher Raum/zivilisierter Raum. In Amerika, Südafrika und anderswo wird der Weiße Raum im Hinblick auf dunkelhäutige Eindringlinge patrouilliert, deren bloße Gegenwart, unabhängig von dem, was sie tun mögen oder nicht, ein Schandfleck auf dem beruhigenden zivilisierten Weißsein des heimatlichen Raums ist. Betrachten wir die Ausgangssperrengesetze in segregierten Vierteln in der früheren US-amerikanischen Geschichte (und wohl auch die weiter bestehenden informellen Praktiken der Polizei heute), die Hinweise, die gewöhnlich außerhalb von »Sonnenuntergangsstädten« aufgestellt waren – »N**ger, lass dich hier nicht beim Sonnenuntergang erwischen!« Der Racial Contract grenzt den Raum ab, indem er seinen Bürgern erster Klasse privilegierte Räume vorbehält.

Die andere Dimension der moralischen Bewertung und Normierung, die natürlich jene ist, die mit der Säkularisierung stärker in den Mittelpunkt rückt, ist nicht die traditionelle christliche Dimension von Laster und Tugend, sondern die entstehende kapitalistisch-protestantische Ethik von Besiedlung und Gewerbetreiben. Franke Wilmer macht geltend, dass die Ideologie von »Fortschritt und Modernisierung« fünfhundert Jahre lang als herrschende Rechtfertigung westlicher Vertreibung und Tötung der »Vierten Welt« indigener Völker gedient hat.[18] Hier wird der Raum national charakterisiert mit Bezug auf einen europäischen Standard von Landwirtschaft und Industrie, sodass er moralisch der Inbesitznahme, Enteignung, Besiedlung, Entwicklung zugänglich gemacht wird – mit einem Wort, der *Bevölkerung*. In den Weißen Siedlerstaaten wird der Raum manchmal als buchstäblich leer und unbesetzt dargestellt, als Leere, Ödland, »jungfräuliches« Territorium. Es ist einfach niemand dort. Oder auch wenn eingeräumt wird, dass menschenartige Wesen vorhanden sind, wird doch geleugnet, dass irgendeine wirkliche Aneignung, irgendeine menschliche Gestaltung der Welt stattfindet. Folglich ist immer noch niemand dort: Das Land ist *terra nullius, vacuum domicilium* (Niemandsland, leere Wohnstätte), und wieder »jungfräulich«. »Am Anfang«, sagt Locke, »war also die ganze Welt *Amerika*.«[19] Die zentralen und sich wechselseitig ergänzenden Mythen sind, wie Francis Jennings hervorhebt, die Zwillingsvorstellungen von »jungfräulichen Ländereien und wilden Völkern«.[20] In beiden Fällen handelt es sich also um *unbevölkertes* Land, das höchstens von »Schädlingen«, »Vieh«, »menschlichen Tieren« bewohnt wird, die ein Hindernis für die Entwicklung sind, anstatt selbst zur Entwicklung fähig zu sein, und deren Ausrottung oder zumindest Beseitigung eine Vorbedingung für die Zivilisation ist. Es wird ein Zahlenspiel veranstaltet, das die systematische Unterrepräsentation der Urbevölkerung beinhaltet, und zwar häufig um einen Faktor von zehn oder mehr, da definitionsgemäß »große Bevölkerungsgruppen in Gesellschaften von Wilden unmöglich sind«.[21] (Und wenn sie nicht mehr groß sind, wird man nicht zugeben wollen, wie groß sie einst waren.) Richard Drinnon beschreibt, wie viele europäische Siedler in den Vereinigten Staaten sich selbst als »Crusoes des Inlands« in einer »nicht-bevölkerten« Wildnis vorstellten, die von Theodore Roosevelt als »rote Ödflächen [bezeichnet wurden], wo die barbarischen Völker der Welt herrschen«.[22] Und in ähnlichem Sinne: »Zur Zeit der Erstbesiedlung der australischen Kolonien wurden alle Ländereien als Ödland und Eigentum der Krone betrachtet.«[23] In Südafrika gingen die *trekboers* (Treckbuhren, ein halbnomadisches Hirtenvolk) auf Jagdexpeditionen, die auf Vernichtung abzielten, und »prahlten [anschließend] über ihre Jagdbeute an Buschmännern, wie Fischer sich mit ihrem Fang brüsten«.[24] Die Grundsequenz sah also in etwa folgendermaßen aus: Erstens gibt es keine Menschen; zweitens verbessern sie das Land nicht; und drittens – ups! – sind sie ohnehin schon tot (und ehrlich gesagt, gab es schon von Anfang an nicht so viele), es gibt dort also keine Menschen, wie wir schon an erster Stelle gesagt haben.

Da der Racial Contract Raum mit *race* und *race* mit Personsein verknüpft, ist der durch die Weiße *race* bestimmte Raum des Gemeinwesens in einem gewissen Sinne der geografische Ort des eigentlichen Gemeinwesens. Dort, wo indigenen Völkern zu überleben erlaubt wurde, wurde ihnen die volle oder jegliche Mitgliedschaft in der politischen Gemeinschaft verweigert, wodurch sie in ihrem eigenen Land zu Fremden wurden. Drinnon beschreibt diesen bemerkenswerten endgültigen Melville'schen Trick politischer Zuversicht: »Das Land war voll jüngster Ankömmlinge aus dem Osten, mysteriöse Betrüger, die vorgaben, Ureinwohner[25] zu sein und den wirklichen Ureinwohnern ihr Menschsein verweigerten.«[26] In ähnlichem Sinne konnte ein australischer Historiker 1961 schreiben: »Vor dem Goldrausch gab es schließlich nur wenige Fremde irgendeiner beliebigen Rasse in Australien – außer den Ureinwohnern, wenn wir sie, verlegen, wie ich hoffe, einem bestimmten Sprachgebrauch zufolge als Fremde bezeichnen.«[27] (Woher kommt ihr überhaupt? Bestimmt nicht von hier, oder?) Dieser im Hinblick auf *race* bestimmte Raum markiert auch die geografische Grenze der vollen Verpflichtungen des Staats. Auf der lokalen Ebene der Verräumlichung zeigt sich die Normierung in der Annahme, dass bestimmte Räume (das heißt die der Innenstadt) ihrem Wesen nach aufgrund der Eigenschaften ihrer Bewohner zur Abhängigkeit von Sozialhilfe, Hauptstraßenkriminalität, Unterschichtstatus verurteilt sind, sodass das umfassendere Wirtschaftssystem keine Rolle bei der Entstehung dieser Probleme spielt. Eine der interessanten Folgen des Racial Contract besteht deshalb darin, dass der *politische Raum* des Gemeinwesens nicht übereinstimmt mit seinem *geografischen Raum*.

Wenn man diese (finsteren) Räume betritt, kommt man in ein Gebiet, das in normativer Hinsicht nicht mit dem Weißen politischen Raum zusammenhängt, in dem es andere Regeln gibt, die von der unterschiedlichen Finanzierung (Schulressourcen, Müllabfuhr, Reparatur der Infrastruktur) bis zum Fehlen von Schutz durch die Polizei reichen.

Schließlich gibt es den Mikroraum des Körpers selbst (der in einem gewissen Sinne die Grundlage aller anderen Ebenen ist), die Tatsache (die später eingehender behandelt werden soll), dass die Personen und Subpersonen, die Bürger und Nicht-Bürger, die diese Gemeinwesen bewohnen, dies in einer Umhüllung von Haut, Fleisch und Haaren tun. Der nicht-Weiße Körper trägt einen Hof des Schwarzseins um sich herum, was bei manchen Weißen tatsächlich zu körperlichem Unbehagen führen kann. (Ein Schwarzer amerikanischer Architekt des 19. Jahrhunderts trainierte sich darauf, Baupläne auf dem Kopf stehend zu lesen, weil er wußte, dass sich Weiße Kunden unbehaglich fühlen würden, wenn er auf derselben Seite des Schreibtischs stand wie sie.) Ein Teil dieses Gefühls ist sexuell: der Schwarze Körper wird insbesondere als paradigmatischer *Körper* gesehen.[28] Lewis Gordon schlägt vor, dass die Schwarze »Gegenwart eine Form der Abwesenheit ist. ... Jede Schwarze Person wird zu einem Körperteil eines riesigen Schwarzen Körpers: des schwarzen Körpers.«[29] Weiße können zu »sprechenden Köpfen« werden, aber auch, wenn die Köpfe der Schwarzen sprechen, ist man sich immer auf unbehagliche Weise der Körper bewusst, mit denen diese Köpfe verbunden sind. (Daher sind Schwarze bestenfalls »sprechende Körper«.) Der frühe Rock'n'Roll wurde von manchen Weißen Konservativen als kommunistische Verschwörung betrachtet, weil er die Rhythmen des Schwarzen Körpers in den Weißen Körperraum brachte; er begann mit der unkonventionellen Zersetzung dieses Raums. Das sind buchstäblich *Dschungel*-Rhythmen, die aus dem Raum der Barbarei telegrafiert werden und den zivilisierten Raum des Weißen Gemeinwesens und die körperliche Integrität seiner Bewohner bedrohen. Als Weiße Künstler in den 1950er Jahren Cover-Versionen von »*race*-Schallplatten« machten, Songs, die sich auf Jim-Crow-Rhythmen und Blues-Charts bezogen, wurden sie keimfrei gemacht, gesäubert, die Rhythmen umgestaltet; sie wurden erkennbar »Weiß« gemacht.

In einem allgemeineren Sinne gibt es auch das grundlegende soziale Erfordernis der Unterscheidung auf der Ebene der Alltagsinteraktion (einer Interaktion, die nicht auf einem abstrakten Niveau, sondern *innerhalb* dieses rassifizierten Raumes stattfindet) zwischen dem gesellschaftlichen

Verkehr von Personen mit Personen und von Personen mit Unterpersonen. In den Vereinigten Staaten werden beispielsweise von der Zeit der Sklaverei und Jim Crow bis zur modernen Zeit formeller Freiheit, aber anhaltenden Rassismus die physischen Interaktionen zwischen Weißen und Schwarzen durch wechselnde *race*-basierte Verhaltensregeln reguliert, die letztlich von der gegenwärtigen Form des Racial Contract bestimmt werden. In ihrer Untersuchung der Frage, wie das Leben Weißer Frauen von der *race* geprägt wird, beschreibt Ruth Frankenberg die resultierende »*race*-basierte Gesellschaftsgeografie«, die persönliche »Aufrechterhaltung von Grenzen«, die es erforderlich machte, dass man »immer eine Trennung aufrechterhielt«, eine verunsicherte »Grenzziehung im physischen Raum«.[30] Vorstellungen des eigenen Weißen Selbst bilden eine Mikrogeografie der akzeptierbaren Wege durch den *race*-bezogenen Raum des eigenen persönlichen Raums ab. Diese Durchquerungen des Raums sind von Herrschaft geprägt: vorgeschriebene Haltungen der Ehrerbietung und Unterwerfung für den Schwarzen Anderen; die Körpersprache der Nicht-Einbildung (kein »unbekümmertes Glotzen«); Verkehrsregeln der Priorität (»mein Raum kann durch deinen hindurchgehen, und du musst zur Seite treten«); ungeschriebene Regeln, um zu bestimmen, wann die nicht-Weiße Gegenwart anerkannt werden soll und wann nicht; das Diktat von Räumen der Intimität und Distanz; Behaglichkeits- und Unbehaglichkeitszonen (»bis hierher und nicht weiter«); und schließlich natürlich Gesetze gegen die »Rassenmischung« und Lynchjustiz, um die ultimative Verletzung zu ächten und zu bestrafen, das Eindringen des Schwarzen Raums in den Weißen.[31] Wenn es, wie ich früher geltend gemacht habe, einen Sinn gibt, demzufolge das *wirkliche* Gemeinwesen das virtuelle Weiße Gemeinwesen ist, dann könnte man, ohne die Metapher zu überdehnen, sagen, dass der nicht-Weiße Körper eine bewegliche Blase der Wildnis im Weißen politischen Raum ist, ein Knoten der Diskontinuität, der zwangsläufig in ständiger Spannung zu ihm steht.

> Der Racial Contract normiert das Individuum (und bestimmt es im Hinblick auf seine *race*) und begründet das Personsein und Unterpersonsein.

In der entkörperlichten politischen Theorie des orthodoxen Gesellschaftsvertrags verschwindet der Körper, wird theoretisch unwichtig, ebenso wie der physische Raum, der von diesem Körper bewohnt wird, anscheinend theoretisch unwichtig ist. Aber dieser Akt des Verschwindens ist genauso eine Illusion im ersteren wie im letzteren Fall. Die Wirklichkeit ist, dass man nur deshalb vorgeben kann, dass der Körper keine Rolle spielt, weil ein bestimmter Körper (der Weiße männliche Körper) als die somatische Norm vorausgesetzt wird. In einem politischen Dialog zwischen den Besitzern solcher Körper spielen die Einzelheiten ihres Fleisches keine Rolle, da sie als gleichermaßen rational beurteilt werden, als gleichermaßen fähig, das Naturrecht oder ihr Eigeninteresse wahrzunehmen. Aber wie feministische Theorien hervorgehoben haben, ist der Körper nur dann irrelevant, wenn er der (Weiße) männliche Körper ist. Selbst für Kant, der »Personen« einfach als vernünftige Wesen definiert ohne augenscheinliche Einschränkungen mit Bezug auf Geschlecht oder *race*, grenzt der weibliche Körper die Person als unzureichend vernünftig aus, um politisch irgendetwas über einen »passiven« Bürger hinaus zu sein.[32] Auf ähnliche Weise beruht der Racial Contract ausdrücklich auf einer Körperpolitik, die mit dem Staat durch Einschränkungen mit Bezug darauf verbunden ist, welche Körper »politisch« sind. Es gibt unpolitische Körper, deren Eigentümer als unfähig beurteilt werden, einen Staat zu *bilden* oder an einem *teilzuhaben*.

Der entfernte geistige Vorläufer ist hier natürlich Aristoteles, der in der *Politik* von »natürlichen Sklaven« spricht, die von denen unterschieden werden müssen, deren Versklavung bloß kontingent ist, etwa eine Folge davon, im Kampf gefangen worden zu sein.[33] Aber weil er in der Zeit der nicht-*race*-basierten Sklaverei der Antike schrieb, war Aristoteles mit einem Identifikationsproblem bei der Bestimmung dieser Unglücklichen konfrontiert. Der Racial Contract versucht im Grunde, diesen Mangel zu beheben, indem er eine (relativ) fest umrissene somatische Demarkationslinie zwischen den Besitzern serviler und nicht-serviler Seelen begründet. Wie bereits erwähnt, ist die ältere Unterscheidung zwischen Europäern und Nicht-Europäern im Wesentlichen theologisch und wurde weitgehend anhand der Kriege im Osten und Süden gegen den Islam entwickelt, (Schwarze) Heiden, die sowohl gegen Christus als auch gegen Europa sind. Für das politisch-ökonomische Projekt der Eroberung, Enteignung und Besiedlung hat diese Kategorisierung den Nachteil, kontingent zu sein. Menschen können immer konvertieren, und wenn das Rechteverzeichnis eine religiöse Grundlage hat, wird es folglich zumindest zu einem augenscheinlichen Problem (wenn auch nicht zu einem unüberwindbaren), Mitchristen so zu behandeln, wie man Heiden behandeln kann. Laut

Hayden Whites Interpretation von Augustinus waren im *Gottesstaat* »selbst die ungeheuerlichsten Menschen immer noch *Menschen*«, »im Prinzip erlösbar«, »potenziell in der Lage«, durch die christliche Gnade erlöst zu werden.[34] Die neue profane Kategorie der *race*, die sich allmählich im Laufe von etwa einem Jahrhundert herauskristallisierte, hatte im Gegensatz dazu den Vorzug der Dauerhaftigkeit gegenüber der Lebenszeit jedes beliebigen Individuums. Unter Rückgriff auf das mittelalterliche Erbe des wilden Menschen und indem er diesem Erbe Farbe verleiht, begründet der Racial Contract einen bestimmten Körpertypen als Norm, wobei die Abweichung davon eine Person für vollgültiges Personsein und vollständige Mitgliedschaft im Gemeinwesen *ungeeignet* macht. Wenn man nicht immer ein natürlicher Sklave ist, dann ist man zumindest immer ein natürlicher Nicht-Bürger oder Bürger zweiter Klasse. »Beim allmählichen Übergang von religiösen Vorstellungen zu *race*-bezogenen Vorstellungen«, bemerkt Jennings, »wurde die Kluft zwischen Personen, die sich selbst als Christen bezeichneten, und den anderen Personen, die sie Heiden nannten, problemlos in eine Kluft zwischen Weißen und Farbigen übersetzt. Das Gesetz moralischer Verpflichtung sanktionierte Verhalten nur auf der einen Seite dieser Kluft.«[35]

In philosophischer Hinsicht könnte man moralisch-rechtliche, kognitive und ästhetische Dimensionen dieser *race*-basierten Normierung unterscheiden.[36]

Moralisch und rechtlich begründet der Racial Contract, wie ich zu Beginn sagte, eine grundlegende Aufteilung der sozialen Ontologie der Erde, die man sich als Kluft zwischen Personen und Unterpersonen, *Untermenschen*[37], vorstellen konnte. Das »Personsein« hat in den letzten Jahren aufgrund der Wiederbelebung Kant'scher und moralisch-politischer Naturrechtstheorien und des relativen Niedergangs des Utilitarismus eine Menge philosophischer Aufmerksamkeit erhalten. Der Utilitarismus setzt die Moral auf die unumwundene Grundlage der Förderung des gesellschaftlichen Wohls: das größte Gut für die größte Zahl. Aber er ist dem Vorwurf ausgesetzt, dass er die Verletzung der Rechte mancher Personen erlauben würde, wenn das gesamte gesellschaftliche Wohl dadurch maximiert werden würde. Im Gegensatz dazu betonen Kantsche und Naturrechtstheorien die Unverletzlichkeit individueller »Personen«, deren Rechte nicht verletzt werden dürfen, auch wenn dadurch das Gesamtwohl gesteigert werden würde.

Idealerweise wollen wir also eine Welt, in der alle Menschen als »Personen« behandelt werden. Daher wird der Begriff der »Person« für die normative Theorie zentral. Die vereinfachte Sozialontologie, die von dem Begriff des »Personseins« impliziert wird, ist natürlich selbst ein Produkt des Kapitalismus und der bürgerlichen Revolutionen des 18. Jahrhunderts. Moses Finley weist darauf hin, dass »Ungleichheit vor dem Gesetz« für die antike Welt typisch war[38] und dass der mittelalterliche Feudalismus seine eigene soziale Hierarchie hatte. Das Kant'sche Personsein ging teilweise in *Opposition* zu dieser Welt des Ranges und des zugeschriebenen Status hervor. Die hierarchisch differenzierten menschlichen Werte von Plebejer und Patrizier, von Leibeigenem, Mönch und Ritter wurden durch den »unendlichen Wert« aller Menschen ersetzt. Das ist ein edles und beflügelndes Ideal, auch wenn seine Aufnahme in zahllose Grundsatzprogramme, Erklärungen, Verfassungen und einführende Ethiktexte es jetzt zu einer Moralpredigt herabgesetzt und der zertrümmernden politischen Kraft beraubt haben, die es einst hatte. Es muss jedoch betont werden, dass es nur *Weiße Personen* sind (und in Wirklichkeit nur Weiße Männer), die in der Lage waren, dies für selbstverständlich zu halten, und für die es eine wenig aufregende Binsenweisheit war. Wie Lucius Outlaw betont, beschränkt der europäische Liberalismus »den Egalitarismus auf die Gleichheit zwischen Gleichen«, und Schwarze und andere sind durch ihre *race* ontologisch von dem Versprechen des »liberalen Projekts der Moderne« ausgeschlossen.[39] Die Bedingungen des Racial Contract bedeuten, dass *nicht-Weißes Unterpersonsein gleichzeitig mit dem Weißen Personsein festgeschrieben wird*.

Um also die Funktionsweisen der Gemeinwesen zu verstehen, die durch den Racial Contract strukturiert werden, müssen wir, glaube ich, auch das *Unter*personsein verstehen. Unterpersonen sind menschenartige Wesen, die aufgrund von *race*-basiertem Phänotyp bzw. *race*-basierter Genealogie/Kultur nicht völlig menschlich sind und deshalb ein anderes und minderwertiges Verzeichnis von Rechten und Freiheiten haben, die für sie gelten. Mit anderen Worten, es ist möglich davonzukommen, wenn man Unterpersonen etwas antut, das man Personen nicht antun könnte, weil sie nicht dieselben Rechte wie Personen haben. Insoweit man sich in der Moral- und politischen Philosophie des Mainstreams überhaupt dem Rassismus zuwendet, wird er gewöhnlich in einer Fußnote als bedauerliche Abweichung vom Ideal behandelt. Aber eine solche Behandlung lässt ihn als kontingent, zufällig, residual erscheinen und entzieht ihn unserem Verstand. *Race* wird so behandelt, dass sie als marginal erscheint, während sie tatsächlich zentral war und ist. Der Begriff des Unterpersonseins macht dagegen den Racial Contract explizit und zeigt, dass die Charakterisierung der Dinge im Sinne von »Abweichungen« gewissermaßen irreführend ist. Worum es vielmehr geht, ist die Einhaltung einer *Norm*, im Hinblick auf die es jetzt peinlich ist, ihre Existenz zuzugeben. Anstatt vorzugeben, dass der Gesellschaftsvertrag das Ideal skizziert, das Menschen zwar zu erfüllen versuchten, das sie aber gelegentlich (wie bei allen Idealen) nicht erreichten, sollten wir offen sagen, dass der Racial Contract für Weiße das *Ideal* darstellte und dass das, worum es geht, nicht die Abweichung von der (fiktiven) Norm ist, sondern die *Einhaltung* der tatsächlichen Norm. (Daher wies ich weiter oben darauf hin, dass der »Exzeptionalismus« die Regel *war*.) Der »Racial Contract« als Theorie setzt die *race* dorthin, wo sie hingehört – in den Mittelpunkt –, und demonstriert, inwiefern das Gemeinwesen tatsächlich *race*-bezogen war, ein Staat mit Weißer Vormachtstellung, für den die unterschiedliche Weiße *race*-basierte Anspruchsberechtigung und die nicht-Weiße *race*-basierte Unterordnung bestimmend waren, wodurch die Weiße Moralpsychologie und die Bildung moralischer Theorien zwangsläufig geformt wurden.

Das ist natürlich am deutlichsten für Schwarze der Fall, wobei der Abbau race-*basierter* Sklaverei bedeutet (worauf schon häufig hingewiesen wurde), dass zum ersten Mal (und im Unterschied zur Sklaverei des antiken Griechenlands und Rom oder des mittelalterlichen Mittelmeerraums) *die Sklaverei eine Farbe erhielt*. Außer für das koloniale Projekt im Allgemeinen sollte das Personsein im Hinblick auf die *race* bestimmt werden, woraus sich der Begriff der »Untertanen-*races*« ergibt. Die entscheidende begriffliche Kluft besteht zwar zwischen Weißen und Nicht-Weißen, Personen und Unterpersonen, doch wenn diese zentrale Unterscheidung einmal getroffen wurde, sind andere interne Unterscheidungen möglich, Spielarten des Unterpersonseins (»Wilde« versus »Barbaren«, wie bereits erwähnt), die unterschiedlichen Varianten des Racial Contract (Enteignungs-/Sklaven-/Kolonialvertrag) entsprechen. So konnte beispielsweise Rudyard Kiplings indigene Bevölkerung mehr als ein Gesicht haben – »halb Teufel und halb Kind« –, sodass, während (im Hinblick auf den Enteignungsvertrag) manche Arten einfach ausgerottet wurden (wie auf dem amerikanischen Kontinent, in Australien und Südafrika), im Hinblick auf andere (wie beim Kolonialvertrag) eine paternalistische Leitung (wie im kolonialen Afrika und Asien) sie (als »Minderjährige«) zumindest halbwegs zur Zivilisation führen konnte. Aber in allen Fällen war die Quintessenz, dass man es mit Wesen zu tun hatte, die nicht auf derselben Moralstufe standen und zur Autonomie und Selbstbestimmung nicht in der Lage sind. »N*ger, Indianer und [Kaffern] können keine Demokratie hegen«, schlussfolgerte John Adams.[40] (Man denke an Tarzan und das Phantom, She und Sheena, Weiße Könige und Königinnen, die über den Schwarzen Dschungel herrschen und das Gesetz für die »minderwertigere *race*« außerhalb desselben festlegen.)

Außerdem bedeutete die dynamische Wechselbeziehung der Kategorisierung, wie Hegelianer rasch erkennen sollten, dass die Kategorien sich wechselseitig bestimmten. Eine Person zu sein, Weiß zu sein bedeutete – per definitionem –, *keine* Unterperson zu sein, nicht die Eigenschaften zu haben, die einen auf die nächste ontologische Ebene hinabzogen. In der idealen Kant'schen Welt des *race*-losen Gesellschaftsvertrags können Personen im Abstrakten existieren; in der nicht-idealen Welt des naturalisierten Racial Contract sind Personen notwendig auf Unterpersonen bezogen. Denn dies sind Identitäten als »kontrapunktische Phänomene«, die ihre Gegenteile erfordern, wobei die »Zweitklassigkeit« von Unterpersonen, wie Said es formuliert, »paradoxerweise wesentlich für die ›Erstklassigkeit‹ des Europäers ist«.[41]

Dort, wo Sklaverei praktiziert wurde, wie in den Vereinigten Staaten und auf dem amerikanischen Kontinent, sodass ein dauerhaftes Verhältnis zwischen den *races* bestand, entwickelten sich Weißsein und Schwarzsein in einer erzwungenen Innigkeit des Abscheus, derzufolge sie einander durch Negation und Selbsterkenntnis zum Teil *durch die Augen des anderen* bestimmten. In seinem preisgekrönten Buch über die Entwicklung der Idee der Freiheit macht Orlando Patterson geltend, dass Freiheit aus der Erfahrung der Sklaverei generiert wurde, dass der Sklave die Norm für *Menschen* begründet.[42] Ein Teil des heutigen Problems beim Versuch, Schwarze Amerikaner an dem Staat heranzuführen, ist die tiefe Verankerung der Vorstellung in der nationalen Psyche, dass, wie Toni Morrison hervorhebt, *Amerikanersein* per definitionem Weißsein bedeutet; europäische Einwanderer:innen, die im späten 19. und frühen 20. Jahrhundert nach Amerika kamen, stellten ihre Assimilation dadurch unter Beweis, dass sie in den Club des Weißseins eintraten und dadurch ihre Billigung des Racial Contract bekräftigten.[43] Ein lange Zeit in der Schwarzen Gemeinschaft gemachter Witz lautet, dass das erste Wort, das der Deutsche oder Skandinavier oder Italiener, der frisch vom Schiff kommt, auf Ellis Island lernt, »N**ger« ist. Schwarzer Amerikaner, Afroamerikaner ist ein Oxymoron, während Weißer Amerikaner, Euroamerikaner pleonastisch ist. Weißsein ist teilweise mit Bezug auf eine gegenüberstehende Dunkelheit definiert, sodass Weiße Selbstauffassungen von Identität, Personsein und Selbstachtung folglich innig verbunden mit der Ablehnung des Schwarzen Anderen sind. Egal wie arm man war, so war man immer noch in der Lage, das Weißsein zu behaupten, das einen von den Unterpersonen auf der anderen Seite der Farbgrenze unterschied.

Es gibt auch eine kognitive Dimension, die die aristotelische Tradition ebenfalls weiterführt. Historisch gesehen war das paradigmatische Kennzeichen von Unterpersonsein mangelhafte Rationalität, die Unfähigkeit, diejenige Eigenschaft im vollen Sinne auszuüben, die man sich klassischerweise als unser Unterscheidungsmerkmal gegenüber den Tieren vorgestellt hat. Für den Gesellschaftsvertrag ist eine ungefähre Gleichheit des kognitiven Vermögens der Menschen oder zumindest eine notwendige Basisfähigkeit zur Erkenntnis der immanenten moralischen Strukturierung des Universums (Naturrecht) oder dessen, was rationalerweise für die soziale Kooperation erforderlich ist, ein entscheidender Bestandteil des Arguments. Für den Racial Contract wird entsprechend eine grundsätzliche *Un*gleichheit im Hinblick auf die Fähigkeit verschiedener Menschengruppen zur Erkenntnis der Welt und der Entdeckung des Naturrechts behauptet. Unterpersonen werden als kognitiv minderwertig betrachtet, weil ihnen die wesentliche Rationalität fehlt, die sie zu vollen Menschen machen würde.

In den frühen (theologischen) Fassungen des Racial Contract wurde dieser Unterschied im Sinne des heidnischen Widerwillens ausbuchstabiert, Gottes Wort anzuerkennen. Ein Pfarrer aus dem frühen 17. Jahrhundert charakterisierte die indigene Bevölkerung Amerikas so, dass sie »wenig mehr vom Menschsein hätten als nur die Form, keinen Anstand, keine Künste und keine Religion kennen würden; animalischer als die Tiere, die sie jagen, wilder und unmenschlicher [als] dieses unbewohnte wilde Land, in dem sie umherstreifen, anstatt es zu bewohnen; außerdem sind sie von der Tyrannei Satans gefesselt.«[44] In späteren profanen Fassungen ist es eine von der *race* bestimmte Unfähigkeit zur Rationalität, zu abstraktem Denken, kultureller Entwicklung, Zivilisation im Allgemeinen (wodurch jene dunklen kognitiven Räume auf Europas Kartierung der Welt entstehen). In der Philosophie könnte man diesen roten Faden durch Lockes Spekulationen über die Unfähigkeit primitiver Geister, David Humes Leugnung, dass irgendeine andere *race* als die Weißen erstrebenswerte Kulturen geschaffen haben, Kants Gedanken über die Vernunftunterschiede zwischen Schwarzen und Weißen, Voltaires polygene Schlussfolgerung, dass Schwarze eine separate und weniger fähige Spezies seien, John Stuart Mills Urteil, dass diese *races* »in ihrer Unmündigkeit« sich nur zur »Gewaltherrschaft« eigneten, hindurch verfolgen. Die Annahme nicht-Weißer geistiger Minderwertigkeit war weit verbreitet, auch wenn sie nicht immer mit dem pseudowissenschaftlichen Apparat ausgestattet war, den der Darwinismus später ermöglichen sollte. Nachdem dieser theoretische Fortschritt einmal vollzogen worden war, gab es natürlich einen gewaltigen Schwall von Versuchen, die Normierung auf eine quantitative Grundlage zu stellen – eine wiederbelebte Schädelvermessung, Behauptungen über die Größe des Gehirns und seine Faltungen, Messungen von Winkeln im Gesicht, Äußerungen über langschädlige und kurzschädlige Köpfe, Rekapitulationismus und schließlich natürlich die Theorie des Intelligenzquotienten – das Merkmal korrelierte zwar mutmaßlich mit der Variation der Intelligenz, aber das erwünschte Ergebnis der Bestätigung nicht-Weißer geistiger Unterlegenheit wurde immer erreicht.[45]

Die Implikationen dieser Leugnung gleicher geistiger und Erkenntnisfähigkeit sind mannigfaltig. Da sie, wie gesagt, kulturelle Leistungen ausschließt, fordert sie das Eingreifen derjenigen heraus, die zu kulturellen Leistungen fähig sind. Weil sie die moralische Entwicklung ausschließt, die dafür notwendig ist, ein verantwortlicher moralischer und politischer Akteur zu sein, schließt sie die volle Mitgliedschaft im Gemeinwesen aus. Da sie die wahrheitsgemäße Wahrnehmung der Welt ausschließt, schließt sie in manchen Fällen sogar Zeugenaussagen vor Gericht aus: Sklav:innen in den Vereinigten Staaten wurde nicht erlaubt, Beweismaterial gegen ihre Herren vorzulegen, und die indigene Bevölkerung Australiens konnte auch nicht gegen die Weißen Siedler aussagen. Im Allgemeinen konnte das herrschende epistemische Prinzip über einen Zeitraum von mehreren Jahrhunderten als die Forderung formuliert werden, dass – zumindest bei kontroversen Fragen – die nicht-Weiße Erkenntnis durch die Weiße Erkenntnis verifiziert werden muss, um als gültig akzeptiert zu werden. Und es ist nur unter extremen und ungewöhnlichen Umständen (eine große Anzahl übereinstimmender nicht-Weißer Zeugen, eine gewisse Störung im Erkenntnisvermögen des Weißen Erkenntnissubjekts etc.) erlaubt, sich über die Weiße Erkenntnis hinwegzusetzen. (Weitere Komplikationen umfassen den Wechsel von einem geradlinig biologischen Rassismus zu einem abgeschwächteren »kulturellen« Rassismus, bei dem eine teilweise Mitgliedschaft in der Erkenntnisgemeinschaft auf der Grundlage des Grades gewährt wird, in dem die Nicht-Weißen sich als fähig erweisen, die Weiße westliche Kultur zu beherrschen.)

Schließlich umfasst die Normierung des Individuums auch eine spezifische Normierung des *Körpers*, eine ästhetische Normierung. Urteile über den moralischen Wert sind begrifflich zwar offensichtlich verschieden von Urteilen über den ästhetischen Wert, aber es gibt eine psychologische Tendenz, die beiden miteinander zu vermischen, wie es durch die Konventionen von Märchen für Kinder (und auch für manche Erwachsene) mit ihrer Besetzung von gut aussehenden Helden, schönen Heldinnen und hässlichen Bösewichten veranschaulicht wird. Harmannus Hoetink macht geltend, dass alle Gesellschaften ein »somatisches Normbild« haben, wobei Abweichungen davon Alarm auslösen.[46] Und George Mosse weist darauf hin, dass es bei der Aufklärung um »die Begründung eines Stereotyps menschlicher Schönheit [ging], das nach klassischen Vorbildern als Maß von allem menschlichen Wert gestaltet wurde. ... Der Rassismus war eine visuelle Ideologie, die auf Stereotypen beruhte. ... Schönheit und Hässlichkeit wurden ebenso zu Prinzipien der Klassifikation von Menschen wie materielle Faktoren der Messung, des Klimas und der Umwelt.«[47] Der Racial Contract macht den Weißen Körper zur somatischen Norm, sodass man in den frühen rassistischen Theorien nicht nur moralische, sondern auch ästhetische Urteile findet, wobei schöne und gut aussehende *races* gegenüber als hässlich bewerteten *races* in Stellung gebracht werden. Manche Nicht-Weiße standen ihrer Erscheinung nach den Kaukasier:innen nahe genug, dass sie manchmal auf exotische Weise als schön und attraktiv angesehen wurden (gelegentlich Indigene Amerikas; Tahitianer:innen, manche Asiat:innen). Aber diejenigen, die vom kaukasoiden Somatotyp weiter entfernt waren – in erster Linie Schwarze (Afrikaner:innen und auch die indigene Bevölkerung Australiens) –, wurden als ästhetisch abstoßend und abweichend stigmatisiert. Winthrop Jordan hat die unterdrückte Faszination dokumentiert, mit der Engländer die Erscheinung von Afrikaner:innen erörterten, denen sie bei ihren frühen Handelsexpeditionen begegneten, und Amerikaner wie zum Beispiel Thomas Jefferson brachten ihre Antipathie gegenüber negroiden Merkmalen zum Ausdruck.[48] (Benjamin Franklin war interessanterweise gegen den Sklav:innenhandel anhand von zumindest teilweise ästhetischen Gründen, nämlich als eine Art von Verschönerungsprogramm für

Amerika. Indem er seiner Sorge Ausdruck verlieh, dass die Einführung von Sklav:innen »halb Amerika Schwarz gemacht« hatte, stellte er die Frage: »Warum soll man die Söhne Afrikas vermehren, indem man sie in Amerika einpflanzt, wo wir doch eine so ordentliche Gelegenheit haben, die entzückenden Weißen und Roten zu vermehren, indem wir alle Schwarzen und Gelbbraunen ausschließen?«)[49]

In dem Maße, in dem diese Normen akzeptiert werden, sind Schwarze diejenige *race*, die von ihrem Körper am meisten entfremdet sind – ein Schicksal, das für Schwarze Frauen besonders schmerzhaft ist, die wie alle Frauen (hier durch die Bedingungen des *Geschlechter*vertrags) hauptsächlich aufgrund ihrer körperlichen Erscheinung bewertet werden, welche im Allgemeinen so betrachtet wird, dass sie hinter dem kaukasoiden oder hellhäutigen Ideal zurückbleibt.[50] Darüber hinaus werden diese Normen außer ihren offensichtlichen Folgen für sexuelle Beziehungen innerhalb und zwischen den *races* auch Chancen und die beruflichen Aussichten beeinflussen, denn Untersuchungen haben bestätigt, dass eine »gefällige« körperliche Erscheinung einen Vorteil beim Stellenwettbewerb verleiht. Es ist kein Zufall, dass Schwarze »gemischter« Abstammung diejenigen sind, die bei den Arbeitsplätzen in der »Weißen« Welt unterschiedlich repräsentiert sind. Wegen ihres Hintergrunds neigen sie häufig dazu, auch besser gebildet zu sein, aber ein zusätzlicher Faktor besteht darin, dass Weiße bei ihnen ein geringeres körperliches Unbehagen empfinden. »Wenn wir schon irgendeinen von ihnen einstellen müssen«, könnte man denken, »dann sieht dieser zumindest ein wenig wie wir aus«.

Der Racial Contract garantiert den modernen Gesellschaftsvertrag und wird beständig neu geschrieben.

Radikale Feminist:innen machen geltend, dass die Unterdrückung von Frauen die älteste Unterdrückung ist. *Race*-basierte Unterdrückung ist viel jünger. Während Beziehungen zwischen den Geschlechtern zwangsläufig bis auf den Ursprung der Spezies zurückgehen, ist eine innige und zentrale Beziehung zwischen Europa als Kollektiv-Entität und Nicht-Europa, zwischen »Weißen« und »nicht-Weißen« *races* ein Phänomen der *Moderne*. Es gibt eine fortgesetzte wissenschaftliche Kontroverse über die Existenz und das Ausmaß des Rassismus in der Antike (das heißt »Rassismus« als Ideenkomplex im Gegensatz zu einem entwickelten politisch-ökonomischen System), wobei manche Autoren, wie beispielsweise Frank Snowden, eine Zeit »vor dem Vorurteil, das sich auf die Hautfarbe bezieht«, finden, in der Schwarze offenbar als Gleiche angesehen wurden, und andere behaupten, dass der griechische und römische Fanatismus gegen Schwarze von Anfang an existierte.[51] Was auch immer die Uneinigkeit über diesen Punkt sein mag, müsste man doch offensichtlich darin übereinkommen, dass die Ideologie des modernen Rassismus theoretisch weitaus stärker entwickelt ist als antike oder mittelalterliche Vorurteile und mit einem System europäischer Herrschaft verbunden ist (was auch immer die Auffassung der kausalen Priorität sein mag, nämlich idealistisch oder materialistisch).

Trotzdem implizieren diese Unterschiede, dass verschiedene Erklärungen des Racial Contract möglich sind. Die Erklärung, die ich bevorzuge, begreift den Racial Contract so, dass er nicht nur *race*-basierte Ausbeutung erzeugt, *sondern die* race *selbst* als Gruppenidentität. In einem zeitgenössischen Vokabular ausgedrückt, »konstruiert« der Racial Contract die *race*. (Anderen Erklärungen zufolge, beispielsweise solchen, die mehr essentialistisch sind, würde die *race*-bezogene Selbstidentifikation der Verfassung des Racial Contract *vorausgehen*.) »Weiße« Menschen existieren nicht schon vorher, sondern werden durch den Racial Contract *als* »Weiße« erst hervorgebracht – daher rührt die sonderbare Umwandlung der menschlichen Bevölkerung, die diesen Vertrag begleitet. Die Weiße *race* wird *erfunden*, und man wird »Weiß durch das Gesetz«.[52]

In diesem Rahmen überschneidet sich also das goldene Zeitalter der Vertragstheorie (1650–1800) mit dem Wachstum des europäischen Kapitalismus, dessen Entwicklung durch die Erkundungsreisen angeregt wurde, die dem Vertrag zunehmend einen *race*-bezogenen Subtext unterlegten. Die Entwicklung der modernen Fassung des Vertrags, die mit seiner Verkündung der gleichen Rechte, Selbstbestimmung und Freiheit aller Menschen durch einen antipatriarchalistischen Aufklärungsliberalismus gekennzeichnet ist, fand somit gleichzeitig mit der Abschlachtung, Enteignung und Unterwerfung unter erblicher Sklaverei von Menschen statt, die zumindest augenscheinlich menschlich waren. Dieser Widerspruch muss befriedet werden; dies geschieht durch den Racial Contract, der ihr Personsein im Wesentlichen leugnet und die Bedingungen des Gesellschaftsvertrags auf Weiße beschränkt. »Die Menschen eines harmlosen zivilisierten Landes zu überfallen und zu enteignen würde die Moral verletzen und die Prinzipien internationalen Rechts übertreten.«[53] Der *Racial Contract* ist somit die Wahrheit des *Gesellschafts*vertrags.

Es gibt einige direkte Belege dafür, dass dies in den Schriften der klassischen Vertragstheoretiker selbst steckt. Das heißt, es handelt sich nicht bloß um eine hypothetische intellektuelle Rekonstruktion meinerseits, die anhand des Schweigens dafür argumentiert, dass »Menschen« in Wirklichkeit »Weiße Menschen« bedeutet haben muss. Schon Hugo Grotius, dessen Arbeiten aus dem frühen 17. Jahrhundert über Naturrecht den entscheidenden theoretischen Hintergrund für spätere Kontraktualisten lieferten, fällt das verhängnisvolle Urteil, wie Robert Williams hervorgehoben hat, dass man im Hinblick auf die »Barbaren«, »mehr Thieren als Menschen, mit Recht sagen kann, ... dass der gerechteste Krieg der gegen die wilden Tiere sei, der nächstgerechte der gegen Menschen, die diesen gleichen«.[54] Aber konzentrieren wir uns einfach auf die vier wichtigsten Vertragstheoretiker: Hobbes, Locke, Rousseau und Kant.[55]

Betrachten wir zunächst Hobbes' berüchtigten tierischen Naturzustand, ein Kriegszustand, in dem das Leben »widerwärtig, vertiert und kurz« ist. Einer oberflächlichen Lesart zufolge könnte es scheinen, dass er nicht-*race*bezogen ist und für alle gleichermaßen gilt, aber achten wir darauf, was er sagt, wenn er den Einwand erwägt, dass es »nie eine solche Zeit oder Bedingung des Kriegs wie diese gegeben hat«. Er antwortet: »Ich glaube, es war nie allgemein auf der ganzen Welt so, aber es gibt viele Gegenden, wo die Menschen heute noch so leben«, wobei sein Beispiel »die wilden Völker in vielen Teilen *Amerikas*« sind.[56] Ein nicht-Weißes Volk also, tatsächlich genau dasselbe nicht-Weiße Volk, in dessen Land seine Miteuropäer damals vordrangen, ist sein einziges aus dem wirklichen Leben gegriffenes Beispiel von Menschen im Naturzustand. (Und tatsächlich wurde darauf hingewiesen, dass die Formulierung und Terminologie von Hobbes' Charakterisierung durchaus direkt aus den Schriften von Zeitgenossen über die Besiedlung des amerikanischen Kontinents abgeleitet sein kann. Der »Forschungsreisende« Walter Raleigh beschrieb den Bürgerkrieg als einen »Kriegszustand, der der bloße Zustand der Natur der Menschen ist, die außerhalb der Gemeinschaft stehen, in der alle ein gleiches Recht auf alle Dinge haben«. Und zwei andere Autoren der Zeit charakterisierten die Bewohner des amerikanischen Kontinents als »Menschen, [die] wie wilde Tiere lebten, ohne Religion oder Regierung oder Stadt oder Häuser, ohne das Land zu bestellen oder ihren Körper zu kleiden«, und als »Menschen, die noch wie die ersten Menschen leben, ohne Buchstaben, ohne Gesetze, ohne Könige, ohne gemeinsamen Reichtum, ohne Künste ... ihrer Natur nach nicht bürgerlich.«)[57]

Im nächsten Absatz argumentiert Hobbes weiter, dass, »aber selbst wenn es nie eine Zeit gegeben hätte, da einzelne Menschen im Kriegszustand miteinander lebten«, es »zu allen Zeiten« einen Zustand »ständiger Rivalität« zwischen Königen und Personen mit souveräner Autorität gegeben hat. Er betont diese Behauptung vermutlich, damit die Lesenden sich vorstellen, was geschehen würde, »wenn es keine öffentliche Macht zu fürchten gäbe«.[58] Aber der Text ist verwirrend. Wie könnte es gleichzeitig der Fall sein, dass »es nie« irgendeinen solchen buchstäblichen Naturzustandskrieg gegeben hatte, wo er doch im vorangehenden Absatz gerade gesagt hatte, dass manche jetzt *wirklich* so lebten? Infolge dieser Mehrdeutigkeit wurde Hobbes von manchen Kommentatoren als buchstäblicher und von anderen als hypothetischer Kontraktualist charakterisiert. Aber ich glaube, dass sich dieses geringfügige Rätsel aufklären lässt, sobald wir erkennen, dass es in dem Text eine stillschweigende *race*-bezogene Logik gibt: der *buchstäbliche* Naturzustand ist den Nicht-Weißen vorbehalten; für die Weißen ist der Naturzustand *hypothetisch*. Der Konflikt zwischen Weißen ist der Konflikt zwischen denjenigen, die einen *Souverän* haben, das heißt denjenigen, die sich schon in der Gesellschaft befinden (und es immer schon waren). Anhand dieses Konflikts kann man auf das extrapolieren (sozusagen auf den *race*-bezogenen Abgrund hindeuten), was beim Fehlen eines herrschenden Souveräns geschehen könnte. Aber in Wirklichkeit wissen wir, dass Weiße zu vernünftig sind, als dass sie erlauben würden, dass *ihnen* so etwas geschehen könnte. Daher ist der berüchtigtste Naturzustand in der kontraktualistischen Literatur – der tierische Krieg aller gegen alle – in Wirklichkeit eine *nicht-Weiße* Figur, ein *race*-bezogenes Lehrbeispiel für die vernünftigeren Weißen, deren überlegeneres Verständnis des Naturrechts (hier in seiner Klugheits- und nicht in seiner altruistischen Fassung) sie in die Lage versetzen wird, die notwendigen Schritte zu seiner Vermeidung zu treffen und sich nicht als »Wilde« zu verhalten.

Hobbes wurde normalerweise als ein Autor eines heiklen Übergangs betrachtet, der zwischen feudalem Absolutismus und dem Aufstieg des Parlamentarismus gefangen war und der den Vertrag, der heute klassischerweise mit der Entstehung des Liberalismus verbunden ist, zur Verteidigung des Absolutismus gebraucht. Aber man könnte geltend machen, dass er in einem anderen Sinne ein Autor des Übergangs ist, nämlich insofern, als im Britannien der Mitte des 17. Jahrhunderts das imperiale Projekt noch nicht so voll entwickelt war, dass der intellektuelle Apparat der *race*-basierten Unterordnung vollständig entfaltet worden war. Hobbes bleibt in *race*-bezogener Hinsicht genug Egalitarist: Indem er die indigene Bevölkerung Amerikas für sein aus dem Leben gegriffenes Beispiel auswählt, legt er nahe, dass ohne einen Souverän *selbst Europäer* auf ihren Zustand herabsteigen könnten und dass die absolutistische Regierung, die für Nicht-Weiße geeignet ist, sich auch für Weiße eignen könnte.[59] Die Entrüstung, die seinem Werk entgegenschlug, lässt sich zumindest teilweise seinem moralisch-politischen Vorschlag zuschreiben. Die Verbreitung des Kolonialismus sollte eine geistige Welt konsolidieren, in der dieser tierische Naturzustand den nicht-Weißen Wilden vorbehalten sein sollte, die dann despotisch zu regieren waren, während die europäischen Bürger die Vorteile des liberalen Parlamentarismus genießen sollten. *Der Racial Contract begann, den Gesellschaftsvertrag neu zu schreiben.*

Dieser Übergang lässt sich deutlicher zur Zeit Lockes erkennen, dessen Naturzustand durch das traditionelle (altruistische, nicht an Klugheitsüberlegungen orientierte) Naturrecht geregelt wurde. Es handelt sich um einen moralisierten Naturzustand, in dem Privateigentum und Geld existieren, und eigentlich um einen Naturzustand, der fast schon bürgerlich ist. Weiße können sich somit buchstäblich in diesem Naturzustand befinden (jedenfalls für kurze Zeit), ohne dass dadurch ihre angeborenen Eigenschaften in Frage gestellt werden. Locke behauptete bekanntlich, dass Gott die Welt »dem Gebrauch der Tüchtigen und Vernünftigen« übergeben habe, deren Eigenschaften durch die Arbeit signalisiert wurden. Während also tüchtige und vernünftige Engländer sich zuhause abplagten, fand man in Amerika im Gegensatz dazu »wilde Wälder und unkultiviertes Ödland …, die [von den müßigen Indianern] der Natur überlassen wurden«.[60] Obwohl sie den Naturzustand eine Zeit lang mit Nicht-Weißen teilen, ist ihr Aufenthalt in ihm notwendig kürzer, da die Weißen ihre überlegene Rationalität dadurch zeigen, dass sie sich diese natürliche Welt aneignen und sie aufwerten. Die Art der Aneignung der indigenen Bevölkerung Amerikas ist also überhaupt keine echte Aneignung, weil sie Eigentumsrechte hervorbringt, die leicht außer Kraft gesetzt werden können (wenn es überhaupt welche gibt), wodurch ihre Gebiete normativ für die Inbesitznahme offen werden, sobald diejenigen, die seit langem den Naturzustand schon *verlassen* haben (Europäer), ihnen begegnen. Lockes These sollte tatsächlich zum Hauptpfeiler des Enteignungsvertrags werden – »der grundsätzliche philosophische Entwurf normativer Argumente, die die Eroberung Amerikas durch die Weiße Zivilisation unterstützten«, schreibt Williams[61] –, und nicht bloß in den Vereinigten Staaten, sondern später auch in den anderen Weißen Siedlerstaaten in Afrika und im Pazifik. Die Wirtschaft der indigenen Bevölkerung verbesserte nicht das Land und konnte daher als nichtexistent betrachtet werden.

Lockes Praxis und wohl auch seine Theorie spielten auch eine Rolle beim Sklavenvertrag. In der *Zweiten Abhandlung* verteidigt Locke die Sklaverei, die das Ergebnis eines gerechten Krieges ist, beispielsweise eines Verteidigungskriegs gegen einen Angriff. Das wäre kaum eine korrekte Beschreibung der europäischen Jagdkommandos, die nach afrikanischen Sklav:innen suchten, und im selben Kapitel stellt sich Locke jedenfalls ausdrücklich gegen erbliche Sklaverei und die Versklavung von Frauen und Kindern.[62] Doch Locke hatte Geld in die sklavenhändlerische Royal Africa Company investiert und half bei der Formulierung der Sklavenverfassung von Carolina. Daher könnte man behaupten, dass der Racial Contract sich hier mit einer erstaunlichen Inkonsistenz zeigt, die durch die Annahme beseitigt werden könnte, dass Locke Schwarze als nicht vollständige Menschen betrachtete und sie daher für einer anderen Gesamtheit normativer Regeln unterworfen hielt. Oder vielleicht kann dieselbe Locke'sche moralische Logik, die für die indigene Bevölkerung Amerikas galt, auch auf Schwarze ausgedehnt werden. Sie eigneten sich ihren heimatlichen afrikanischen Kontinent nicht an; sie sind nicht rational; sie können versklavt werden.[63]

Rousseaus Schriften könnten als so etwas wie eine Ausnahme erscheinen. Schließlich wird mit seinem Werk der Begriff des »edlen Wilden« verbunden (obwohl der Ausdruck tatsächlich nicht von ihm stammt). Und nach der Rekonstruktion der Ursprünge der Gesellschaft im *Diskurs über Ungleichheit* wird jedermann so betrachtet, dass er sich zu der einen oder anderen Zeit im Naturzustand befand (und daher »wild« war). Aber eine sorgfältige Lektüre des Texts zeigt noch einmal entscheidende *race*-bezogene Unterscheidungen. Die einzigen natürlichen Wilden, die erwähnt werden, sind *nicht-Weiße* Wilde, während sich Beispiele für europäische Wilde auf Berichte über wilde Kinder beschränken, die von Wölfen und Bären aufgezogen wurden, Erziehungspraktiken (so Rousseau), die mit denen der Hottentotten und Kariben vergleichbar sind.[64] (Die Europäer sind so wesenhaft zivilisiert, dass es einer Aufzucht durch Tiere bedarf, um *sie* in Wilde zu verwandeln.) Für Europa liegt die Wildheit in der dunklen, fernen Vergangenheit, da die Metallbearbeitung und Landwirtschaft die Erfindungen sind, die zur Zivilisation führen, und es stellt sich heraus, dass »einer der besten Gründe, warum Europa, wenn schon nicht am frühesten zivilisiert wurde, so doch zumindest kontinuierlicher und besser zivilisiert wurde als andere Teile der Welt, vielleicht darin liegt, dass es zugleich die reichsten Eisenvorkommen aufweist und im Hinblick auf Weizen am fruchtbarsten ist«. Aber Rousseau schrieb mehr als zweihundert Jahre nach der europäischen Begegnung mit den großen Reichen der Azteken und Inkas: Gab es dort nicht Belege für eine gewisse Metallbearbeitung und Landwirtschaft? Anscheinend nicht: »Die Metallurgie und der Ackerbau [waren] ... den Wilden Amerikas [...] unbekannt, die deshalb stets Wilde geblieben sind.«[65] Daher degeneriert selbst das, was ursprünglich als unverhüllterer Umweltdeterminismus erscheinen könnte, der die Tür für einen *race*-bezogenen Egalitarismus anstatt für eine *race*-basierte Hierarchie öffnen würde, zu einem massiven historischen Gedächtnisverlust und einer Falschdarstellung der Tatsachen, die von den Vorannahmen des Racial Contract gelenkt werden.

Um das Offensichtliche hervorzuheben, selbst wenn einige von Rousseaus nicht-Weißen Wilden »edel« sind, körperlich und psychisch gesünder als die Europäer der geschwächten und verdorbenen Gesellschaft, die durch den tatsächlichen Schwindelvertrag hervorgebracht wurden, sind sie doch immer noch *Wilde*. Sie sind also primitive Wesen, die nicht wirklich Teil der bürgerlichen Gesellschaft sind, erheben sich kaum über die Tiere und haben keine Sprache. Das Verlassen des Naturzustands, wie Rousseau im *Gesellschaftsvertrag*, seiner späteren Darstellung eines idealen Gemeinwesens, geltend macht, ist für uns notwendig, damit wir zu im vollen Sinne menschlichen moralischen Akteuren werden, zu Wesen, die zur Gerechtigkeit fähig sind.[66] Das Lob der nicht-Weißen Wilden ist also ein begrenztes, paternalistisches Lob, gleichbedeutend mit der Bewunderung für gesunde Tiere und keineswegs so zu verstehen, dass es deren Gleichheit, geschweige denn Überlegenheit, mit den zivilisierten Europäern des idealen Gemeinwesens implizieren soll. Die zugrunde liegende *race*-basierte Dichotomisierung und Hierarchie von zivilisiert und wild bleibt ganz deutlich.

Schließlich ist Kants Fassung des Gesellschaftsvertrags in einem gewissen Sinne die beste Illustration des Einflusses, den der Racial Contract auf Europäer ausübte, da zu dieser Zeit der wirkliche Vertrag und die historische Dimension des Kontraktualismus anscheinend gemeinsam verschwunden sind. Daher würde man hier, wenn überhaupt, meinen – in dieser Welt abstrakter Personen, die als solche nur durch ihre Rationalität abgegrenzt werden –, dass *race* irrelevant geworden sei. Wie Emmanuel Eze kürzlich sehr ausführlich gezeigt hat, ist dieses orthodoxe Bild jedoch gründlich irreführend, und das Wesen Kant'scher »Personen« und des Kant'schen »Vertrags« muss in Wirklichkeit neu gedacht werden.[67] Denn es stellt sich heraus, dass Kant, der weithin als wichtigster Moraltheoretiker der Moderne betrachtet wird, der in einem gewissen Sinne der Vater der modernen Moraltheorie ist und – durch das Werk von John Rawls und Jürgen Habermas – auch für die moderne politische Philosophie zunehmend zentral wird, *auch* der Vater des modernen Begriffs von Rasse[68] ist.[69] Seine Abhandlung *Von den verschiedenen Rassen der Menschen* aus dem Jahr 1775 ist eine klassische anti-umweltbezogene Erklärung der »Unwandelbarkeit und Dauerhaftigkeit der Rasse«, die der Vererbungslehre gegenüber sehr aufgeschlossen ist. Für Kant, so lautet ein Kommentar von George Mosse, »wird die rassenmäßige Verfassung zu einer unveränderlichen Substanz und zur Grundlage der ganzen körperlichen Erscheinung und menschlicher Entwicklung, einschließlich der Intelligenz«.[70] Der berühmte Theoretiker des Personseins ist auch der Theoretiker des Unterpersonseins, obwohl diese Unterscheidung im Hinblick darauf, was die Misstrauischen schon fast für eine Verschwörung zur Verschleierung peinlicher Wahrheiten halten könnten, weit weniger bekannt ist.

Wie Eze hervorhebt, lehrte Kant vierzig Jahre lang Anthropologie und physische Geografie, und sein philosophisches Werk muss eigentlich *in Verbindung mit diesen Vorlesungen* gelesen werden, um zu verstehen, wie sehr seine Ansichten über den moralischen Charakter vom Begriff der »Rasse« bestimmt wurden. Sein berüchtigter Kommentar in *Beobachtungen über das Gefühl des Schönen und Erhabenen* ist Schwarzen Intellektuellen wohlbekannt und wird häufig von ihnen zitiert: »So grundlegend ist der Unterschied zwischen [den schwarzen und Weißen] Menschenrassen ... er scheint im Hinblick auf geistige Fähigkeiten ebenso groß zu sein wie im Hinblick auf die Hautfarbe«, sodass »ein deutlicher Beweis, daß das, was [ein N*ger] sagte, dumm war«, in der Tatsache bestand, dass »dieser Kerl [...] vom Kopf bis auf die Füße ganz schwarz [war]«.[71] Die Pointe von Ezes Essay ist, dass diese Bemerkung keineswegs isoliert oder eine beiläufige, nicht weiter zu beachtende Aussage ist, die, obwohl sie natürlich bedauerlich ist, keine breiteren Implikationen besitzt. Vielmehr geht sie aus einer entwickelten Theorie der »Rasse« und entsprechender geistiger Fähigkeiten und Beschränkungen hervor. Sie *scheint* nur beiläufig und nicht in eine umfassendere Theorie eingebettet zu sein, weil die Weiße akademische Philosophie als Institution kein Interesse daran hatte, die Implikationen dieser Dimension von Kants Werk zu erforschen, zu verfolgen und der Welt bekannt zu machen.

Tatsächlich grenzt Kant eine farbkodierte »Rassenhierarchie« von Europäer:innen, Asiat:innen, Afrikaner:innen und der indigenen Bevölkerung Amerikas ab, die durch ihren Grad an angeborenem *Talent* differenziert werden. Eze erklärt: »›Talent‹ ist dasjenige, was ›naturgemäß‹ dem ›Weißen‹ in Kants rassenbezogener rationalen und moralischen Ordnung die höchste Position über allen Geschöpfen garantiert, gefolgt von dem ›Gelben‹, dem ›Schwarzen‹ und dann dem ›Roten‹. Die Hautfarbe ist für Kant ein Beleg für eine überlegene, unterlegene oder überhaupt keine ›Gabe‹ des ›Talents‹ oder die Fähigkeit, Vernunft und rational-moralische Vollkommenheit durch Bildung zu verwirklichen. ... Daher kann man nicht behaupten, dass die Hautfarbe für Kant bloß eine körperliche Eigenschaft war. Vielmehr ist sie der Beleg für eine unveränderliche und unwandelbare moralische Qualität.« Die Europäer haben, was meiner Ansicht nach für niemanden überraschend kommt, alle notwendigen Talente, um sich moralisch selbst zu bilden; für Asiaten besteht zwar eine gewisse Hoffnung, obwohl ihnen die Fähigkeit abgeht, abstrakte Begriffe zu entwickeln; die von Geburt aus untätigen Afrikaner:innen können zumindest als Diener:innen und Sklav:innen durch den Unterricht mit einem gespaltenen Bambusstock erzogen werden (Kant gibt einige nützliche Ratschläge dazu, wie man N*ger wirkungsvoll schlägt), und die erbärmlichen indigenen Völker Amerikas sind einfach hoffnungslos und können überhaupt nicht gebildet werden. In völligem Gegensatz zu dem Bild seines Werks, das auf uns gekommen und standardmäßig in einführenden Ethikkursen gelehrt wird, hängt für Kant das volle Personsein von der Rasse ab. Eze fasst zusammen: »Der schwarzen Person kann beispielsweise entsprechend das volle Menschsein abgesprochen werden, da volles und ›wahrhaftes‹ Menschsein nur dem Weißen Europäer zukommt.«[72]

Der jüngste Aufruhr um Paul de Man[73] und vor Jahrzehnten um Martin Heidegger wegen ihrer Komplizenschaft mit den Nationalsozialisten muss daher ins rechte Licht gerückt werden. Sie sind im Wesentlichen Kleindarsteller, Spieler in einer niederklassigeren Liga. Natürlich muss man die Theorie von der wirklichen Praxis unterscheiden, und ich sage nicht, dass Kant Völkermord befürwortet hätte. *Aber für den Weißen Westen besteht die peinliche Tatsache (was zweifellos ihre Verschleierung erklärt) darin, dass ihr wichtigster Moraltheoretiker der letzten dreihundert Jahre ebenfalls der grundlegende Theoretiker der Aufteilung zwischen* Herrenvolk *und* Untermenschen[74], *Personen und Unterpersonen in der Moderne ist, auf die die Theorie der Nazis später zurückgreifen sollte.* Die moderne Moraltheorie und die moderne Rassentheorie haben denselben Vater.

Daher garantiert der Racial Contract den Gesellschaftsvertrag und ist ein sichtbarer oder verborgener Operator, der den Geltungsbereich seiner Vorschriften einschränkt und modifiziert. Aber weil es sowohl synchrone als auch diachrone Variationen gibt, gibt es auch viele verschiedene Fassungen lokaler Instanzen des Racial Contract, und diese entwickeln sich mit der Zeit, sodass die effektive Kraft des Gesellschaftsvertrags sich selbst verändert und die Art der kognitiven Dissonanz zwischen den beiden sich wandelt. (Diese Veränderung hat Implikationen für die Moralpsychologie der Weißen Unterzeichner und ihre charakteristischen Muster von Einsicht und Blindheit.) Der Gesellschaftsvertrag ist (in seiner ursprünglichen historischen Fassung) ein spezifisches, eigenständiges Ereignis, das die Gesellschaft gründet, auch wenn (zum Beispiel anhand von Locke'schen Theorien stillschweigender Zustimmung) spätere Generationen ihn weiterhin fortlaufend ratifizieren. Im Gegensatz dazu wird der Racial Contract *ständig neu geschrieben*, um unterschiedliche Formen des *race*-basierten Gemeinwesens zu schaffen.

Eine globale Periodisierung, ein zeitachsenorientierter Überblick über die Entwicklung des Racial Contract würde zuallererst die entscheidende Aufteilung zwischen der Zeit vor und der Zeit nach der Institutionalisierung der globalen Weißen Vormachtstellung hervorheben. (So trägt beispielsweise Janet Abu-Lughods Buch über das mittelalterliche Weltsystem des 13./14. Jahrhunderts den Titel *Before European Hegemony*.)[75] Die Zeit danach würde dann weiter unterteilt werden in die Zeit der formellen, rechtlichen Weißen Vormachtstellung (das Zeitalter der europäischen Eroberungen, der afrikanischen Sklaverei und des europäischen Kolonialismus, der offenen Weißen Selbstidentifikation im Hinblick auf ihre *race* und der weitgehend unbestrittenen Vorherrschaft rassistischer Theorien) und die gegenwärtige Zeit einer faktischen Weißen Vormachtstellung, in der die Dominanz der Weißen zum größten Teil nicht mehr verfassungsmäßig und rechtlich verankert ist, sondern vielmehr eine Sache sozialer, politischer, kultureller und wirtschaftlicher Privilegien, die auf dem Erbe der Eroberung beruhen.

In der ersten Periode, der Periode der rechtlich gesicherten Weißen Vormachtstellung, war der Racial Contract explizit, wobei die typischen Exemplifizierungen – der Enteignungsvertrag, der Sklavenvertrag, der Kolonialvertrag – deutlich machten, dass die Weißen die privilegierte *race* waren und der egalitäre Gesellschaftsvertrag nur für sie galt. (In kognitiver Hinsicht hatte diese Periode also den großen Vorzug sozialer Transparenz: die Vormachtstellung der Weißen wurde *offen* verkündet. Man musste nicht nach einem *Subtext* suchen, weil sie im Text selbst stand.) In der zweiten Periode hat sich der Racial Contract dagegen *aus seiner formellen Existenz herausgeschrieben*. Der Geltungsbereich der Bedingungen des Gesellschaftsvertrags wurde formell ausgedehnt, um auf jedermann zuzutreffen, sodass »Personen« nicht mehr denselben Umfang hat wie »Weiße«. *Diese* Periode (die natürlich mit der Gegenwart identisch ist) ist durch die Spannung zwischen einem fortbestehenden faktischen Privileg der Weißen und dieser *formellen* Ausdehnung von Rechten gekennzeichnet. Der Racial Contract zeigt sich selbstredend auch weiterhin in nicht-offiziellen lokalen Übereinkünften verschiedener Art (Ausübungsbeschränkungen, Verträge, die von Beschäftigungsdiskriminierung geprägt sind, politische Entscheidungen über die Verteilung von Ressourcen etc.). Aber auch abgesehen von diesen besteht eine entscheidende Manifestation einfach darin, *dass bestimmte Fragen nicht gestellt werden*, wobei die bestehenden farbkodierten Konstellationen von Reichtum, Armut, Eigentum und Chancen als Status quo und Ausgangsbasis für selbstverständlich gehalten werden, in der Vorspiegelung, dass die formelle, rechtliche Gleichheit ausreicht, um Ungerechtigkeiten zu beheben, die auf der Grundlage eines mehrere hundert Jahre alten *race*-basierten Privilegs erzeugt wurden, und darin, dass das Infragestellen dieser Grundlage eine Verletzung der Bedingungen des Gesellschaftsvertrags ist. (Obwohl es – in einem gewissen Sinne – tatsächlich eine solche Verletzung *ist*, insofern der Racial Contract die wahre Bedeutung des Gesellschaftsvertrags ist.)

Global gesehen, vollzieht der Racial Contract eine endgültige paradoxe Normierung und Bestimmung des Raumes anhand der *race*, eine *Abschreibung* des Gemeinwesens bestimmter Räume als begrifflich und historisch irrelevant für die Entwicklung Europas und der Euro-Welt, sodass diese im Hinblick auf die *race*-bestimmten Räume so kategorisiert werden, dass sie vom Pfad der Zivilisation (das heißt vom Projekt Europas) abgekoppelt sind. Frederic Jameson schreibt: »Kolonialismus bedeutet, dass ein bedeutendes strukturelles Segment des Wirtschaftssystems als Ganzen jetzt anderswo existiert, jenseits der Metropole, außerhalb des Alltagslebens und der existenziellen Erfahrung des Heimatlandes. ... Eine solche räumliche Trennung hat als unmittelbare Folge die Unfähigkeit, die Funktionsweise des Systems als Ganzen zu verstehen.«[76] Durch die Entscheidung des Gesellschaftsvertrags, im Raum des europäischen Nationalstaats zu verbleiben, wird die Verbindung zwischen der Entwicklung der Industrie, Kultur, Zivilisation und den materiellen und kulturellen Beiträgen von Afroasien und dem amerikanischen Kontinent geleugnet, weshalb es so scheint, als ob dieser Raum und seine Bewohner besonders rational und geschäftig sind, mit unterschiedlichen Eigenschaften ausgestattet, die ihnen ermöglichten, die Welt zu beherrschen. Man spricht dann vom »europäischen Wunder« auf eine Weise, die diese einst randständige Region als einzigartig betrachtet und sie von dem Netz räumlicher Beziehungen abtrennt, die ihre Entwicklung überhaupt erst ermöglichten. *Dieser* Raum nimmt seinen faktischen Charakter in Wirklichkeit durch die ausbeutende Kausalität an, die zwischen ihm und jenen *anderen,* begrifflich unsichtbaren Räumen begründet wurde. Aber dadurch, dass er innerhalb der Grenzen des europäischen Raumes des abstrakten Vertrags bleibt, wird er als einzigartig, unnachahmlich, autonom aufgewertet. Andere Teile der Welt verschwinden also aus der Weißen kontraktualistischen Geschichte und werden unter die allgemeine Kategorie des lächerlichen nicht-europäischen Raumes, der »Dritten Welt«, subsumiert, wo aus Gründen lokaler Torheit und geografischer Zerstörung das inspirierende Modell des selbstgenügsamen Weißen Gesellschaftsvertrags nicht verwirklicht werden kann.

In nationaler Hinsicht manifestiert sich innerhalb dieser *race*-basierten Gemeinwesen der Racial Contract im Widerstand der Weißen gegen alles, was über die *formelle* Ausdehnung der Bedingungen des abstrakten Gesellschaftsvertrags hinausgeht (und häufig auch gegen diese Ausdehnung selbst). Während man zuvor leugnete, dass Nicht-Weiße gleiche Personen *waren,* wird jetzt vorgegeben, dass Nicht-Weiße gleiche abstrakte Personen *sind,* die vollständig in das Gemeinwesen eingeschlossen werden können, indem man bloß den Geltungsbereich des Moraloperators ausdehnt, und zwar ohne jegliche grundlegende Veränderung der Regelungen, die aus dem vorherigen System eines expliziten rechtlichen *race*-basierten Privilegs hervorgingen. Manchmal sind die neuen Formen, die der Racial Contract annimmt, ganz klar ausbeuterisch, zum Beispiel der »Jim-Crow«-Vertrag, dessen Behauptung »getrennt, aber gleich« offenkundig lächerlich war. Aber andere – der Vertrag der Arbeitsstellendiskriminierung, die Ausübungsbeschränkung – sind schwerer nachzuweisen. Arbeitsagenturen verwenden Ausreden verschiedener Art: »Beispielsweise enthüllten 1990 zwei ehemalige Angestellte von New York Citys größten Arbeitsagenturen, dass Schwarze Bewerber laufend diskriminiert wurden, obwohl sie hinter einer Reihe von Kodewörtern verborgen blieben. Kunden, die keine Schwarzen einstellen wollten, zeigten ihre Präferenz für Bewerber an, die »voll amerikanisch« sind. Die Agentur signalisierte ihrerseits, dass ein Bewerber Schwarz war, indem sie die Initialen des Vermittlungsberaters umkehrte.«[77] Auf ähnliche Weise hebt eine Untersuchung mit Bezug darauf, wie »amerikanische Apartheid« aufrechterhalten wird, hervor, dass, während sich Immobilienmakler in der Vergangenheit einfach geweigert hätten, an Schwarze zu verkaufen, Schwarze jetzt »einem lächelnden Makler begegnen, der es ihnen aufgrund einer Reihe von Tricks, Lügen und Täuschungen erschwert, sich über Wohnungen in Weißen Stadtvierteln zu informieren, sie in Augenschein zu nehmen, zu mieten oder zu kaufen. … Da die Diskriminierung latent ist, ist sie jedoch gewöhnlich unsichtbar, und zwar sogar für die Person, die sie erfährt. Man kann sich nie sicher sein.«[78] Nicht-Weiße stellen dann fest, dass die *race* paradoxerweise sowohl überall als auch nirgends ist und ihr Leben strukturiert, aber in der politischen bzw. in der Moraltheorie nicht formell anerkannt wird. Doch in einem im Hinblick auf *race* strukturierten Gemeinwesen sind die einzigen Menschen, die es psychologisch möglich finden können, die Zentralität von *race* zu leugnen, diejenigen, die im Hinblick auf ihre *race* privilegiert sind und für die die *race* gerade deshalb unsichtbar ist, weil die Welt um sie herum strukturiert ist, wobei das Weißsein als Hintergrund fungiert, gegenüber dem die Figuren anderer *races* – jene, die im Unterschied zu uns im Hinblick auf ihre *race* markiert sind – erscheinen. Die Fische sehen das Wasser nicht, und die Weißen sehen das *race*-basierte Wesen eines Weißen Gemeinwesens nicht, weil es für sie natürlich ist, das Element, in dem sie sich bewegen. Wie Toni Morrison hervorhebt, gibt es Kontexte, in denen die Behauptung der *race*-Losigkeit selbst ein *race*-basierter Akt ist.[79]

Aktuelle Debatten zwischen Nicht-Weißen und Weißen über die Zentralität oder Dezentralität von *race* lassen sich daher als Versuche verstehen, jeweils die Existenz des Racial Contract, der dem Gesellschaftsvertrag zugrunde liegt, hervorzuheben und zu leugnen. Das frustrierende Problem, das Nicht-Weiße schon immer mit der politischen Theorie des Mainstream hatten und auch weiterhin haben, betrifft nicht die Abstraktion *selbst* (schließlich ist der »Racial Contract« selbst eine Abstraktion), sondern eine *idealisierende* Abstraktion, die *ab*sieht von den entscheidenden Realitäten des *race*-basierten Gemeinwesens.[80] Der Wechsel zum hypothetischen, idealen Vertrag unterstützt und fördert diese Abstraktion, da die überaus *nicht*-idealen Merkmale der wirklichen Welt kein Teil des Apparats sind. In einem gewissen Sinne gibt es also keinen begrifflichen Einstiegspunkt, um anzufangen, über die grundlegende Art und Weise zu sprechen, wie (das wissen alle Nicht-Weißen) die *race* das eigene Leben strukturiert und die eigenen Lebenschancen beeinflusst.

Die Schwarze Juraprofessorin Patricia Williams beklagt sich über eine vorgebliche Neutralität, die in Wirklichkeit »Rassismus im Schlepptau« ist, ein System des »Rassismus als Status quo«, das »tiefgründig, zornig und aus der Sicht ausgelöscht ist«, aber fortwährend Menschen dazu veranlasst, »das Gespenst zu meiden, wie sie die Substanz selbst vermieden«, »sich der unsichtbaren Form der Dinge zu beugen«.[81] Der Schwarze Philosophieprofessor Bill Lawson kommentiert die Mängel des Begriffsapparats des traditionellen Liberalismus, der keinen Raum für den sonderbaren Status von Schwarzen nach der Befreiung hat, nämlich als Bürger und Nicht-Bürger zugleich.[82] Die Schwarze Rechtsphilosophin Anita Allen äußert sich über die Ironie der Standardtexte amerikanischer Rechtsphilosophie, die ein Universum beschreiben, in dem »alle Menschen paradigmatische Rechteinhaber sind«, und es nicht für notwendig halten, darauf hinzuweisen, dass die US-amerikanische Datenlage etwas anders aussieht.[83] Der Rückzug der normativen Moral- und politischen Theorie des Mainstream auf eine »ideale« Theorie, die die *race* ignoriert, schreibt den Racial Contract als unsichtbare Schrift zwischen den Zeilen um. So schreibt etwa John Rawls, ein Amerikaner, der im späten 20. Jahrhundert arbeitet, ein Buch über Gerechtigkeit, dem weithin angerechnet wird, dass es die politische Philosophie der Nachkriegszeit neu belebt, in dem sich kein einziger Verweis auf die amerikanische Sklaverei und ihr Erbe finden lässt; und Robert Nozick formuliert eine Theorie der Gerechtigkeit mit Bezug auf Besitz, die auf rechtmäßigem Erwerb und Übertragung beruht, ohne mehr als zwei oder drei Sätze zu schreiben, die die äußerst große Diskrepanz der US-amerikanischen Geschichte zu diesem Ideal anerkennen.[84]

Das Schweigen der Moral- und politischen Philosophie des Mainstreams mit Bezug auf Probleme der *race* ist ein Zeichen für die anhaltende Macht des Vertrags über seine Unterzeichner, eine illusorische Farbenblindheit, die in Wirklichkeit die Weißen Privilegien verfestigt. Eine echte Überwindung seiner Bedingungen würde als Vorbereitung die Anerkennung seiner vergangenen und gegenwärtigen Existenz und der gesellschaftlichen, politischen, wirtschaftlichen, psychologischen und moralischen Implikationen erfordern, die er sowohl für seine Vertragsschließenden als auch für seine Opfer bedeutete. Indem man die Gegenwart als eine irgendwie neutrale Ausgangsbasis mit ihrer gegebenen Konstellation von Reichtum, Armut, sozialem Status und psychologischer Bereitschaft zur Opferung behandelt, macht der idealisierte Gesellschaftsvertrag das Erbe des Racial Contract zu etwas Dauerhaftem. Der sich ständig vergrößernde Abgrund zwischen der Ersten und der Dritten Welt, wo Millionen – die weitgehend nicht-Weiß sind – jedes Jahr an Hunger sterben und viele hundert Millionen mehr – die ebenfalls weitgehend nicht-Weiß sind – in elender Armut leben, wird zwar als ein Unglück betrachtet (das gewiss nach einem gelegentlichen Spendenbeitrag ruft), aber keine Verbindung zur Geschichte transkontinentaler oder intrakontinentaler *race*-basierter Ausbeutung besitzt.

Schließlich entwickelt sich der Racial Contract nicht nur dadurch, dass er die Beziehungen zwischen Weißen und Nicht-Weißen verändert, sondern durch die Veränderung der Kriterien dafür, wer als Weiß und nicht-Weiß *zählt*. (Es verändern sich also nicht bloß die Beziehungen zwischen den jeweiligen Bevölkerungsgruppen, sondern die Grenzen zwischen diesen Gruppen ändern sich ebenfalls.) So wird beispielsweise – zumindest in meiner bevorzugten Lesart des Racial Contract – die *race entbiologisiert*, wodurch ihre politische Grundlage explizit gemacht wird. *In einem gewissen Sinne konstruiert der Racial Contract seine Unterzeichner ebenso sehr, wie sie ihn konstruieren*. Der allgemeine Trend geht zu einer begrenzten Ausdehnung der privilegierten menschlichen Bevölkerungsgruppe durch das »Weißmachen« der zuvor ausgeschlossenen fraglichen Gruppe, obwohl es lokale Umkehrbewegungen geben kann.

Das Projekt der Nationalsozialisten lässt sich dann zum Teil als der Versuch verstehen, die Uhr zurückzudrehen, indem man eine stärker ausschließende Fassung des Racial Contract neu schrieb, als damals global akzeptabel war. (Ein Autor behauptet ironisch, dass dies »der Versuch der Deutschen [war], sich selbst zu Herren der Herrenrasse zu machen.«)[85]

Und diese Rückverfolgung führt zu einem Problem. Meine Kategorisierung (Weiß/nicht-Weiß, Person/Unterperson) hat die Vorzüge der Eleganz und Einfachheit und scheint mir die wesentlichen Merkmale des *race*-basierten Gemeinwesens korrekt wiederzugeben, die gesellschaftliche Wirklichkeit an ihren ontologischen Gelenken entlang aufzutrennen. Aber weil diese Kategorisierung als Paar von kontradiktorischen Gegensätzen zusammen die Möglichkeiten erschöpft, wirft sie die Frage auf, wo man die so genannten »Borderline«-Europäer situieren soll, Weiße Menschen mit einem Fragezeichen – die Iren, Slawen, Bewohner der Mittelmeerländer und vor allem natürlich die Juden. In den Kolonialkriegen mit Irland verwendeten die Engländer regelmäßig abwertende Bilder – »Wilde«, »Kannibalen«, »tierische Erscheinung« – im Hinblick auf jene, für die es jetzt unvorstellbar schiene, sie auf Weiße anzuwenden.[86] Die Welle der irischen Einwanderung in die Vereinigten Staaten Mitte des 19. Jahrhunderts regte einen scharfsinnigen Geist zu der Bemerkung an, dass »es eine gute Sache wäre, wenn jeder Ire einen N**ger umbrächte und dann dafür gehenkt würde«, und Karikaturen in den Zeitungen stellten die Iren häufig als affenartig dar. Der europäische Rassismus gegenüber Nicht-Weißen ist zwar mein Schwerpunkt, aber es gab auch *inner*europäische Spielarten des »Rassismus« – Teutonismus, Angelsachsentum, das Nordische Denken –, die heutzutage weitgehend von antiquarischem Interesse sind, die aber in den 1920er Jahren einflussreich genug waren, dass das US-amerikanische Einwanderungsgesetz »Nordländer« gegenüber »Menschen aus Mittelmeerländern« bevorzugte (In der Volkskultur gibt es eine gewisse Anerkennung dieser Unterscheidung. Die Fans von *Cheers* werden sich daran erinnern, dass die »italienische« Kellnerin Carla [Rhea Perlman], mit gelocktem Haar und dunkler Haut, manchmal die blonde »alabasterhäutige«, Weiße angelsächsische Protestantin Diane [Shelley Long] »Whitey« nennt, und in dem Film *Zebrahead* von 1992 erörtern zwei Schwarze Teenager die Frage, ob Italiener *wirklich* Weiß sind.) Schließlich sind natürlich Juden Opfer der antisemitischen Diskriminierung und Pogrome des christlichen Europas seit dem Mittelalter gewesen, wobei diese Verfolgung ihren schrecklichen Höhepunkt im »Dritten Reich« erreichte.

Wie sollte man also diese Europäer anhand der Dichotomie von Weiß und nicht-Weiß kategorisieren? Eine Lösung bestünde darin, sie zugunsten einer drei- oder vierfachen Unterscheidung abzulehnen. Aber es widerstrebt mir, das zu tun, da ich meine, dass die dyadische Aufteilung wirklich die wesentliche Struktur des globalen *race*-basierten Gemeinwesens erfasst. Meine Lösung besteht daher darin, die Kategorien beizubehalten, sie aber »unscharf zu machen« und interne Unterscheidungen innerhalb derselben einzuführen. Ich habe schon darauf hingewiesen, dass manche Nicht-Weiße (»Barbaren« gegenüber »Wilden«) einen höheren Rang innehatten als andere; beispielsweise wurden die Chines:innen und Inder:innen über Afrikaner:innen und die indigene Bevölkerung Australiens gestellt. Daher würde es scheinen, dass man auch Weiße in eine Rangordnung bringen könnte, und tatsächlich bemerkt Winthrop Jordan, dass, »wenn die Europäer Weiß waren, einige Weißer als andere waren«.[87] Alle Weißen sind also gleich, aber manche sind Weißer und daher gleicher als andere, und alle Nicht-Weißen sind ungleich, aber manche sind schwärzer und daher ungleicher als andere. Der grundlegende begriffliche Schnitt, die primäre Aufteilung bleibt also die zwischen Weißen und Nicht-Weißen, und der unscharfe Status unterlegener Weißer wird durch die Kategorie »gebrochen Weiß« anstatt nicht-Weiß eingefügt. In einem Kommentar zum Scheitern der »wackeren Bemühungen der Engländer, ihre ethnozentrischen Gefühle der Überlegenheit gegenüber den ›schwarzen‹ Iren in Rassismus umzuwandeln«, gelangt Richard Drinnon zu dem Schluss, dass »die Kelten in ihren Augen bestenfalls ›*Weiße* N**ger‹ blieben.«[88] Und mit der Ausnahme von Nazi-Deutschland, die später erörtert werden soll, scheint mir dieses Urteil auf alle diese Fälle von grenzwertigen Europäern verallgemeinert werden zu können – dass sie keine Unterpersonen im vollen technischen Sinne waren und ontologisch alle über echten Nicht-Weißen einzuordnen waren. Die Leichtigkeit, mit der sie jetzt in das Nachkriegseuropa eingegliedert und als vollgültige Weiße in den Vereinigten Staaten akzeptiert wurden, ist ein gewisser Beleg dafür, dass die Unterscheidung richtig getroffen wurde.

Dennoch sind diese Problemfälle nützlich zur Illustration – gegen Essentialisten – der gesellschaftlichen statt der biologischen Grundlage des Racial Contract. Phänotypisches Weißsein und ein europäischer Ursprung waren nicht immer hinreichend für *volles* Weißsein, für die Aufnahme im inneren Heiligtum des *Race*-Klubs, und zur Ermöglichung der Inklusion mussten die Regeln umgeschrieben werden. (Ein Buch aus jüngerer Zeit trägt beispielsweise den Titel *How the Irish Became White*.)[89] Andererseits gibt es Gruppen, die »eindeutig« nicht Weiß sind und die bei Gelegenheit als solche angesehen wurden. Die Japaner wurden als »Weiße ehrenhalber« zum Zweck des Achsenbündnisses nach dem restriktiven, lokalen Racial Contract klassifiziert (wie sie auch in Südafrika unter dem

Apartheidregime angesehen wurden), während sie als nicht-Weißes Ungeziefer im Hinblick auf die westlichen Alliierten, die Erben des globalen Racial Contract, rubriziert wurden.[90] Vor einem Jahrhundert, zur Zeit der europäischen Beherrschung von China und des Boxeraufstands, waren die Chinesen eine erniedrigte *race*, Schilder wurden aufgestellt mit der Aufschrift »Keine Hunde oder Chinesen gestattet«, und sie waren mit schweren Einwanderungsauflagen und Diskriminierung in den Vereinigten Staaten konfrontiert. Darstellungen von Chinesen als »Gelbe Gefahr« in den amerikanischen populären Medien im frühen 20. Jahrhundert umfassten die unheimlichen Orientalen von Sax Rohmers Fu-Manchu-Romanen und Flash Gordons Erzfeind, die gnadenlosen Ming. Aber heute werden Asiaten in den Vereinigten Staaten als eine »vorbildhafte Minderheit« betrachtet, sogar (Andrew Hacker zufolge) als »Weiße auf Probezeit«, die es schaffen könnten, wenn sie lange genug durchhalten. »Ist Gelb Schwarz oder Weiß?«, fragt ein asiatischer amerikanischer Historiker; die Antwort fällt unterschiedlich aus.[91] Es kommt also darauf an, dass die Mitgliedschaftsbedingungen für Weißsein im Lauf der Zeit umgeschrieben werden, wobei der sich entwickelnde Racial Contract wechselnde Kriterien vorschreibt.

Der Racial Contract muss durch Gewalt und ideologische Konditionierung durchgesetzt werden.

Der Gesellschaftsvertrag ist per definitionem im klassischen Sinne voluntaristisch und modelliert das Gemeinwesen auf der Grundlage individualisierter Zustimmung. Was die Autorität des Staats über uns rechtfertigt, ist die Tatsache, dass »wir, das Volk« *zustimmten*, um ihm diese Autorität zu verleihen. (Nach dem älteren, »feudalen«, patriarchalischen Modell – dem Modell von Sir Robert Filmer, Lockes Zielscheibe in der *Zweiten Abhandlung* – wurden die Menschen im Gegensatz dazu so vorgestellt, dass sie in die Unterordnung *hineingeboren* wurden.)[92] Die Legitimität des Staats leitet sich von der frei gegebenen Zustimmung der Unterzeichner ab, um ihre Rechte auf ihn zu übertragen oder zu delegieren, und seine Rolle in der moralisierten/konstitutionalistischen (Locke'schen/Kant'schen) Fassung des Vertrags besteht entsprechend darin, diese Rechte zu schützen und das Wohl seiner Bürger zu sichern. Der liberal-demokratische Staat ist also ein ethischer Staat, sei es nach der minimalistischen Nachtwächter-

Variante Lockes, die sich auf die Durchsetzung der Nichteinmischung in die Rechte der Bürger richtet, oder nach der weitreichenderen umverteilenden Variante der aktiven Förderung des Wohls der Bürger. In beiden Fällen ist der liberale Staat neutral in dem Sinne, dass er nicht manche Bürger gegenüber anderen privilegiert. Entsprechend haben auch die verabschiedeten Gesetze diese rechtliche Regelung des Gemeinwesens zu allgemein annehmbaren moralischen Zwecken als Grundprinzip.

Dieses idealisierte Modell des liberal-demokratischen Staats wurde natürlich aus verschiedenen politischen Richtungen im Lauf des vergangenen Jahrhunderts in Frage gestellt: Die kürzlich wiederbelebte Hegel'sche moralische Kritik aus der Perspektive eines konkurrierenden, angeblich höheren Ideals, ein *kommunitaristischer* Staat, der aktiv versucht, eine gemeinsame Vorstellung des Guten zu fördern; die herabgesetzte Variante davon im faschistischen *korporatistischen* Staat; die anarchistische Herausforderung *aller* Staaten als usurpatorische Organe legitimierter Gewalt; und die bis vor kurzem einflussreichste radikale Kritik, die marxistische Analyse des Staats als Instrument der Klassenmacht, sodass der liberal-demokratische Staat anscheinend als *bourgeoiser* Staat, als Staat der herrschenden Klasse demaskiert wird.

Meine Behauptung lautet, dass das Modell des Racial Contract uns zeigt, dass wir eine weitere Alternative brauchen, eine weitere Möglichkeit des Nachdenkens über den Staat und seiner Kritik: Der *race*-basierte Staat bzw. der Staat, in dem die Weißen die Vormachtstellung haben, dessen Funktion unter anderem darin besteht, das Gemeinwesen *als* ein Weißes oder von Weißen dominiertes Gemeinwesen zu sichern, und der die Bedingungen des Racial Contract durch geeignete Mittel durchsetzt und nötigenfalls seine Umschreibung von der einen Form in eine andere erleichtert.

Der liberal-demokratische Staat der klassischen Vertragstheorie hält die Bedingungen des Gesellschaftsvertrags ein, indem er nur Gewalt einsetzt, um seine Bürger zu schützen, die ihm diese moralisierte Kraft übertrugen, sodass er die Sicherheit garantieren konnte, die im Naturzustand nicht existiert. (Das war schließlich ein Teil des ganzen Witzes, den Naturzustand überhaupt *zu verlassen*.) Im Gegensatz dazu ist der Staat, der durch den Racial Contract begründet wird, per definitionem *nicht* neutral, da sein Zweck darin besteht, die Einhaltung der Bedingungen des Racial Contract durch die Bevölkerungsgruppe der Unterpersonen hervorzubringen, die offensichtlich keinen Grund haben wird, diese Bedingungen freiwillig zu akzeptieren, da der Vertrag ein Ausbeutungsvertrag ist. (Eine alternative, vielleicht noch bessere, Formulierung könnte sein: Er *ist* neutral gegenüber seinen vollgültigen Bürgern, die Weiß sind, aber als logische Folge ist er nicht neutral gegenüber den Nicht-Weißen, deren wesenhafte Wildheit mit einer ständigen Rückkehr zum Naturzustand droht, Blasen der Wildheit innerhalb des Gemeinwesens, wie ich bereits andeutete.)

Dieser Staat behandelt also notwendig Weiße und Nicht-Weiße, Personen und Unterpersonen unterschiedlich, obwohl es nach späteren Fassungen des Racial Contract notwendig ist, diesen Unterschied zu verschleiern. Indem er zuerst versucht, sich einzurichten und, später, sich zu reproduzieren, verwendet der *race*-basierte Staat die beiden traditionellen Waffen des Zwangs: körperliche Gewalt und ideologische Konditionierung.

In der Anfangsphase der Einrichtung der globalen Weißen Vormachtstellung war natürlich unverhüllte körperliche Gewalt das herrschende Antlitz dieses politischen Projekts: der Völkermord an der indigenen Bevölkerung Amerikas bei der Eroberung der beiden Kontinente und der indigenen Völker Australiens, die als Bestrafung verstandenen Kolonialkriege in Afrika, Asien und im Pazifik; die unglaubliche Zahl der Todesopfer von Versklavungsexpeditionen, die Mittlere Passage, das »Zurichten« und die Sklaverei selbst; die staatlich unterstützte Inbesitznahme von Ländereien und das Auferlegen eines Systems von Zwangsarbeit. Dem Enteignungsvertrag zufolge werden die Unterpersonen entweder getötet oder in Reservate gebracht, sodass ein ausgedehnter täglicher Verkehr mit ihnen nicht nötig ist; sie sind kein Teil des eigentlichen Weißen Gemeinwesens. Den Sklaven- und Kolonialverträgen zufolge interagieren Personen und Unterpersonen dagegen regelmäßig miteinander, sodass eine ständige Wachsamkeit im Hinblick auf Anzeichen des Widerstands von Unterpersonen gegen die Bedingungen des Racial Contract erforderlich ist. Wenn der Gesellschaftsvertrag auf freiwilliger Erfüllung beruht, erfordert der Racial Contract eindeutig Zwang zur Reproduktion des politischen Systems. Dem Sklavenvertrag zufolge fordern die Bedingungen des Vertrags insbesondere von Sklav:innen *fortwährende* Selbstverneinung des Personseins, das Akzeptieren des Leibeigenschaftsstatus, was psychologisch schwieriger zu erreichen und daher potenziell explosiver ist als die Spielarten des Unterpersonseins, die entweder vom Enteignungsvertrag (demzufolge man entweder tot oder in einem Raum abgesondert sein wird, der von Weißen Personen weit entfernt ist) oder vom Kolonialvertrag aufgezwungen werden (demzufolge der Status eines »Minderjährigen« eine gewisse Hoffnung übrig lässt, dass man eines Tages die Erlaubnis erhält, den Erwachsenenstatus zu erreichen). So gab es in der Karibik und auf dem Festland des amerikanischen Kontinents Orte, an denen neu eingetroffene Afrikaner:innen manchmal »zugerichtet« wurden, bevor sie zu den Plantagen transportiert wurden. Und das war im Grunde die metaphysische Operation, die durch die physische Operation ihrer *Brechung* ausgeführt wurde und sie von Personen zu Unterpersonen im Rang der Leibeigenschaft verwandelte. Doch weil Menschen das Akzeptieren des Unterpersonseins immer nur vortäuschen konnten, war es natürlich notwendig, ein ewig waches Auge im Hinblick auf mögliche Anzeichen von Heuchelei auf sie zu haben, in Übereinstimmung mit dem Gedanken, dass ewige Wachsamkeit der Preis der Freiheit ist.

Die Zwangsinstrumente des Staats – die Polizei, das Strafsystem, die Armee – müssen also teilweise als die Durchsetzungsorgane *des* Racial Contract verstanden werden, die so funktionieren, dass sie unter den Weißen Bürgern den Frieden bewahren und Verbrechen verhindern und die *race*-basierte Ordnung aufrechterhalten und Herausforderungen dieser Ordnung vernichten, sodass in den Weißen Siedlerstaaten Nicht-Weiße unterschiedlich häufig und für längere Zeit eingekerkert wurden. Um zum Beispiel die lange, blutige Geschichte der Brutalität der Polizei gegen Schwarze in den Vereinigten Staaten zu verstehen, muss man sie nicht als Exzesse individueller Rassisten, sondern als organischen Teil dieses politischen Unternehmens erkennen. In der Schwarzen Gemeinschaft gibt es die bekannte Wahrnehmung, dass die Polizei – insbesondere in der Jim-Crow-Zeit der Segregation und weitgehend Weißer Polizeikräfte – im Grunde eine »Besatzungsarmee« war.

Entsprechend wurde in allen diesen Weißen und von Weißen regierten Gemeinwesen der Angriff auf Weiße oder deren Tötung immer moralisch und juristisch als das Verbrechen der Verbrechen herausgegriffen: ein entsetzlicher Bruch mit der natürlichen Ordnung, und zwar nicht nur aufgrund des größeren Werts des Weißen Lebens (das heißt das einer Person), sondern aufgrund seiner größeren symbolischen Bedeutung als Infragestellung des *race*-basierten Gemeinwesens. Die Todesstrafe wird sowohl im Hinblick auf den Umfang der von ihr abgedeckten Verbrechen (das heißt *race*-basiert unterschiedliche Strafen für dieselben Verbrechen)[93] als auch im Hinblick auf ihre tatsächliche Ausführung unterschiedlich auf Nicht-Weiße angewendet. (In der Geschichte der

US-amerikanischen Kapitalverbrechen wurden beispielsweise mehr als tausend Menschen exekutiert, aber nur ganz selten wurde ein Weißer für die Tötung eines Schwarzen exekutiert.)[94] Individuelle Handlungen der Gewalt von Unterpersonen gegen Weiße sowie, was noch schwerwiegender ist, Sklavenaufstände und koloniale Revolten werden gemeinhin auf exemplarische Weise mit Folter und vergeltenden Massentötungen (um die anderen davon abzuhalten) bestraft, die die Anzahl Weißer Opfer weit überschreiten. Solche Handlungen müssen nicht als willkürlich, nicht als das Produkt eines individuellen Sadismus angesehen werden (obwohl sie zu ihm ermuntern und ein Ventil für ihn darstellen), sondern als die angemessene moralische und politische Reaktion – die vom Racial Contract vorgeschrieben wird – auf die Bedrohung eines Systems, das auf dem nicht-Weißen Unterpersonsein beruht. Es gibt eine Empörung, die schon fast metaphysisch ist, weil das eigene Selbstverständnis, die eigene Weiße Identität als überlegenes Wesen, das zu herrschen berechtigt ist, angegriffen wird.

So sieht man an den Reaktionen der Nord- und Südamerikaner auf den Widerstand der amerikanischen indigenen Bevölkerung und die Sklav:innenaufstände, an den europäischen Antworten auf die (haitianische) Revolution von Santo Domingo, den Aufstand der Sepoy (»Indische Meuterei«), den jamaikanischen Aufstand der Morant Bay, den Boxeraufstand in China, den Kampf der Hereros im deutschen Afrika, an den Kolonial- und neokolonialen Kriegen des 20. Jahrhunderts (Äthiopien, Madagaskar, Vietnam, Algerien, Malaysia, Kenia, Angola, Mosambik, Guinea-Bissau, Namibia), an den Schlachten der Weißen Siedler zur Aufrechterhaltung eines Weißen Rhodesiens und eines Südafrikas der Apartheid, wiederholt dasselbe Muster eines systematischen Massakers. Es ist ein Muster, das bestätigt, dass ein *ontologischer Schauder* durch das System des Weißen Gemeinwesens hindurchlief und das hervorrief, was man als *Weißen Terror* bezeichnen könnte, um sicherzustellen, dass die Grundlagen des moralischen und politischen Universums so bleiben, wie sie sind. In einer Schilderung des »Schocks für das Weiße Amerika«, den der Sieg der Sioux über Custers 7. Kavallerie darstellte, schreibt ein Autor: »Es war die Art von demütigender Niederlage, die einer modernen Nation von 40 Millionen Menschen durch ein paar wilde Schreckgespenster einfach nicht zugefügt werden konnte.«[95] V. G. Kiernan bemerkt zu Haiti: »Keine irgendwo als von Afrikanern begangen dokumentierte Brutalität könnte einige der Handlungen der Franzosen bei ihren Bemühungen übertreffen, die Kontrolle über die Insel zurückzuerlangen.« Über die indische Meuterei schreibt er: »Nach dem Sieg gab es Vergeltungsmaßnahmen gegen die Wilden. Zum ersten, aber nicht zum letzen Mal versuchte der Westen in einem solchen Maß, den Osten durch Grauen niederzuschlagen. ... Einige der Tatsachen, die uns überliefert sind, sind beinahe nicht zu glauben, selbst nach den Gräueln von Europas eigener Geschichte des 20. Jahrhunderts.«[96] Im Allgemeinen sind also die Wachsamkeit gegenüber nicht-Weißem Widerstand und eine entsprechende Bereitschaft, äußerst unverhältnismäßige Vergeltungsgewalt einzusetzen, wesentlich für die Struktur des *race*-basierten Gemeinwesens auf eine Weise, die sich von der Reaktion auf die typischen Verbrechen Weißer Bürger unterscheidet.

Aber die offizielle Gewalt des Staats ist nicht die einzige Sanktion des Racial Contract. Im Locke'schen Naturzustand erlaubt das Naturrecht Einzelpersonen selbst, Missetäter zu bestrafen, da eine verfassungsmäßige juristische und Strafautorität fehlt. Diejenigen, die durch ihre Handlungen zeigen, dass ihnen die Vernunft des Naturrechts fehlt oder dass sie ihr »abgeschworen« haben und wie »wilde unzivilisierte Tiere [sind], mit denen die Menschen keine Gesellschaft und auch keine Sicherheit haben können«, können zulässigerweise vernichtet werden.[97] Aber wenn Nicht-Weiße im *race*-basierten Gemeinwesen als *wesenhaft* tierartig und wild betrachtet werden können (ganz unabhängig davon, was sie zu irgendeinem bestimmten Zeitpunkt tun), dann können sie im weiteren Sinne auch teilweise so aufgefasst werden, dass *sie den Naturzustand mit sich umhertragen* und Wildheit und Wildnis in ihrer Person verkörpern. Tatsächlich können sie sogar in der bürgerlichen Gesellschaft so angesehen werden, dass sie sich potenziell im Zentrum eines mobilen freien Schussfelds befinden, in dem moralische und rechtliche Beschränkungen zwischen Bürgern und Weißen nicht gelten. Vor allem in Grenzlagen, wo die offizielle Weiße Autorität weit weg oder unzuverlässig ist, können einzelne Weiße so angesehen werden, dass sie mit der Autorität ausgestattet sind, den Racial Contract selbst durchzusetzen. Daher gibt es in den Vereinigten Staaten (aber auch in den europäischen Siedlungen Australiens, im kolonialen Außenposten im »Busch« oder »Dschungel« Asiens und Afrikas) beispielhaft eine lange Geschichte der Selbst- und Lynchjustiz, die von der Weißen Bürokratie im Grunde geduldet wurde, insofern kaum jemand je bestraft wurde, obwohl die Täter bekannt waren und gelegentlich auch Fotos vorlagen. (Manche Lynchmorde wurden schon Tage im Voraus angekündigt, und Hunderte oder Tausende Menschen aus den umgebenden Bezirken versammelten sich.)[98] Im Nordterritorium Australiens schreibt ein Amtsarzt 1901: »Es war offenkundig, dass die Schwarzen wie Krähen niedergeschossen wurden und dass keine Notiz davon genommen wurde.«[99]

Die andere Dimension dieses Zwangs ist ideologisch. Wenn der Racial Contract seine Unterzeichner erst hervorbringt, nämlich die, die Vertragspartei sind, indem sie als »Weiße Personen« konstruiert werden, versucht er außerdem, seine Opfer, die Objekte des Vertrags, *zu* den »nicht-Weißen Unterpersonen« zu machen, die er definiert. Dieses Projekt erfordert Arbeit auf *beiden* Seiten, die die Entwicklung eines entpersönlichenden Begriffsapparats beinhaltet, durch den die Weißen die Nicht-Weißen sehen lernen müssen, und außerdem, was entscheidend ist, durch den die Nicht-Weißen sich selbst sehen lernen müssen. Für die Nicht-Weißen ist das demnach so etwas wie das geistige Äquivalent des körperlichen Prozesses der »Zurichtung«, der »Brechung von Sklav:innen«, deren Ziel darin besteht, ein Wesen hervorzubringen, das das Unterpersonsein akzeptiert. Frederick Douglass beschreibt in seiner berühmten ersten Autobiografie die Notwendigkeit, [die] moralische und geistige Sichtweise zu verschleiern und die Macht der Vernunft [des Sklaven] so weit wie möglich zu vernichten: »Er darf nicht in der Lage sein, irgendwelche Widersprüchlichkeiten in der Sklaverei zu erkennen; er muss zu der Ansicht gebracht werden, dass die Sklaverei richtig ist; und dazu kann er nur gebracht werden, wenn er aufhört, ein Mensch zu sein.«[100] Während man ihnen ursprünglich Bildung verweigerte, erhielten Schwarze später, in der Nachkriegsperiode, eine Bildung, die an ihren Status nach der Leibeigenschaft angepasst war – die Verweigerung einer Vergangenheit, einer Geschichte, von Leistungen –, sodass sie so weit wie möglich ihre vorgeschriebenen Rollen als Diener und niedrige Arbeiter, komische N*ger und Sambos, dankbare Onkel Toms und Tanten Jemimas akzeptieren würden. So klagt beispielsweise Carter Woodson in einem der berühmtesten Bücher der Schwarzen amerikanischen Erfahrung »die falsche Bildung des Schwarzen« an.[101] Und noch in den 1950er Jahren konnte James Baldwin erklären, dass das »getrennte, aber gleiche« System der Segregation »glänzend funktioniert hat«, denn »es hat Weißen Menschen mit kaum irgendwelchen Gewissensbissen ermöglicht, in jeder Generation nur den Schwarzen zu *schaffen*, den sie sehen wollten«.[102]

Im Falle der amerikanischen indigenen Bevölkerung, deren Widerstand nach den 1870er Jahren weitgehend vorbei war, wurde eine Politik kultureller Assimilation unter dem Motto »Töte den Indianer, aber rette den Menschen« eingeführt, die auf die Unterdrückung und Ausrottung religiöser Überzeugungen und Zeremonien der indigenen Bevölkerung, wie beispielsweise den Sonnentanz der Sioux, abzielte.[103] Ähnlich beklagt sich hundert Jahre später Daniel Cabixi, ein brasilianischer Pareci-Indianer, dass »die Missionsarbeit uns von innen her tötet. ... Sie zwingt uns eine andere Religion auf und setzt die Werte, an die wir glauben, herab. Dadurch werden wir bis zu einem Grad entstellt, dass wir uns schämen, Indianer zu sein.«[104] Der Mohawk-Gelehrte Jerry Gambhill führt »einundzwanzig Methoden auf, einen Indianer zu ›skalpieren‹, wobei die erste darin besteht, »ihn zu einer Nicht-Person zu machen. Menschenrechte sind für Menschen. Man überzeuge die Indianer davon, dass ihre Vorfahren Wilde waren, dass sie Heiden waren.«[105] Desgleichen wurden Kinder in der Karibik, in Afrika und Asien beim Unternehmen der Kolonialisierung aus britischen oder französischen oder holländischen Schulbüchern unterrichtet, um sich selbst als aufstrebende (aber natürlich nie als vollgültige) farbige Europäer zu sehen, die vor den Unmenschlichkeiten ihrer eigenen Kulturen durch das Einschreiten des Kolonialismus gerettet wurden, gebührend »unsere Vorfahren, die Gallier«, aufsagten und zu Erwachsenen mit »schwarzer Haut und Weißen Masken« wurden.[106] Schüler der indigenen Bevölkerung Australiens schreiben: »Schwarz ist, an Weißen Schulen ungerecht behandelt, aber durch Erfahrung aufgerichtet zu werden. ... Schwarz ist, auf die Weiße Schule zu gehen, aber nicht klüger nach Hause zurückzukehren.«[107] Ngũgĩ wa Thiong'o beschreibt aus seiner Erfahrung in seiner Heimat Kenia die »Kulturbombe« des britischen Imperialismus, die das Lernen gemäß der mündlichen Tradition des Kikuyu verbot und ihn und seine Schulkameraden dazu erzog, sich selbst und ihr Land durch die fremden Augen von H. Rider Haggard und John Buchanan zu sehen: »Die Wirkung einer Kulturbombe besteht darin, den Glauben eines Volkes an ihre Namen, an ihre Sprache, an ihre Umwelt, an ihr Erbe des Kampfes, an ihre Einheit, an ihre Fähigkeiten und letztlich an sich selbst zu vernichten. Es führt sie dazu, ihre Vergangenheit als ein Ödland fehlender Leistungen zu sehen, und veranlasst sie, sich von diesem Ödland zu distanzieren.«[108] Der Rassismus als Ideologie muss so verstanden werden, dass er auf den Geist der Nicht-Weißen als auch der Weißen abzielt und Knechtschaft indoktriniert. Wenn der Gesellschaftsvertrag erfordert, dass alle Bürger und Personen lernen, sich selbst und einander zu respektieren, schreibt der Racial Contract den Selbsthass der Nicht-Weißen und *race*-basierte Ehrerbietung gegenüber Weißen

Bürgern vor. Der endgültige Triumph dieser Erziehung besteht darin, dass es schließlich möglich wird, den Racial Contract selbst für Nicht-Weiße als »konsensuell« und »freiwillig« auszugeben.

3 »Naturalisierte« Vorzüge

Schließlich möchte ich auf die Vorzüge dieses Modells als einer »naturalisierten« Erklärung der wirklichen historischen Aufzeichnungen hinweisen, eines Modells, das sowohl erklärende als auch normative Ansprüche hat. Wir sind wohl in einer besseren Position, die (mutmaßlich) erwünschten politischen Ideale *zu realisieren*, wenn wir die Hindernisse für ihre Realisierung identifizieren können. Bei der Nachverfolgung des tatsächlichen Moralbewusstseins der meisten menschlichen Akteure, bei der Schilderung der tatsächlichen politischen Realitäten, die die Nicht-Weißen immer schon anerkannt haben, zeigt die Theorie des »Racial Contract« ihre Überlegenheit gegenüber dem angeblich abstrakten und allgemeinen, aber in Wirklichkeit »Weißen« Gesellschaftsvertrag.

Der Racial Contract zeichnet historisch das wirkliche moralisch-politische Bewusstsein der (meisten) Weißen moralischen Akteure nach.

Die Moraltheorie befasst sich als Zweig der Werttheorie traditionellerweise mit dem Reich des Idealen, mit Normen, denen wir als moralische Akteure zu genügen versuchen müssen. Und die politische Philosophie wird heutzutage im Grunde als eine Anwendung der Ethik auf den gesellschaftlichen und politischen Bereich begriffen. Daher geht man davon aus, dass auch sie sich mit Idealen befasst. Aber in den ersten beiden Kapiteln dieses Buchs habe ich viel Zeit darauf verwendet, über die *wirklichen* historischen Aufzeichnungen und die *wirklichen* Normen und Ideale zu sprechen, die in der jüngeren Weltgeschichte vorherrschten. Ich habe etwas vorgelegt, was man im gegenwärtigen Philosophenjargon als »naturalisierte«, und nicht als idealisierte, Darstellung bezeichnen würde. Und deshalb habe ich von Anfang an gesagt, dass ich die klassische Verwendung von »Vertrag« bevorzuge, die sowohl zu beschreiben und zu erklären als auch vorzuschreiben versucht. Aber wenn die Ethik und politische Philosophie sich auf Normen konzentrieren, die wir befürworten wollen (sozusagen auf ideale Ideale), was war dann eigentlich die Pointe dieser Übung? Was wäre die Pointe der »Naturalisierung« der Ethik, die ausdrücklich der Bereich des Idealen ist?

Mein Vorschlag lautet, dass wir durch einen Blick auf das *wirkliche* historisch dominante moralisch-politische Bewusstsein und die *wirklichen* historisch dominanten moralisch-politischen Ideale besser in der Lage sind, Vorschriften für die Gesellschaft zu bestimmen, als wenn wir von ahistorischen Abstraktionen ausgehen würden. Mit anderen Worten, es geht nicht darum, dieses mangelhafte Bewusstsein und diese abscheulichen Ideale zu befürworten, sondern sie zu korrigieren, indem wir ihre Vergangenheit, ihren gegenwärtigen Einfluss und ihre Macht erkennen und ihre Quellen identifizieren. Die Verwirklichung einer besseren Zukunft verlangt nicht nur, die hässliche Wahrheit der Vergangenheit – und der Gegenwart – einzugestehen, sondern die Art und Weise zu verstehen, wie diese Wirklichkeiten unsichtbar und für die Weiße Bevölkerung akzeptierbar gemacht wurden. Zum Zweck der Beschreibung und Erklärung wollen wir die Umstände kennen, die tatsächlich das Erreichen der idealen *race*-losen Ideale blockiert und stattdessen die naturalisierten nichtidealen *Race*-Ideale gefördert haben. Wir wollen wissen, was in der Vergangenheit schieflief, was heute schiefläuft und was wahrscheinlich *auch weiterhin* in der Zukunft schieflaufen wird, wenn wir keine Vorkehrungen dagegen treffen.

Durch ihr verhältnismäßiges Schweigen mit Bezug auf die Frage nach der *race* würde die konventionelle Moraltheorie den unvorsichtigen Studenten, der keine Welterfahrung besitzt – etwa den zu Besuch gekommenen Anthropologen aus der zentralen Galaxis –, zu dem Gedanken führen, dass Abweichungen vom Ideal kontingent, zufällig, theoretisch undurchdringlich seien oder die Mühe der Theoriebildung gar nicht lohnen würden. Ein solcher Besucher könnte zu dem Schluss gelangen, dass alle Menschen zwar im Allgemeinen versucht haben, die Norm zu erfüllen, aber vor dem Hintergrund unvermeidlicher menschlicher Schwäche daran gescheitert sind. Aber diese Schlussfolgerung ist tatsächlich einfach falsch. Rassismus und im Hinblick auf *race* strukturierte Diskriminierung waren keine *Abweichungen* von der Norm; sie *waren und sind* die Norm, und zwar nicht nur im Sinne faktischer statistischer Verteilungsmuster, sondern, wie ich zu Beginn betonte, in dem Sinne, dass sie formell kodifiziert, niedergeschrieben und *als solche* verkündet wurden. Aus dieser Perspektive hat der Racial Contract den Gesellschaftsvertrag garantiert, sodass Pflichten, Rechte und Freiheiten in der Regel auf einer der *race* nach differenzierten Grundlage zugeschrieben wurden. Um die tatsächliche moralische Praxis der Vergangenheit und Gegenwart zu verstehen, braucht man nicht nur die üblichen abstrakten Erörterungen beispielsweise der Gewissenskonflikte von Menschen zwischen Eigeninteresse und Mitgefühl mit anderen, sondern die offene Anerkennung dessen, wie der Racial Contract eine *race*-basierte Moralpsychologie erzeugt. Die Weißen werden dann rassistisch handeln, *obwohl* sie sich selbst als moralisch handelnd verstehen. Mit anderen Worten, sie werden echte kognitive Schwierigkeiten beim Erkennen bestimmter Verhaltensmuster *als* rassistisch erfahren, sodass sie, ganz abgesehen von Fragen der Motivation und Arglist, einfach vom begrifflichen Standpunkt aus moralisch behindert sein werden, das Richtige zu sehen und zu tun. Wie ich zu Beginn betonte, schreibt der Racial Contract als Bedingung für die Mitgliedschaft im Gemeinwesen eine Epistemologie der Unwissenheit vor.

Feministische politische Philosoph:innen haben die auffällige Gleichförmigkeit der Meinungen unter klassischen männlichen Theoretikern mit Bezug auf die Unterordnung von Frauen dokumentiert, sodass es eine gemeinsame Übereinkunft darüber gibt, so entgegengesetzt ihre Positionen im Hinblick auf andere politische oder theoretische Fragen auch sein mögen. Platon, der Idealist, und Aristoteles, der Materialist, stimmen darin überein, dass Frauen untergeordnet sein sollten, ebenso wie Hobbes, der Absolutist, und Rousseau, der radikale Demokrat.[1] Beim Racial Contract gibt es, wie wir gesehen haben, ein ähnliches Muster zwischen den Kontraktualisten Hobbes, Locke, Rousseau, Kant und ihren theoretischen Gegnern – dem Antikontraktualisten Hume, der leugnet, dass irgendeine andere *race* als die Weiße eine Zivilisation hervorgebracht hat; dem Utilitaristen Mill, der die Anwendbarkeit seines antipaternalistischen »Schadensprinzips« auf »Barbaren« leugnet und behauptet, dass sie die europäische Kolonialtyrannei nötig haben; dem Historisten G. W. F. Hegel, der leugnet, dass Afrika irgendeine Geschichte hat, und behauptet, dass die Schwarzen durch ihre Versklavung moralisch gebessert wurden.[2] Der Racial Contract verhält sich also »orthogonal« zu den unterschiedlichen Richtungen ihres Denkens; er ist die gemeinsame Annahme, die sie alle für selbstverständlich halten können, gleichgültig wie ihre theoretischen Unterschiede bei anderen Fragen aussehen. Es gibt auch Belege für Schweigen. Wo sind Grotius' maßgebliche Schrift *Über das Naturrecht und die Falschheit der Eroberung der westindischen Inseln*, Lockes aufrüttelnder *Brief über die Behandlung der Indianer*, Kants bewegender Essay *Über das Personsein von N*gern*, Mills berühmte verurteilende Folgerungen aus dem Utilitarrismus für den englischen Kolonialismus, Karl Marx' und Friedrich Engels' empörte *Politische Ökonomie der Sklaverei*?[3] Intellektuelle schreiben über das, was sie interessiert, was sie für wichtig halten, und – insbesondere wenn der Autor sehr produktiv ist – Schweigen stellt einen guten ersten Beleg dafür dar, dass das Thema von keinem großen Interesse war. Durch ihre Nicht-Anprangerung der großen Verbrechen, die von der europäischen Eroberung nicht getrennt werden können, oder durch die Halbherzigkeit ihrer Verurteilung oder durch ihre tatsächliche Billigung dieser Eroberung in einigen Fällen offenbaren die meisten der führenden europäischen Moraltheoretiker ihre Komplizenschaft mit dem Racial Contract.

Daher müssen wir die Funktionsweise einer *race*-bezogenen Ethik identifizieren und zu verstehen lernen. Wie waren Menschen imstande, systematisch das Falsche zu tun, während sie zugleich dachten, sie täten das Richtige? Zum Teil ist das ein Problem des Erkennens und der Weißen moralischen kognitiven Fehlfunktion. Als solche kann sie möglicherweise von dem neuen Forschungsprogramm der Kognitionswissenschaft untersucht werden. Beispielsweise legt ein hilfreicher Überblicksartikel aus jüngerer Zeit über die »Naturalisierung« der Ethik von Alvin Goldman drei Gebiete nahe, auf denen die Kognitionswissenschaft Implikationen für die Moraltheorie haben kann: (a) die »kognitiven Materialien«, die man beim moralischen Denken verwendet, wie etwa die Logik der Anwendung von Begriffen und deren mögliche Bestimmung durch die kulturelle Umwelt des Akteurs; (b) Urteile über das subjektive Wohl und wie diese durch den Vergleich von sich selbst mit anderen beeinflusst werden können; und (c) die Rolle des Einfühlungsvermögens bei der Beeinflussung moralischer Gefühle.[4]

Nun sollte es offensichtlich sein, dass, wenn der Rassismus für das Gemeinwesen so zentral ist, wie ich geltend gemacht habe, er auf allen diesen Gebieten eine wichtige formgebende Wirkung auf Weiße Erkenntnissubjekte hat. (a) Aufgrund der geistigen Atmosphäre, die der Racial Contract hervorbringt, werden die Weißen (in Phase Eins) die Angemessenheit von Begriffen für selbstverständlich halten, die die *race*-basierte Ordnung legitimieren und sie als die Herrenrasse privilegieren und Nicht-Weiße auf das Unterpersonsein verweisen, und später (in Phase Zwei) die Angemessenheit von Begriffen, die das Gemeinwesen so vorstellen, dass die *race* darin keine wichtige Rolle spielt, und seine tatsächliche *race*-basierte Strukturierung leugnen.[5] (b) Aufgrund der wechselseitig voneinander abhängigen Definitionen des überlegenen Weißseins und des minderwertigen Nicht-Weißseins können die Weißen bewusst oder unbewusst einschätzen, wo sie stehen, und zwar anhand einer Skala, die teilweise davon abhängt, wo die Nicht-Weißen stehen, da das Wesen des Weißseins im Anrecht auf Privilegien gegenüber den Nicht-Weißen als Gesamtheit besteht.[6] (c) Da der Racial Contract die Ausbeutung von Nicht-Weißen verlangt, erfordert er bei den Weißen die Kultivierung von Gefühlsmustern und Empathie, die nur schwach, wenn überhaupt, durch das Leiden der Nicht-Weißen beeinflusst werden. In allen drei Fällen gibt es also interessante Strukturen moralisch-kognitiver Verzerrungen, die mit der *race* verknüpft werden könnten, und man hofft, dass dieses neue Forschungsprogramm einige davon untersuchen wird (obwohl die Geschichte der Vernachlässigung in der Vergangenheit keinen großen Anlass zum Optimismus bietet).

Dieses unterschiedlich verteilte moralische Interesse kann man sich nützlicherweise als eine Art von »*Herrenvolk*-Ethik« vorstellen, wobei die Prinzipien, die auf die Weiße Teilmenge (die Menschen) anwendbar sind, entsprechend verändert werden, wenn sie die Farbgrenze zur nicht-Weißen Teilmenge (diejenigen, die weniger als Menschen sind) überqueren. (Susan Opotow hat eine ausführliche Studie zur Moral von Exklusion durchgeführt, derzufolge bestimmte »Individuen oder Gruppen als außerhalb der Grenze wahrgenommen werden, innerhalb welcher moralische Werte, Regeln und Fairnessüberlegungen gelten«; das wäre also eine *race*-basierte Fassung einer solchen Moral.)[7] Dann könnte man verschiedentlich einen *Herrenvolk*-Lockianismus generieren, demzufolge das Weißsein selbst zum Eigentum wird, Nicht-Weiße sich nicht völlig oder überhaupt nicht besitzen und nicht-Weiße Arbeit sich nicht die Natur aneignet;[8] einen *Herrenvolk*-Kantianismus, demzufolge Nicht-Weiße als Unterpersonen mit beträchtlich weniger als unendlichem Wert gelten und von denen man verlangt, dass sie eine *race*-bezogene Ehrerbietung erweisen anstatt gleiche Achtung gegenüber Weißen Personen. Die Selbstachtung der Weißen ist entsprechend begrifflich an diese Ehrerbietung der Nicht-Weißen geknüpft[9] – und an einen *Herrenvolk*-

Utilitarismus, demzufolge die Nicht-Weißen distributiv weniger als eine Person gelten und vermeintlich weniger intensiv leiden als Weiße.[10] Die tatsächlichen Einzelheiten der Grundwerte der besonderen normativen Theorie (Eigentumsrechte, Personsein und Achtung, Wohl) sind nicht von Bedeutung, da *alle* Theorien intern angepasst werden können, um das gewünschte Ergebnis zu erzielen: Entscheidend ist, dass der Theoretiker am Racial Contract festhält.

Da sie dessen primäre Opfer sind, sind sich die Nicht-Weißen natürlich immer dieser sonderbaren Spaltung bewusst gewesen, die sich durch die Weiße Psyche zieht. Vor vielen Jahren ließ Ralph Ellison in seinem klassischen Roman *Der unsichtbare Mann* seinen namenlosen Schwarzen Erzähler darauf hinweisen, dass die Weißen eine seltsame reziproke »Konstruktion [ihrer] *inneren* Augen« haben müssen, die Schwarze Amerikaner unsichtbar macht, dass sie »sich weigern, mich zu sehen«. Der Racial Contract umfasst einen epistemologischen Vertrag, eine Epistemologie der Unwissenheit. »Anerkennung ist eine Form der Übereinkunft« und nach den Bedingungen des Racial Contract sind die Weißen übereingekommen, die Schwarzen nicht als gleiche Personen anzuerkennen. So ist beispielsweise der Weiße Fußgänger, der den Schwarzen Erzähler zu Beginn anrempelt, eine repräsentative Figur, jemand, der »in einer Traumwelt verloren ist«. »Aber steuerte *er* nicht diese Traumwelt – die leider nur allzu wirklich ist! –, und schloss *er* mich nicht von ihr aus? Und wenn er nach einem Polizisten gerufen hätte, würde man *mich* nicht für den Missetäter gehalten haben? Ja, ja, ja!«[11] Ähnlich macht James Baldwin geltend, dass die Vormachtstellung der Weißen »[Weiße] Amerikaner zu Rationalisierungen zwang, die so abenteuerlich waren, dass sie sich schon dem Krankhaften näherten« und eine gepeinigte Unwissenheit erzeugten, die so strukturiert ist, dass man bestimmte Fragen bei Weißen gar nicht erst aufbringen kann, »weil, auch wenn ich sprechen sollte, mir doch niemand glauben würde«, und paradoxerweise »würden sie mir genau deshalb nicht glauben, weil sie wüssten, dass das, was ich sage, wahr ist«.[12]

Ausweichen und Selbsttäuschung werden so zur epistemischen Norm. Bei der Beschreibung von Amerikas »nationalem Netz der Selbsttäuschungen« mit Bezug auf *race* führt Richard Drinnon als Erklärung Montesquieus ironische Bemerkung über die Versklavung von Afrikaner:innen an: »Es ist für uns unmöglich anzunehmen, dass diese Geschöpfe Menschen sind, weil, wenn wir ihnen das Menschsein einräumten, der Verdacht folgen würde, dass wir selbst keine Christen sind.«

Die Gründungsideologie des Weißen Siedlerstaats verlangte die begriffliche Auslöschung jener Gesellschaften, die zuvor dort waren: »Wenn [ein damaliger Autor] Indianer systematisch als Personen mit einer eigenen Psychologie betrachtet hätte, dann hätte das seine Welt auf den Kopf gestellt. Es hätte bedeutet anzuerkennen, dass ›der Naturzustand‹ wirklich voll entwickelte Menschen enthielt und dass sowohl er als auch die hoch geschätzte ›bürgerliche Gesellschaft‹ als tödliche Fiktionen der europäischen Einbildungskraft begannen.«[13] Ein australischer Historiker kommentiert ebenso die Existenz von »so etwas wie einem Kult des Vergessens, der im nationalen Maßstab praktiziert wird« bezüglich der indigenen Bevölkerung.[14] Lewis Gordon, der in der Tradition der Existenzphänomenologie arbeitet, greift auf Sartre'sche Begriffe zurück, um geltend zu machen, dass in einer Welt, die um die *race* herum strukturiert ist, die Arglist (»mauvaise foi«) allgegenwärtig wird: »Im Zustand der Arglist fliehe ich vor einer unangenehmen Wahrheit zugunsten einer angenehmen Falschheit. Ich muss mich selbst davon überzeugen, dass die Falschheit tatsächlich wahr ist. ... Nach dem Modell der Arglist hat der sture Rassist die Entscheidung getroffen, bestimmte unbequeme Wahrheiten mit Bezug auf seine Gruppe nicht zuzugeben, und er entscheidet sich dafür, bestimmte bequeme Falschheiten mit Bezug auf andere Menschen nicht in Frage zu stellen. ... Da er diese Wahl getroffen hat, wird er Widerstand gegen alles leisten, was sie bedroht. ... Je mehr der Rassist das Spiel des Ausweichens spielt, umso mehr wird er sich von seinen ›Untergebenen‹ entfremden und umso mehr wird er in der Welt versinken, die erforderlich ist, um sein Ausweichen aufrechtzuerhalten.«[15] Im idealen Gemeinwesen strebt man danach, sich selbst und die Welt zu erkennen; hier kann eine solche Erkenntnis gefährlich sein.

Entsprechend erklärt der Racial Contract auch die wirklichen, erstaunlichen historischen Aufzeichnungen europäischer Gräueltaten an Nicht-Weißen, die quantitativ und qualitativ, nach Zahlen und entsetzlichen Einzelheiten, zusammengenommen alle anderen Arten von ethnisch/*race*-bezogen motivierten Massakern insgesamt in den Schatten stellen: *la leyenda negra* – die schwarze Sage – des spanischen Kolonialismus, die nur insofern diffamierend ist, als sie die Spanier herausgreift, da sie später von Spaniens neidvollen Konkurrenten nachgeahmt werden sollte, den Holländern, Franzosen und Engländern, die versuchten, ihre eigenen Sagen zu schaffen; die Tötung durch Massenmord und Krankheit von 95 Prozent der indigenen Bevölkerung des amerikanischen Kontinents, wobei revisionistische Forschungen vor kurzem, wie erwähnt, die Schätzung der Bevölkerung vor der Eroberung drastisch angehoben haben, sodass – bei etwa 100 Millionen Opfern – dies leicht als der größte Akt von Völkermord in der Menschheitsgeschichte gelten würde;[16] die berüchtigten Slogans, die jetzt für eine Generation, die in einer anderen Phase des Vertrags lebt, etwas peinlich sind – »Töte die Nissen, und du wirst keine Läuse haben!«, wie der amerikanische Kavallerist empfahl, als er ein Sauk-Baby beim Bad-Axe-Massaker in Wisconsin erschoss[17], und »Der einzig gute Indianer ist ein toter Indianer«; der Zeitlupen-Holocaust der afrikanischen Sklaverei, der jetzt den Schätzungen mancher zufolge 30 bis 60 Millionen Menschenleben in Afrika, der Mittleren Passage und beim Prozess der »Zurichtung« gefordert hat, noch vor der Verschlechterung und Zerstörung des Lebens von Sklav:innen auf dem amerikanischen Kontinent;[18] die beiläufige Annahme als kein Verbrechen, sondern nur als notwendige Säuberung des Territoriums von pestartigem »Ungeziefer« und »Vieh«, der wahllosen Tötung vereinzelter *Native Americans* in Amerika oder der indigenen Bevölkerung in Australiens oder der sogenannten »Buschmänner« in Südafrika; die massiven europäischen kolonialen Vergeltungsmaßnahmen zur Bestrafung nach Aufständen der indigenen Bevölkerung; die Zahl der Todesopfer aufgrund der direkten und indirekten Folgen der Zwangsarbeit der Kolonialwirtschaften wie beispielsweise die Millionen (ursprüngliche Schätzungen lagen bei etwa zehn Millionen), die in Belgisch-Kongo infolge von Leopolds II. Suche nach Gummi starben, obwohl das »Herz der Finsternis« seltsamerweise der kongolesischen und nicht der europäischen Barbarei zugeschrieben wird;[19] die Aneignung des nicht-Weißen Körpers, und zwar nicht nur metaphorisch (wie man vom Schwarzen Körper sagen kann, dass er auf den Sklav:innenplantagen aufgezehrt wurde, um europäisches Kapital zu produzieren), sondern *wortwörtlich*, sei es als nützliches Werkzeug oder als Kriegstrophäe. Als nützliche Werkzeuge wurden Angehörige der indigenen Völker Amerikas gelegentlich gehäutet und zu Zügeln verarbeitet (zum Beispiel vom US-amerikanischen Präsidenten Andrew Jackson),[20] Tasmanier wurden getötet und als Fleisch für Hunde verwendet,[21] und im II. Weltkrieg wurden Kissen aus jüdischem Haar gemacht und (was weniger bekannt ist) die Knochen von Japanern von manchen Amerikanern zu Brieföffnern verarbeitet. Als Kriegstrophäen wurden die Skalps von Indianern, die Ohren von Vietnamesen und die Ohren, Goldzähne und Schädel von Japanern gesammelt (die Zeitschrift *Life* brachte ein

Foto von einem japanischen Schädel, der als Kühlerhaubenverzierung auf einem US-amerikanischen Militärfahrzeug verwendet wurde, und manche Soldaten schickten Schädel nach Hause als Geschenke für ihre Freundinnen).[22] Dem können wir die Tatsache hinzufügen, dass aufgrund der Strafrechtsreformen, die von Cesare Beccaria und anderen befürwortet wurden, die Folter in Europa bis zum Ende des 18. Jahrhunderts mehr oder weniger beseitigt wurde, während man sie in den Kolonien und auf den Sklav:innenplantagen regelmäßig praktizierte – Auspeitschungen, Kastrationen, Verstümmelungen, Röstungen über kleiner Flamme, wobei die Opfer mit Zucker eingeschmiert, bis zum Hals eingegraben und dann den Insekten zum Fraß überlassen werden, mit Schießpulver und dann zur Explosion gebracht werden und so weiter;[23] die Tatsache, dass in Amerika die mittelalterliche Tradition des Autodafé, der öffentlichen Verbrennung, bis weit ins 20. Jahrhundert hinein überlebte, wobei sich manchmal Tausende Zuschauer zum feierlichen Anlass des südstaatlichen Grillens versammelten, ihre Kinder und Picknickkörbe etc. mitbrachten und hinterher um die Überreste kämpften, um zu sehen, wer die Zehen oder die Fingerknöchel ergattern konnte, bevor man sich auf einen festlichen Tanz am Abend vertagte;[24] die Tatsache, dass die Regeln des Kriegs, die zumindest theoretisch innereuropäische Kampfhandlungen regelten, für Nicht-Europäer aufgegeben oder suspendiert wurden, sodass durch päpstlichen Erlass der Gebrauch der Armbrust anfänglich gegen Christen verboten, aber gegen den Islam erlaubt war. Das Dum-Dum(-Hohlspitzen)-Geschoss war ursprünglich in Europa verboten, wurde aber in den Kolonialkriegen verwendet.[25] Das Maschinengewehr wurde im späten 19. Jahrhundert bei der Unterwerfung von Afrikaner:innen perfektioniert, die gewöhnlich nur mit Speeren oder ein paar veralteten Feuerwaffen bewaffnet waren, sodass beispielsweise beim glorreichen Sieg der Briten über die Sudanesen bei Omdurman im Jahr 1898 11.000 Schwarze Krieger bei einem Verlust von 48 britischen Soldaten getötet wurden, ein Massaker auf weite Distanz, bei dem kein Sudanese »näher als dreihundert Meter an die britischen Stellungen herankam«.[26] Die Atombombe wurde nicht einmal, sondern zweimal gegen die Zivilbevölkerung eines Gelben Volkes zu einer Zeit eingesetzt, als die militärische Notwendigkeit nur fragwürdigerweise angeführt werden konnte (was Richter Radhabinod Pal bei seiner widersprechenden Meinung während der Verhandlungen über Kriegsverbrechen in Tokio zu der Behauptung veranlasste, dass die Anführer der Alliierten zusammen mit den Japanern hätten vor Gericht gestellt werden sollen).[27] Wir können die sechs Millionen Juden erwähnen, die in den Konzentrationslagern und Ghettos Europas getötet wurden und die Millionen Angehörigen anderer »minderwertiger« *races* (Roma, Slawen), die dort ums Leben kamen und durch die *Einsatzgruppen* an der Ostfront von den Exekutoren der Umschreibung des Racial Contract getötet wurden, um auch sie zu Nicht-Weißen zu machen;[28] das Muster aus nicht bestrafter Vergewaltigung, Folter und Massaker in den Kolonial-/Neokolonial- und zum Teil *race*-bezogenen Kriegen von Algerien (in dessen Verlauf etwa eine Million Algerier oder ein Zehntel der Landesbevölkerung ums Leben kam) und Vietnam, das durch die Tatsache illustriert wird, dass Lieutenant William Calley als einziger Amerikaner für Kriegsverbrechen in Vietnam verurteilt und wegen seiner Rolle bei der Leitung des Massenmords an 500 Frauen, Kindern und alten Männern (oder, vorsichtiger und eingeschränkter formuliert, an »östlichen Menschen«, wie die eidesstattliche Aussage lautete) mit lebenslänglicher Haft unter Schwerarbeit bestraft wurde, aber seine Strafe durch die Intervention des Präsidenten kurzerhand in »Hausarrest« in seiner Junggesellenwohnung in Fort Benning umwandeln ließ, wo er drei Jahre lang blieb, bevor er auf Bewährung entlassen wurde. Damals und heute war und ist er über die Aufregung etwas verwundert, da, wie er den Militärpsychiatern sagte, die ihn untersuchten, »er nicht das Gefühl hatte, als ob er Menschen tötete, sondern vielmehr, dass sie Tiere waren, mit denen man weder sprechen noch argumentieren konnte«.[29]

Wegen dieser und vieler anderer Gräuel, die zu zahlreich sind, um aufgeführt zu werden, muss die ideale Kant'sche Norm (des Gesellschaftsvertrags) des unendlichen Werts von allem menschlichen Leben neu geschrieben werden, um die tatsächliche Norm (des Racial Contract) des weit größeren Werts des *Weißen* Lebens und der entsprechenden Kristallisierung von Gefühlen enorm unterschiedlicher Empörung über den Tod und das Leid von Weißen und Nicht-Weißen widerzuspiegeln. Wenn man im Rückblick (oder manchmal einfach beim Blick auf die andere Seite) die Frage stellen möchte »Aber wie konnten sie nur?«, lautet die Antwort, dass es leicht ist, sobald eine bestimmte Sozialontologie geschaffen worden ist. Fassungslosigkeit und Verwunderung zeigen, dass man die Moral des buchstäblichen Gesellschaftsvertrags als Norm für selbstverständlich hält; sobald man vom Racial Contract ausgeht, verflüchtigt sich die Rätselhaftigkeit. Der Racial Contract macht also die Moralpsychologie der Weißen transparent; man ist nicht ständig »überrascht«, wenn man die historischen Aufzeichnungen untersucht, weil das die Psychologie ist, die der Vertrag vorschreibt. (Die Theorie des Racial Contract ist nicht *zynisch*, weil Zynismus eigentlich einen theoretischen Zusammenbruch, ein verzweifeltes Erheben der Hände und einen Verzicht auf das Projekt, die Welt und das menschliche Böse zu verstehen, zugunsten einer verwirrten Sehnsucht nach dem Menschen vor dem Sündenfall impliziert. Der »Racial Contract« ist einfach *realistisch* – bereit, den Tatsachen ins Auge zu schauen, ohne vor ihnen zurückzuschrecken, um zu erklären, dass, wenn man mit *diesem* anfängt, man bei *jenem* endet.)

Auf ähnliche Weise macht der »Racial Contract« den Holocaust der Juden verständlich – der irreführenderweise als *der* Holocaust bezeichnet wird –, indem er sich theoretisch sowohl von Positionen distanziert, die ihn kognitiv undurchsichtig machen und behaupten würden, er sei unerklärlich sui generis, als auch von Positionen, die die *race*-bezogene Dimension herunterspielen und ihn an den undifferenzierten Terrorismus des deutschen Faschismus assimilieren würden. Aus der getrübten Perspektive der Dritten Welt verrät die Frage in Arno Mayers Buch *Why Did the Heavens Not Darken?* (Warum hat sich der Himmel nicht verdunkelt?; dt.: *Der Krieg als Kreuzzug*) einen klimatischen Eurozentrismus, dem es nicht gelingt anzuerkennen, dass der blaue Himmel nur auf *Europa* herablächelte. Die einflussreiche Ansicht, die er anführt (und die nicht seine eigene ist), ist typisch: »Die Vernichtungspolitik, deren Opfer die Juden in den Jahren des Zweiten Weltkriegs wurden, war, so scheint es auf den ersten Blick, in Gegenwart und Geschichte ohne vergleichbares Gegenstück. Vieles spricht dafür, dass die gezielte Vernichtung der Juden ein so abnormes und ungeheuerliches Verbrechen war, daß man es außerhalb der Grenzen aller menschlichen Erfahrung ansiedeln muß. Wenn dies zutrifft, wird das, was den Juden angetan wurde, niemals einer historischen Rekonstruktion und Deutung, geschweige denn einem rationalen Verständnis zugänglich sein.«[30] Aber das stellt nur einen erstaunlichen Weißen Gedächtnisverlust mit Bezug auf die tatsächlichen historischen Aufzeichnungen dar. Ebenso evoziert die verzweifelnde Frage, wie es nach Auschwitz noch Dichtung geben kann, die verblüffte nicht-Weiße Antwort, wie es *vor* Auschwitz Dichtung geben konnte und *nach* den Killing Fields in Amerika, Afrika und Asien. Der Standpunkt der indigenen Völker Amerikas, Schwarzafrikas und des kolonialen Asiens war sich immer dessen bewusst, dass die europäische Zivilisation auf außereuropäischer Barbarei beruht, sodass der Holocaust der Juden, der »Judeozid« (Mayer), keineswegs ein Blitz aus heiterem Himmel ist, eine unergründliche Anomalie in der Entwicklung des Westens, sondern einzigartig nur insofern, als er die Verwendung des Racial Contract gegen *Europäer* darstellt. Ich sage das gewiss keineswegs, um sein Grauen zu verringern, sondern vielmehr, um seine *Singularität* zu bestreiten, um seine begriffliche Identität mit anderen politischen Maßnahmen festzustellen, die von Europa in Nicht-Europa über Hunderte von Jahren hinweg durchgeführt wurden, aber unter Verwendung von Methoden, die weniger effizient waren als jene, die von der fortgeschrittenen Industriegesellschaft der Mitte des 20. Jahrhunderts ermöglicht wurden.

In der Dämmerwelt des Kalten Krieges wurde der Begriff »Rückstoß« (blowback) im amerikanischen Spionagejargon verwendet, um »unerwartete – und negative – Effekte in der Heimat [zu bezeichnen], die sich aus verdeckten Operationen in Übersee ergaben«, insbesondere von so genannten »Schwarzen« Operationen der Ermordung und des Sturzes von Regierungen.[31] Man kann dafür plädieren, den »Rückstoß« von den (»Weißen«) Operationen der europäischen Eroberung, von Besiedlung, Sklaverei und Kolonialismus in Übersee als Verfestigung einer *race*-basierten Ethik im modernen europäischen Geist anzusehen, die in Kombination mit dem traditionellen Antisemitismus schließlich wie ein Bumerang zurückflog und nach Europa selbst zurückkehrte, um den jüdischen Holocaust zu begünstigen. Vor 40 Jahren wies Aimé Césaire in seiner klassischen Polemik *Über den Kolonialismus* auf die implizite Doppelmoral bei der Europäischen »Empörung« über den Nationalsozialismus hin: »[D]aß es der Nazismus ist, ja, aber dass [Europäer], bevor [sie] sein Opfer wurde[n], seine Komplizen gewesen [sind]; daß man diesem Nazismus Vorschub geleistet hat, bevor man von ihm heimgesucht wurde, daß man ihn freigesprochen, daß man beide Augen vor ihm zugedrückt, daß man ihn legitimiert hat, weil er bisher nur auf nichteuropäische Völker Anwendung fand. ... [Hitlers Verbrechen ist] die Anwendung kolonisatorischer Praktiken auf Europa, denen bisher nur die Araber Algeriens, die Kulis in Indien und die Neger Afrikas ausgesetzt waren.«[32] Der Racial Contract zeigt sich weiterhin mit wahrhaft schauriger Ironie sogar in der *Verdammung* der Folgen des Racial Contract, da der *race*-basierte Massenmord an Europäern auf einer anderen moralischen Ebene verortet wird als der *race*-basierte Massenmord an Nicht-Europäern. Ähnlich macht Kiernan geltend, dass König Leopolds Kongo »den Schatten vorauswarf, der sich in Hitlers Reich innerhalb von Europa wenden sollte. ... Haltungen, die während der Unterwerfung der anderen Kontinente erworben wurden, reproduzierten sich jetzt zuhause.«[33] In diesem Erklärungsrahmen *sind* die *race*-bezogene Dimension und die Begründung des jüdischen nicht-Weißen Unterpersonseins also für die Erklärung entscheidend, im Unterschied zur Einordnung der Todeslager unter einen entrassifizierten Faschismus. Wenn, wie ich zuvor geltend machte, die Juden zu dieser Zeit im Grunde »gebrochen Weiß« anstatt »nicht-Weiß« waren und der Gruppe der Personen zugerechnet wurden, konnte man von den Nazis sagen, dass sie den globalen Racial Contract lokal verletzten, indem sie aus dem Klub des Weißseins Gruppen ausschlossen, die bereits zähneknirschend zugelassen worden waren, indem sie Europäern (auch grenzwertigen) das antaten, was man (damals) offenbar nur Nicht-Europäern antat.

Die von Europäern verfasste Nachkriegsliteratur zu diesem Thema hat sowohl in Europa als auch in Nordamerika im Allgemeinen versucht, diese begrifflichen Verbindungen zu blockieren, indem sie die Politik der Nationalsozialisten als abweichender darstellte, als sie tatsächlich war, beispielsweise im *Historikerstreit*, der deutschen Debatte über die Einzigartigkeit des jüdischen Holocaust. Die dunkle Geschichte des europäischen Imperialismus ist in Vergessenheit geraten. Robert Harris' ernüchternder Roman von 1992, *Vaterland*, ein Klassiker in der Sience-Fiction-Gattung alternativer Welten schildert eine Zukunft, in der die Nazis den II. Weltkrieg gewonnen und ihre Ermordung der Juden aus den Aufzeichnungen ausgelöscht haben, sodass nur verstreute Belege übrig sind.[34] Aber in mehrfacher Hinsicht leben wir in einer wirklichen, nicht-alternativen Welt, in der die Sieger der *race*-bezogenen Ermordung *tatsächlich* gewannen und die Aufzeichnungen entsprechend rekonstruiert und verfälscht haben. Holocaust-Leugnungen und Holocaust-Apologien gehen somit der Zeit nach 1945 lange voraus und lassen sich auf die ursprüngliche Reaktion auf die Enthüllungen von Las Casas' Schrift *Kurzgefaßter Bericht von der Verwüstung der Westindischen Länder* aus dem Jahr 1542 zurückführen.[35] Doch mit wenigen Ausnahmen hat die revisionistische Weiße Geschichtsschreibung erst vor Kurzem verspätet damit begonnen, diese nicht-Weiße Konzeption einzuholen – daher der Titel von David Stannards Buch über die Eroberung Kolumbiens, *American Holocaust*; der verwandte Titel eines Sammelbands (der von Noam Chomsky in seinem *Year 501* – dt.: Wirtschaft und Gewalt: vom Kolonialismus zur neuen Weltordnung – angeführt wurde), der in Deutschland im Vorgriff auf die 500-Jahr-Feier unter dem Titel *Das fünfhundertjährige Reich* herausgebracht wurde; und das Buch des schwedischen Schriftstellers Sven Lindqvist, das kürzlich übersetzt wurde, »*Exterminate All the Brutes*«, das ausdrücklich die berühmte Aufforderung von Conrads Kurtz mit der Praxis der Nationalsozialisten verknüpft: »Auschwitz war die moderne industrielle Anwendung einer Politik der Auslöschung, auf der die europäische Beherrschung der Welt seit langem beruhte. … Und als das, was im Herzen der Finsternis getan wurde, im Herzen Europas wiederholt wurde, erkannte es niemand. Niemand wollte zugeben, was jeder wußte. … Uns fehlt es nicht am Wissen. Uns fehlt der Mut zu verstehen, was wir wissen, und Schlüsse daraus zu ziehen.«[36]

Zweifellos wird die Debatte noch viele Jahrzehnte weitergehen. Aber zum Abschluss scheint es nicht unangebracht zu sein, die Meinung jenes bekannten Moral- und Politiktheoretikers Adolf Hitler (gewiss ein Mann, der etwas Lohnenswertes zu diesem Thema zu sagen hatte) zur Kenntnis zu nehmen, der in einer Rede von 1932 mit in die Zukunft gerichtetem Blick »sein *Lebensraum*-Projekt in der Tat in die lange Reihe der rassistischen europäischen Eroberungen [stellte]«.[37] Wie er seinem vermutlich aufmerksamen Publikum erklärte, kann man »die wirtschaftlich bevorzugte Herrenstellung der Weißen Rasse der übrigen Welt gegenüber aber gar nicht verstehen«, es sei denn, man verbindet sie mit »einer politischen Herrenauffassung, die der Weißen Rasse als etwas Natürliches seit vielen Jahrhunderten eigen gewesen und von ihr nach außen hin vertreten worden ist«:

> [N]ehmen Sie etwa Indien: England hat Indien nicht auf dem Weg von Recht und Gesetz erworben, sondern ohne Rücksicht auf Wünsche, Auffassungen oder Rechtskundgebungen der Eingeborenen. … Genauso wie Cortez oder Pizzaro Zentralamerika und die Nordstaaten von Südamerika einst nicht auf Grund irgendwelcher Rechtsansprüche sich aneigneten, sondern aus dem absoluten, angeborenen Herrengefühl der Weißen Rasse. Die Besiedelung des nordamerikanischen Kontinents ist ebenso wenig aus irgendwelchen, nach demokratischer oder internationaler Auffassung höheren Rechtsansprüchen erfolgt, sondern aus einem Rechtsgefühl, das seine Wurzel einzig in der Überzeugung von der Überlegenheit und damit vom Recht der Weißen Rasse besaß.

Sein Plan war also einfach, für die »Weiße Rasse« diese inspirierende westliche Tradition zu wahren, dieses *race*-basierte »*Herrenrecht*«, »diese Geistesverfassung …, die die Welt erobert hat«, da »aus dieser politischen Auffassung der Boden für die wirtschaftliche Besitzergreifung der anderen Welt erwuchs«.[38] Mit anderen Worten, er war der Ansicht, dass er einfach im eigenen Land das tat, was seine Miteuropäer schon lange im Ausland getan hatten.

Schließlich öffnet die Theorie des Racial Contract, indem sie das Weißsein als phänotypische/*race*-bezogene Klassifikation vom Weißsein als politisch-ökonomischen System trennt, das auf die Weiße Vormachtstellung verpflichtet ist, einen theoretischen Raum für die Weiße *Ablehnung* des Vertrags. (Anschließend konnte man »Weiß sein« von »Weiß sein« unterscheiden.)

Hier gibt es einen interessanten Kontrast zum Gesellschaftsvertrag. Ein offensichtlicher früher Einwand gegen die Vorstellung, dass die Gesellschaft auf einem »Vertrag« beruht, bestand darin, dass, selbst wenn ein ursprünglicher Gründungsvertrag existiert hätte, er spätere Generationen, die ihn nicht unterzeichnet hatten, nicht binden würde. Es hat verschiedene Versuche von Kontraktualisten gegeben, dieses Problem zu überwinden, wobei der bekannteste Lockes Vorstellung von »stillschweigender Zustimmung« ist.[39] Die Grundidee besagt, dass, wenn man als Erwachsener sich dafür entscheidet, im Land seiner Geburt zu bleiben und seine Vorteile in Anspruch zu nehmen, man dann »stillschweigend« zugestimmt hat, der Regierung zu gehorchen und somit auch durch den Vertrag gebunden zu sein. Aber David Hume kritisiert diese Behauptung bekanntlich scharf, indem er sagt, dass die Vorstellung einer stillschweigenden Zustimmung leer ist, wo es keine echte Möglichkeit zum Aussteigen gibt, indem man in einen nicht mehr existierenden Naturzustand übergeht oder indem man in der Lage ist auszuwandern, wenn man keine besonderen Fertigkeiten und keine andere Sprache als die Muttersprache besitzt.[40] Man bleibt, weil man keine wirkliche Wahl hat.

Aber was den Racial Contract angeht, so liegt die Sache anders. Es *gibt* eine wirkliche Wahl für Weiße, obwohl diese zugestandenermaßen schwierig ist. Die Ablehnung des Racial Contract und der normierten Ungerechtigkeiten des Weißen Gemeinwesens erfordern nicht, dass man das Land verlässt, sondern seine Meinung sagt und gegen die Bedingungen des Vertrags kämpft. Daher sind in diesem Fall moralisch-politische Urteile über die »Zustimmung« einer Person zur Legitimität des politischen Systems und Schlussfolgerungen mit Bezug darauf, dass die Person tatsächlich zu einem Unterzeichner des »Vertrags« geworden ist, *wirklich* relevant – und folglich Urteile mit Bezug auf die Schuldhaftigkeit der Person. Insofern eine Person fraglos »mit der Situation mitläuft«, indem sie alle Privilegien des Weißseins bei entsprechender Komplizenschaft mit dem System Weißer Vorherrschaft akzeptiert, lässt sich auch von ihr sagen, dass sie dem Weißsein zugestimmt hat.

Und tatsächlich hat es immer lobenswerte Weiße gegeben – Antikolonialisten, Befürworter der Abschaffung der Sklaverei, Gegner des Imperialismus, Bürgerrechtsaktivisten, Menschen, die Widerstand gegen die Apartheid geleistet haben –, die die Existenz und Unmoral des Weißseins als ein politisches Systems erkannt, seine Legitimität in Frage gestellt und so weit wie möglich den Vertrag abgelehnt haben. (Insofern die bloße Hautfarbe sie automatisch weiterhin privilegiert, kann diese Identifikation mit den Unterdrückten für gewöhnlich nur partiell sein.) Daher rührt das interessante moralisch-politische Phänomen des *Weißen Abtrünnigen*, des *race*-Verräters in der Sprache des Ku-Klux-Klan (was die Sache ziemlich genau trifft, insofern »*race*« hier Weißsein bedeutet),[41] des kolonialen Entdeckers, der »sich den Einheimischen anschließt«, des Soldaten in Französisch-Indochina, der sich mit *le mal jaune* infiziert, dem Gelben Übel (der gefährlichen Krankheit der »Bindung ... an Indochinas Landschaft, Menschen ... und Kultur«),[42] des N**ger-, Indianer- oder Judenliebhabers. Diese Personen verraten das Weiße Gemeinwesen im Namen einer umfassenderen Definition der Polis – »Verrat am Weißsein ist Loyalität zur Menschheit«[43] – und werden so zu »Abtrünnigen der Vereinigten Staaten, zu Verrätern ihres Landes und ihrer Kultur«, »ein Weißer Indianer, es gibt nichts Abscheulicheres«.[44] Denn entsprechend der Bedeutung des Begriffs erfordert die Praxis einer wahrhaft farbenblinden Ethik dort, wo die Moral rassifiziert wurde, die Ablehnung des eigenen Herrenvolkstatus und seiner begleitenden moralischen Epistemologie, wodurch die entsprechende moralische Verurteilung der *race*-Loyalisten und Weißen Unterzeichner ausgelöst wird, die weder das eine noch das andere abgelehnt haben.

Der Grad der Verpflichtung und des Opfers wird natürlich variieren. Manche haben Denkschriften über die verborgene Wahrheit des Racial Contract verfasst – Las Casas' *Kurzgefaßter Bericht von der Verwüstung der Westindischen Länder*; die Literatur zur Abschaffung der Sklaverei; der Ruf des französischen Autors Abbé Raynal nach der Revolution Schwarzer Sklav:innen; Mark Twains Schriften für die Antiimperialistische Liga (die gewöhnlich von seinen Biografen als Peinlichkeit unterdrückt wird, wie Chomsky bemerkt);[45] Sartres und Simone de Beauvoirs grundsätzlicher oppositioneller Journalismus gegen den Kolonialkrieg ihres Landes. Manche haben versucht, einige seiner Opfer (nämlich des Vertrags) zu retten

– die Underground Railroad (ein aus Gegnern der Sklaverei bestehendes informelles Schleusernetzwerk, A.d.Ü.); Gesellschaften zum Schutz der indigenen Völker Australiens; Oskar Schindlers jüdische Schützlinge; Don Macleod, der australische Weiße Mann, »der als Ehren-Aborigine akzeptiert wurde und 1946 den ersten Streik der Aborigines in der Pilbara mitorganisierte«;[46] Hugh Thompson, der amerikanische Hubschrauberpilot, der drohte, auf seine Soldatenkameraden zu schießen, wenn sie nicht aufhörten, vietnamesische Zivilisten bei My Lai zu massakrieren.[47] Einige haben tatsächlich ihr Leben für den Kampf hingegeben – der Weiße amerikanische Antisklaverei-Revolutionär John Brown; die Weißen Mitglieder des Afrikanischen Nationalkongresses, die bei dem Versuch starben, die Apartheid abzuschaffen. Aber die bloße Tatsache ihrer Existenz zeigt, was möglich war, indem sie das Verhalten ihrer Weißen Mitmenschen, die sich stattdessen dafür entschieden, das Weißsein zu akzeptieren, ins Gegenteil verkehrten und es dem moralischen Urteil zugänglich machten.

> Der Racial Contract wurde von Nicht-Weißen immer als die wirkliche Determinante der (meisten) Weißen moralisch-politischen Praktiken erkannt und damit als die wirkliche moralisch-politische Übereinkunft, die in Frage gestellt werden musste.

Wenn die Epistemologie der Unterzeichner, der Akteure des Racial Contract ein Ausweichen vor und die Leugnung der Wirklichkeiten der *race* verlangt, konzentriert sich die Epistemologie der Opfer, der Objekte des Racial Contract, wenig überraschend auf diese Wirklichkeiten selbst. (Es gibt also eine reziproke Beziehung, wobei der Racial Contract das Weiße moralisch-politische Bewusstsein nachverfolgt und die Reaktion auf den Racial Contract das nicht-Weiße moralisch-politische Bewusstsein abbildet und zu einer verwunderten Untersuchung *dieses* Weißen moralisch-politischen Bewusstseins anregt.) Der Begriff »Standpunkttheorie« wird heute regelmäßig verwendet, um die Vorstellung zu bezeichnen, dass beim Verstehen der Funktionsweise eines Unterdrückungssystems die Perspektive von unten nach oben mit größerer Wahrscheinlichkeit korrekt ist als die von oben nach unten. Es geht hier also um eine »*race*-basierte« Fassung der Standpunkttheorie, um einen perspektivischen kognitiven Vorteil, der in der phänomenologischen Erfahrung der Diskrepanz zwischen der offiziellen (Weißen) Wirklichkeit und der wirklichen (nicht-

Weißen) Erfahrung gründet, im »Doppelbewusstsein«, von dem W. E. B. Du Bois sprach.[48] Diese unterschiedliche *race*-bezogene Erfahrung erzeugt eine alternative moralische und politische Wahrnehmung der gesellschaftlichen Wirklichkeit, die in der Einsicht aus der Schwarzen amerikanischen Volkstradition zusammengefasst wird, welche ich als Geleitwort für dieses Buch verwendet habe: die zentrale Einsicht, die den Racial Contract zusammenfasst, dass, »wenn Weiße ›Gerechtigkeit‹ sagen, sie ›nur wir‹ meinen«.

Die Nicht-Weißen waren immer schon (zumindest bei der ersten Begegnung) verwirrt oder erstaunt über die *Unsichtbarkeit* des Racial Contract für die Weißen, von der Tatsache, dass Weiße regelmäßig in universalistischen Begriffen gesprochen haben, auch wenn es ganz klar war, dass der Geltungsbereich sich in Wirklichkeit auf sie selbst beschränkte. Entsprechend sind die Nicht-Weißen, die kein persönliches materielles oder psychisches Interesse am Racial Contract haben – dessen Gegenstände anstatt dessen Subjekte sie sind und ihn von außen anstatt von innen sehen – Unterpersonen anstatt Personen und (zumindest vor der ideologischen Konditionierung) imstande, seine Bedingungen ganz deutlich zu erkennen. So ist die Heuchelei des *race*-basierten Gemeinwesens am durchsichtigsten für seine Opfer. Die logische Folge davon ist, dass das nicht-Weiße Interesse an der Weißen moralischen und politischen Theorie sich zwangsläufig weniger auf die Einzelheiten der jeweiligen konkurrierenden moralischen und politischen Kandidaten (Utilitarismus versus Deontologie versus Naturrechtstheorie; Liberalismus versus Konservativismus versus Sozialismus) konzentrierte als auf den uneingestandenen Racial Contract, der gewöhnlich den Rahmen für deren Funktion gebildet hat. Die Variable, die den größten Unterschied für das Schicksal der Nicht-Weißen ausmacht, besteht nicht in den feinen oder auch groben begrifflichen Unterschieden der verschiedenen Theorien selbst (alle haben ihre *Herrenvolk*-Versionen), sondern *ob der Unterabschnitt, der sich auf den Racial Contract beruft und somit die Theorie in den* Herrenvolk-*Modus versetzt, aktiviert wurde oder nicht*. Die Einzelheiten der Moraltheorien werden somit weniger interessant als die *Meta*theorie, der Racial Contract, in die sie eingebettet sind. Die entscheidende Frage ist, ob Nicht-Weiße als volle Personen gelten, als Teil der Bevölkerung, der vom Moraloperator abgedeckt wird, oder nicht.

Die Beschäftigung des nicht-Weißen moralischen und politischen Denkens mit Fragen der *race*, die für einen Weißen Liberalismus, der auf farblosen atomaren Individuen beruht, ebenso rätselhaft ist wie für einen Weißen Marxismus, der auf farblosen, gegeneinander kämpfenden Klassen beruht, lässt sich daher ohne Weiteres erklären, sobald die Wirklichkeit des Racial Contract zugestanden wurde. Worum es geht, ist weder eine einfache Variante des traditionellen europäischen Nationalismus (mit dem er manchmal gleichgesetzt wird) noch ein mysteriöses politisches Projekt, das sich in einem fremdartigen theoretischen Raum entfaltet (wie in den wechselseitig undurchsichtigen Sprachspielen, die vom Postmodernismus postuliert werden). Der vereinheitlichende Begriffsraum, innerhalb dessen sich *sowohl* die orthodoxe Weiße moralisch-politische Philosophie *als auch* die unorthodoxe nicht-Weiße moralisch-politische Philosophie entwickeln, ist der Raum, der den (mythischen) Gesellschaftsvertrag auf derselben Ebene ansiedelt wie den (wirklichen) Racial Contract, der auf der Übersetzung von »*race*« in die wechselseitig miteinander vereinbare und wechselseitig verständliche Sprache des Personseins beruht, und dadurch beweist, dass dies benachbarte, ja *identische* Räume sind – nicht so sehr ein *anderes* begriffliches Universum als vielmehr die Anerkennung der dunklen Materie des *bestehenden*. Das Personsein kann von manchen für selbstverständlich gehalten werden, wohingegen andere dafür (und für alles, was mit ihm einhergeht) kämpfen müssen, sodass das allgemeine menschliche politische Projekt des Kampfes für eine bessere Gesellschaft für die Nicht-Weißen einen anderen Weg beinhaltet.

Es ist also kein Zufall, dass die moralische und politische Theorie und die praxisbezogenen Kämpfe der Nicht-Weißen sich auf die *race* konzentrierten, die Kennzeichnung des Personseins und Unterpersonseins sowie die Inklusion in oder die Exklusion aus dem *race*-basierten Gemeinwesen. Der formelle vertragstheoretische Apparat, den ich zu entwickeln versucht habe, wird als solcher zwar nicht artikuliert. Aber die entscheidenden Begriffe der *Person/Unterperson*-Unterscheidung, der entsprechend im Sinne der *race* strukturierte moralische Kode (*Herrenvolk*-Ethik) und der *Weiß-suprematistische Charakter* des Gemeinwesens lassen sich in der einen oder anderen Form überall im antikolonialen Denken der amerikanischen indigenen Völker, der Schwarzen Amerikaner und der Dritten und Vierten Welt finden.

Sitting Bull fragt: »Welches Abkommen, das die Weißen eingehalten haben, hat der rote Mann gebrochen? Kein einziges. Welches Abkommen, das der Weiße Mann je mit uns abgeschlossen hat, hat er gehalten? Kein einziges. Als ich ein Junge war, besaßen die Sioux die Welt; die Sonne ging über ihrem Land auf und unter. ... Wo sind unsere Ländereien? Wer besitzt sie? Welcher Weiße Mann kann sagen, dass ich je sein Land oder einen Pfennig von seinem Geld gestohlen habe? Dennoch sagen sie, ich sei ein Dieb. ... Welches Gesetz habe ich gebrochen? Ist es falsch von mir, mein eigenes zu lieben? Ist es böse von mir, weil meine Haut rot ist?« Ward Churchill, ein anderer Indigener Nordamerikas, charakterisiert die europäischen Siedler als eine selbst erdachte »Herrenrasse«. David Walker beklagt sich, dass die Weißen die Schwarzen »nicht als Teil der Familie der Menschen« betrachten und die Schwarzen dazu zwingen, »dass wir selbst ihnen beweisen, dass wir MENSCHEN sind«. W. E. B. Du Bois stellt die Schwarzen als ein »*tertium quid*« dar, »irgendwo zwischen Menschen und Vieh«, und bemerkt, dass »Freiheit, Gerechtigkeit und Recht« mit der Kennzeichnung versehen sind »Nur Für Weiße«, und weist darauf hin, dass »die Aussage ›Ich bin Weiß‹« zum »grundsätzlichen Lehrsatz unserer praktischen Moral [wird]«. Richard Wright analysiert »die Ethik des lebendigen Jim Crow«. Marcus Garvey kommt zu dem Schluss, dass die Schwarzen »eine *race* ohne Achtung« sind. Jawaharlal Nehru behauptet, dass die britische Politik in Indien »die des Herrenvolks und der Herrenrasse ist«. Martin Luther King Jr. beschreibt die Empfindung, »dass man ständig das morbide Gefühl bekämpft, ›ein Niemand zu sein‹«. Malcolm X behauptet, dass Amerika »uns nicht nur des Rechts beraubt hat, Bürger zu sein, es hat uns auch des Rechts beraubt, Menschen zu sein, des Rechts, als Männer und Frauen anerkannt und geachtet zu werden. ... Wir kämpfen für die Anerkennung als Menschen.« Frantz Fanon kartiert eine Kolonialwelt, die zwischen »zwei unterschiedlichen Spezies« aufgeteilt ist, einer »herrschenden Rasse« und »zoologische[n] Ureinwohner[n]«. Aimé Césaire macht geltend, dass »der Kolonisator ..., um sich ein gutes Gewissen zu verschaffen, daran gewöhnt, im anderen das *Tier* zu sehen. ... Kolonisation = Verdinglichung.« Australische Indigene weisen 1982 auf einer Protestkundgebung bei den Commonwealth Games in Brisbane darauf hin, dass »seit der Invasion der Weißen ... [u]nser Menschsein und unsere Geschichte von Fremden herabgesetzt wird. ... Vor der Welt klagen wir das Weiße Australien (und seine Mutter, England) wegen Verbrechen gegen die Menschheit und die Erde an. Die vergangenen zwei Jahrhunderte der Kolonisierung sind der Beweis für unsere Anklage. *Hiermit fordern wir zum wiederholten Mal die Anerkennung unseres Menschseins und unserer Bodenrechte*.«[49] Die zentrale moralische Gemeinsamkeit, die alle ihre

Erfahrungen vereint, ist die Wirklichkeit *race*-basierter Unterordnung, die notwendig eine andere moralische Topografie erzeugt als jene, die gewöhnlich im ethischen Diskurs der Weißen untersucht wird.

Entsprechend stellt man sich das Gemeinwesen üblicherweise in *race*-basierten Begriffen vor, als von Weißen regiert, und diese Perspektive sollte in der Zeit der formellen Kolonialverwaltung zu einer globalen werden. Die politische Theorie bezieht sich teilweise darauf, wer die Hauptakteure sind, und im Hinblick auf dieses uneingestandene Gemeinwesen sind sie weder die atomaren Individuen des klassischen liberalen Denkens noch die Klassen der marxistischen Theorie, sondern *races*. Die verschiedenen Versuche der indigenen und der Kolonialvölker (gewöhnlich nicht erfolgreich, zu wenig und zu spät), eine *race-bezogene* Einheit zu schmieden – der Panindianismus, Panafrikanismus, Panarabismus, Panasianismus, Panislamismus – entstanden als Reaktion auf eine *bereits erreichte* Weiße Einheit, einen Paneuropäismus, der durch die Bedingungen des Racial Contract formalisiert und verkörpert wurde.

In der Zeit der de jure geltenden globalen Weißen Vormachtstellung, von Kolonialismus und Sklaverei wurde diese Solidarität auch von Weißen deutlich wahrgenommen. »Dass die *race* alles ist, ist einfach eine Tatsache«, schreibt der Schotte Robert Knox in *The Races of Men* (1850),[50] und Theorien über die Notwendigkeit des »Rassenkampfs«, des »Rassenkriegs« gegen untergeordnete *races* werden als etwas Offensichtliches vorgebracht. Darwins Arbeiten nährten bei manchen die Hoffnung, dass die natürliche Selektion (vielleicht mit ein bisschen Unterstützung von ihren Freunden) die verbleibenden minderwertigen *races* hinwegfegen würde, wie sie es so glücklich auf dem amerikanischen Kontinent und in Tasmanien getan hatte, sodass die Erde als Ganzes für die Besiedlung der Weißen gesäubert werden könnte.[51] Und danach wäre nur noch der Himmel die Grenze. Tatsächlich würde sogar der Himmel *nicht* die Grenze sein, denn es gab ja immer noch das Sonnensystem. Cecil Rhodes träumte davon, dass er vielleicht »die Planeten [für Großbritannien] annektieren« könnte: »Wo es Raum gibt, gibt es Hoffnung.«[52]

Aber leider sollte sich dieser edle Traum nicht verwirklichen. Selbst mit Unterstützung starben die Nicht-Weißen nicht schnell genug. Daher mussten die Weißen sich mit der Kolonialherrschaft über hartnäckig zunehmende Populationen von indigenen Völkern zufrieden geben, während sie natürlich ein wachsames Auge sowohl auf Rebellionen als auch auf subversive Vorstellungen der Selbstregierung hatten. Man denke an die unterschiedlichen farbigen Gefahren – Rot (das heißt amerikanische indigene Völker), Schwarz und Gelb –, die die europäische und von Europäern implantierte Einbildungskraft heimgesucht haben. »Europa«, bemerkt Kiernan, »hat sich seine Identität im Sinne von *race* oder Farbe vorgestellt und plagte sich ab mit Ängsten vor der Gelben Gefahr oder einer Schwarzen Gefahr – Bumerangeffekte, wie man sie nennen könnte, einer Weißen Gefahr, unter der die anderen Kontinente fühlbarer litten.«[53] Der politische Rahmen wird ganz ausdrücklich auf die Vorstellung gegründet, dass die Weißen überall ein gemeinsames Interesse an der Aufrechterhaltung der globalen Weißen Vormachtstellung gegen Aufstände haben, die man sich in *race*-bezogenen Begriffen vorstellte. Um die Jahrhundertwende sorgten sich die Europäer um den »riesigen Ameisenhaufen«, der mit »Soldatenameisen« aus China angefüllt war, während »ähnliche Befürchtungen mit Bezug auf eine gewaltige Schwarze Armee in der Luft lagen«, die mit einem »Rassenkrieg« der Vergeltung drohten und von »dunklen Napoleons« angeführt wurden.[54]

Obwohl es gelegentliche Breschen zum strategischen nationalen Vorteil gab, wurde die internationale Weiße *race*-bezogene Solidarität im Allgemeinen in den gemeinsamen Aktionen zur Unterdrückung und Isolation von Sklav:innenrebellionen und Aufständen in den Kolonien unter Beweis gestellt: der Boykott Haitis, der einzigen erfolgreichen Sklav:innenrevolution in der Geschichte (und heute nicht zufällig das ärmste Land in der westlichen Hemisphäre), das gemeinsame Vorgehen gegen den Boxeraufstand von 1899/1900 in China, die Sorge, die durch den Sieg der Japaner über Russland im Jahr 1905 entstand. Noch im frühen 20. Jahrhundert wurden Bücher veröffentlicht mit solch alarmierenden Titeln wie *The Passing of the Great Race* (Das Ableben der großen Rasse) und *The Rising Tide of Color against White World-Supremacy* (Die steigende Flut von Farbigen gegen die Vorherrschaft der Weißen in der Welt).[55] Innereuropäische Unterschiede und Konflikte waren zwar real genug, sollten aber angesichts der nicht-Weißen Bedrohung schnell beigelegt werden: »Im Verlauf ihrer Rivalitäten tauschten die Europäer viele scharfe Bemerkungen aus und beschimpften einander manchmal, um einem nicht-europäischen Volk gefällig zu sein. ... Aber wenn es um irgendeinen ernsthaften Aufstand in den Kolonien ging, empfanden die Weißen ihre Blutsverwandtschaft, und Europa rückte zusammen. ... Vor allem und auf sehr bemerkenswerte Weise gelang es den Europäern trotz unzähliger Krisen aufgrund konkurrierender Ansprüche ab dem amerikanischen Unabhängigkeitskrieg, jeglichen Kolonialkrieg untereinander zu vermeiden.«[56]

Diese Einigkeit endete im 20. Jahrhundert mit dem Ausbruch des I. Weltkriegs, der zum Teil ein imperialistischer Krieg mit Bezug auf konkurrierende Kolonialansprüche war. Aber trotz der nicht-Weißen Agitation und militärischen Beteiligung (weitgehend als Kanonenfutter) an den Armeen ihrer jeweiligen Heimatländer führte die Nachkriegsordnung nicht zur Entkolonialisierung, sondern zu einer Neuverteilung von Territorien unter den Kolonialmächten selbst. (»Nun gut, ich nehme dies, und du nimmst das.«) In den Jahren zwischen den Kriegen wurde Japans panasiatische, großostasiatische Wohlstandssphäre von den meisten Weißen westlichen Anführern als Bedrohung der globalen Weißen Vorherrschaft gesehen. Tatsächlich musste die populäre amerikanische Schriftstellerin Pearl Buck ihre Leser:innen noch zur Zeit des II. Weltkriegs warnen, dass kolonisierte Völker die globale Weiße Herrschaft nicht weiter hinnehmen würden und dass, wenn es keine Veränderung gäbe, ihre Unzufriedenheit zum »längsten Krieg zwischen Menschen [führen würde] ... zum Krieg zwischen dem Weißen Mann und seiner Welt und dem farbigen Mann und seiner Welt«.[57]

In Entsprechung zu dieser globalen Weißen Solidarität, die über die nationalen Grenzen hinausging, nämlich zum virtuellen Weißen Gemeinwesen, zeigte sich das gemeinsame Interesse der Nicht-Weißen an der Abschaffung des Racial Contract in Mustern parteilicher emotionaler Identifikation, die von einer modernen, nationalistischeren Perspektive aus jetzt als völlig abstrus erscheint. Als beispielsweise der König von Burma 1879 davon erfuhr, dass die Zulus ein britisches Heer bei Isandhlwana besiegten, verkündete er sofort seine Absicht, auf Rangun loszumarschieren.[58] Im Jahr 1905 bejubelten Inder den Sieg der Japaner über die (Weißen) Armeen des Zaren im russisch-japanischen Krieg.[59] Im spanisch-amerikanischen Krieg meldeten Schwarze Amerikaner Zweifel mit Bezug darauf an, welchen Sinn es habe, »ein Schwarzer Mann in der Armee des Weißen Mannes [zu sein] mit der Mission, den Braunen Mann zu töten«, und einige Schwarze liefen tatsächlich auf die Seite der philippinischen Streitkräfte Emilio Aguinaldos über.[60] Nach Pearl Harbour kursierte der ominöse Witz in der amerikanischen Presse über einen Schwarzen Farmpächter, der gegenüber seinem Weißen Chef bemerkt: »Übrigens, Käpt'n, ich höre, dass die Japsen euch Weißen den Krieg erklärt haben«; Schwarze Bürgerrechtsaktivisten forderten den »Doppelsieg«, »Sieg in der Heimat sowie im

Ausland«; der japanische Geheimdienst erwog die Möglichkeit einer Allianz mit Schwarzen Amerikanern in einer farbigen Heimatfront gegen die Weiße Vorherrschaft; und Weiße Amerikaner sorgten sich um die Loyalität der Schwarzen.[61] Der vietnamesische Sieg über die Franzosen 1954 bei Dien Bien Phu (ebenso wie die Eroberung Singapurs im II. Weltkrieg) wurde zum Teil als ein race-*bezogener* Triumph angesehen, die Besiegung eines Weißen durch ein braunes Volk, ein Schlag gegen die Arroganz der globalen Weißen Vorherrschaft.

Auf der Ebene des allgemeinen Bewusstseins der Nicht-Weißen – vor allem in der ersten Phase des Racial Contract, aber auch bis in die zweite Phase nachklingend – war die *race*-bezogene Selbstidentifikation tief verankert, und zwar mit der Vorstellung, dass die Nicht-Weißen überall an einer Art von gemeinsamem politischem Kampf beteiligt sind, sodass ein Sieg für die einen ein Sieg für alle war. Die verschiedenen Schlachten auf der ganzen Welt gegen Sklaverei, Kolonialismus, Jim Crow, den »Farbbalken«, europäischen Imperialismus, Apartheid waren gewissermaßen alle Teil eines gemeinsamen Kampfes gegen den Racial Contract. Wie Gary Okihiro hervorhebt, entstand »eine globale *race*-basierte Formation, die das wirtschaftliche und politische Weltsystem ergänzte und stärkte« und dadurch »transnationale Identitäten von Weiß und Nicht-Weiß [erzeugte]«.[62] Es ist diese Welt – diese moralische und politische Realität –, die W. E. B. Du Bois in seiner berühmten panafrikanistischen Erklärung »To the Nations of the World« aus dem Jahr 1900 schilderte: »Das Problem des 20. Jahrhunderts ist das Problem der Farbgrenze«, da, wie er später betonen sollte, zu viele »jene stillschweigende, aber klare moderne Philosophie [akzeptiert haben], die der Weißen *race* allein die Vorherrschaft über die Welt zuschreibt und annimmt, dass andere *races* ... entweder sich damit begnügen, den Interessen der Weißen zu dienen, oder vor ihrem alles erobernden Marsch aussterben.«[63] Es ist diese Welt, aus der später die Bandung-Konferenz (Indonesien) hervorging, eine Versammlung von 29 asiatischen und afrikanischen Staaten, den »Underdogs der Menschheit« in Richard Wrights Formulierung, deren Entscheidung, »Rassismus und Kolonialismus« zu erörtern, damals eine solche Bestürzung im Westen verursachte,[64] die Versammlung, die schließlich zur Bildung der Bewegung der Blockfreien Staaten führte. Und es ist diese Welt, die 1975 die Gründung des World Council of Indigenous Peoples (Weltrat der indigenen Völker) anregte und australische Aborigines, neuseeländische Maoris und *American Indians* miteinander vereinte.[65]

Wenn diese geistige Welt, die nur ein halbes Jahrhundert entfernt ist, den Weißen Leser:innen heute wie ein Universum fremdartiger Vorstellungen erscheint, geht das auf den Erfolg des neu geschriebenen Racial Contract bei der Umwandlung der Bedingungen des öffentlichen Diskurses zurück, sodass die Weiße Herrschaft jetzt begrifflich unsichtbar ist. Wie Léon Poliakov hervorhebt, führte die Schande der Todeslager (jedenfalls auf europäischem Boden) die Intellektuellen des Nachkriegseuropa zu einer Säuberung der Geschichte der Vergangenheit, derzufolge Rassismus zur anormalen Erfindung von Sündenbockfiguren wie Joseph-Arthur de Gobineau wurde: »Ein umfangreiches Kapitel des abendländischen Denkens wird auf diese Weise weggezaubert, und dieses Zauberkunststück kommt vom psychologischen oder psychohistorischen Standpunkt einer kollektiven Verdrängung beunruhigender oder lästiger Wahrheiten gleich.«[66] Die Tatsache, dass die Wiederbelebung der anglo-amerikanischen politischen Philosophie in *dieser* Zeit stattfindet, der gegenwärtigen Epoche des faktisch existierenden Racial Contract, erklärt zum Teil seine jenseitige Unempfänglichkeit für Probleme der *race*. Die Geschichte des Imperialismus, Kolonialismus und des Völkermords, die Wirklichkeit systemischer *race*-basierter Exklusion, werden in scheinbar abstrakten und allgemeinen Kategorien vernebelt, die ursprünglich auf Weiße Bürger begrenzt waren.

Aber die unverhohlen politischen Schlachten – für Emanzipation, Entkolonialisierung, Bürgerrechte, Bodenrechte – waren nur ein Teil dieses Kampfes. Die Bedingungen des Racial Contract normieren nicht-Weiße Personen selbst und etablieren in moralischer, epistemischer und ästhetischer Hinsicht ihre ontologische Minderwertigkeit. Insoweit die Nicht-Weißen das akzeptieren, insoweit *sie* ebenfalls Unterzeichner des Vertrags waren, gibt es eine entsprechende persönliche Dimension zu diesem Kampf, die nur unter Schwierigkeiten, wenn überhaupt, mit den Kategorien der politischen Philosophie des Mainstreams in Einklang gebracht werden kann. Da sie auf dem Terrain des Gesellschaftsvertrags operiert und somit das Personsein selbstverständlich voraussetzt, während sie zugleich die Wirklichkeit des Racial Contract nicht erkennt, hat die orthodoxe politische Theorie Schwierigkeiten, der Multidimensionalität des oppositionellen nicht-Weißen politischen Denkens einen Sinn abzugewinnen.

Was ist erforderlich, damit eine Unterperson sich politisch Geltung verschaffen kann? Zunächst bedeutet das einfach oder nicht so einfach, den moralischen Status des Personseins zu beanspruchen. Es bedeutet also, die von Weißen konstruierte Ontologie in Frage zu stellen, die eine (Schwarze) Person als »unpolitischen Körper« auffasste, als eine Entität, die nicht das Recht hat, ihr Personsein überhaupt geltend zu machen. In einem gewissen Sinne muss man eine interne Schlacht austragen, bevor man überhaupt erst zum Boden des externen Kampfes gelangt. Man muss die Internalisierung des Unterpersonseins, das vom Racial Contract vorgeschrieben wird, überwinden, sein eigenes Menschsein anerkennen und sich der offiziellen Kategorie eines verachteten Indigenen, natürlichen Sklav:innen, kolonialen Schutzbefohlenen widersetzen. Man muss die elementare Selbstachtung lernen, die von Kant'schen Personen zwanglos angenommen werden kann, von jenen, die vom Racial Contract privilegiert werden, deren Selbstachtung Unterpersonen jedoch verweigert wird. Insbesondere für Schwarze, Ex-Sklav:innen, ist die Bedeutung der Entwicklung von Selbstachtung und des Einforderns von Achtung seitens der Weißen entscheidend. Frederick Douglass erzählt, »wie ein Mensch zu einem Sklaven gemacht wurde«, und verspricht: »Ihr werdet sehen, wie ein Sklave zu einem Menschen gemacht wurde.«[67] Aber hundert Jahre später ist dieser Kampf immer noch im Gang. »N*ger wollen wie Menschen behandelt werden«, schrieb James Baldwin in den 1950er Jahren, »eine vollkommen unkomplizierte Aussage, die nur sechs Wörter enthält. Menschen, die Kant, Hegel, Shakespeare, Marx, Freud und die Bibel gemeistert haben, finden diese Aussage äußerst undurchdringlich.«[68]

Mit diesem persönlichen Kampf ist eine epistemische Dimension verbunden, der kognitive Widerstand gegen die im Hinblick auf die *race* mystifizierenden Aspekte der Weißen Theorie, die akribische Rekonstruktion der Vergangenheit und Gegenwart, die notwendig ist, um die entscheidenden Lücken zu füllen und die Diffamierungen der global vorherrschenden europäischen Weltanschauung auszulöschen. Man muss lernen, seinen eigenen kognitiven Fähigkeiten zu trauen, seine eigenen Begriffe, Einsichten, Erklärungsweisen, übergreifende Theorien zu entwickeln und sich der epistemischen Vormachtstellung von Begriffsrahmen zu widersetzen, die zum Teil entworfen wurden, um die Erforschung solcher Fragen zu vereiteln und zu unterdrücken; man muss *gegen den Strich* denken. Es gibt Ausgrabungen der Geschichten, die vom Racial Contract vertuscht werden: die der amerikanischen indigenen Völker, der Schwarzen Amerikaner:innen, der Afrikaner:innen, Asiat:innen und Bewohner des Pazifik, die ihre Vergangenheit untersuchen und aufwerten und die Beschreibung der »Wildheit« und Existenz im Naturzustand von »Völkern ohne Geschichte« widerlegen.[69] Die Bloßstellung der Fehlrepräsentationen des Eurozentrismus, gar-nicht-harmloser »Weißer Lügen« und »Weißer Mythologien« ist daher Teil des politischen Projekts der Zurückgewinnung des Personseins.[70] Die lange Geschichte dessen, was in der Schwarzen Tradition der Opposition als »vindikationistische« Forschung bezeichnet wurde,[71] ist eine notwendige politische Reaktion auf die Lügenmärchen des Racial Contract, die kein Gegenstück in der politischen Theorie des *Gesellschafts*vertrags hat, weil die Europäer die kulturelle Kontrolle über ihre eigene Vergangenheit hatten und deshalb zuversichtlich sein konnten, dass sie nicht falsch dargestellt werden würde (oder vielleicht besser, dass die Falschdarstellungen ihre eigenen wären).

Schließlich erklärt der *somatische* Aspekt des Racial Contract – der notwendige Bezug, den er auf den Körper nimmt – die *Körperpolitik*, die die Nicht-Weißen in ihren Kampf aufgenommen haben. Die globale Weiße Vormachtstellung verweigert Unterpersonen nicht nur moralische und kognitive, sondern auch *ästhetische* Gleichstellung. Insbesondere für den Schwarzen Körper, der phänotypisch am weitesten von der kaukasoiden Norm entfernt ist, folgt daraus häufig der Versuch, sich so weit wie möglich in eine Nachahmung des Weißen Körpers zu verwandeln.[72] So hat sich beispielsweise die Behauptung des vollen Schwarzen Personseins auch manchmal in der selbstbewussten Ablehnung körperlicher Umwandlung und der Verkündung »Schwarz ist schön!« geäußert. Für die politische Philosophie des Mainstreams ist das bloß eine modische Aussage; für eine Theorie, die vom Racial Contract geprägt ist, ist sie Teil des politischen Projekts der Rückgewinnung des Personseins.

Der »Racial Contract« als Theorie ist im Sinne der Erklärungskraft dem *race*-losen Gesellschaftsvertrag überlegen, insofern er die politischen und moralischen Realitäten der Welt erklärt und dazu beiträgt, einen Leitfaden für die normative Theorie anzugeben.

Der »Racial Contract« als naturalisierte Theorie (fortan einfach der »Racial Contract«) ist dem *race*-losen Gesellschaftsvertrag als Modell der wirklichen Welt überlegen und entsprechend auch als Modell dessen, was getan werden muss, um sie zu reformieren. Ich befürworte daher die Ergänzung von standardmäßigen Erörterungen des Gesellschaftsvertrags durch ein Modell des »Racial Contract«.

Man könnte entgegnen, dass ich eine Art von »Kategorienfehler« begehe, da, selbst wenn meine Behauptungen über die Zentralität des Rassismus für die jüngere Weltgeschichte wahr sind, der moderne Kontraktualismus schon seit langer Zeit Ansprüche auf die Erklärung der wirklichen Welt *aufgegeben* hat, insofern er in hypothetischen, konjunktivischen Übungen mit Bezug auf die *ideale* Theorie besteht. Daher ist die Tatsache, dass wirkliche Gesellschaften nicht auf diese Normen gegründet waren, auch wenn sie wahr und bedauerlich ist, einfach irrelevant. Es handelt sich einfach um zwei unterschiedliche Arten von Projekten.

Die Erörterung zu Beginn sollte deutlich gemacht haben, warum ich meine, dass diese Antwort an der Sache vorbeigeht. Insofern die Moraltheorie und politische Philosophie des heutigen Kontraktualismus versuchen, Ideale für eine gerechte Gesellschaft vorzuschreiben, die vermutlich einen Beitrag zur Umwandlung unserer gegenwärtigen *nicht*-idealen Gesellschaft leisten sollen, ist es offensichtlich von Bedeutung, die Tatsachen richtig darzustellen. Moralische und politische Vorschriften werden zum Teil von empirischen Behauptungen und theoretischen Generalisierungen abhängen, von Modellen dessen, was in der Vergangenheit geschah und was heute geschieht, sowie von abstrakteren Ansichten darüber, wie die Gesellschaft und der Staat funktionieren und wo die politische Macht angesiedelt ist. Wenn die Tatsachen völlig verschieden von denen sind, die gewöhnlich dargestellt werden, sind die Vorschriften wahrscheinlich auch völlig verschieden.

Wie ich nun zu Beginn und tatsächlich die ganze Zeit über betonte, würde das Fehlen von Erörterungen über *race* und Weiße Vormachtstellung im größten Teil der Weißen moralisch-politischen Philosophie dazu führen, dass man denkt, dass *race* und Rassismus für die Geschichte des Westens marginal waren. Und diese Überzeugung wird durch die Konzeptionen des Gemeinwesens selbst seitens des Mainstreams, die es als wesentlich *race*-los darstellen, verstärkt, sei es gemäß der herrschenden Sichtweise einer individualistischen liberalen Demokratie oder gemäß der radikalen marxistischen Minderheitsperspektive einer Klassengesellschaft. Es ist also nicht so, dass die Mainstream-Kontraktualisten *kein* Bild vor Augen haben. (Tatsächlich ist es unmöglich, über etwas zu theoretisieren, ohne *irgendein* Bild.) Vielmehr haben sie ein *wirkliches* (stillschweigendes) Bild vor Augen, das durch seinen Ausschluss oder die

Marginalisierung von *race* und seine typischerweise desinfizierte, Weiß gewaschene und an Gedächtnisschwund leidende Darstellung des europäischen Imperialismus und europäischer Besiedlung zutiefst fehlerhaft und irreführend ist. Daher formt das machtvolle Bild des idealisierten Vertrags beim Fehlen eines expliziten *Gegen*bildes auch weiterhin unser deskriptives und normatives Theoretisieren. Indem er *keine* Geschichte liefert, animiert der zeitgenössische Kontraktualismus sein Publikum, eine *mystifizierte* Geschichte zu ergänzen, die am Ende seltsamerweise so aussieht wie die (angeblich) abgelehnte Geschichte im ursprünglichen Vertrag selbst! Niemand glaubt heutzutage natürlich, dass Menschen offiziell aus der Wildnis kamen und einen Vertrag unterzeichneten. Aber es *gibt* den Eindruck, dass die modernen europäischen Nationalstaaten von ihrer imperialen Geschichte nicht wesentlich beeinflusst wurden und dass Gesellschaften wie die Vereinigten Staaten auf edlen moralischen Prinzipien gegründet wurden, die jedermann einschließen sollten, dass es aber leider einige Abweichungen gab.[73] *Der »Racial Contract« zerstört dieses Bild als einen Mythos und weist es selbst als Kunstprodukt des Racial Contract in der zweiten faktischen Phase der Weißen Vorherrschaft aus.* Somit vollzieht er – im gängigen Spektrum von Metaphern für wahrnehmungsmäßige, begriffliche Revolutionen – einen Gestaltwechsel, indem er Figur und Hintergrund umkehrt, die Paradigmen vertauscht, »Norm« und »Abweichung« verkehrt, um hervorzuheben, dass *der nicht-Weiße* race-*basierte Ausschluss vom Personsein die tatsächliche Norm war*. Rassismus, *race*-bezogene Selbstidentifikation und das Denken in *race*-Kategorien sind also nicht im Geringsten »überraschend«, »anormal«, »rätselhaft«, nicht übereinstimmend mit dem europäischen Humanismus der Aufklärung, sondern werden vom Racial Contract als Teil der Bedingungen für die europäische Aneignung der Welt *gefordert*. Die üblichen kontraktualistischen Erörterungen sind also in einem gewissen Sinne grundsätzlich irreführend, weil sie die Dinge von vornherein verkehrt herum darstellen: Das, was gewöhnlich (wenn es überhaupt wahrgenommen wurde) für eine rassistische »Ausnahme« gehalten wurde, ist in Wirklichkeit die *Regel* gewesen; das, was für die »Regel«, die ideale Norm, gehalten wurde, ist in Wirklichkeit die *Ausnahme* gewesen.

Der zweite, damit zusammenhängende Grund, warum der »Racial Contract« Teil der notwendigen Grundlage für die zeitgenössische politische Theorie sein sollte, besteht darin, dass unser Theoretisieren und Moralisieren *über* die soziopolitischen Tatsachen auf ganz bestimmte Weise von der Gesellschaftsstruktur beeinflusst werden. Es gibt eine Reflexivität der politischen Theorie, derzufolge sie über sich selbst theoretisiert und spätere Theoretiker die Blindheit von früheren kritisieren. Die klassischen Texte der maßgebenden Denker der westlichen politischen Tradition – zum Beispiel Platon, Hobbes, Locke, Burke, Marx – liefern typischerweise nicht nur normative Urteile, sondern auch Abbildungen von Sozialontologien und politischen Epistemologien, die erklären, warum die normativen Urteile anderer auf Abwege gerieten. Diese Theoretiker erkannten, dass man verstehen muss, wie die Struktur und Funktionsweise des *wirklichen* Gemeinwesens in unsere Wahrnehmung der gesellschaftlichen Wahrheit eingreifen können, um das *ideale* Gemeinwesen hervorzubringen. Unsere charakteristischen Muster des Verstehens und Missverstehens der Welt stehen selbst unter dem Einfluss der Beschaffenheit der Welt und von uns selbst, sei es von Natur aus oder als von dieser Welt geformt und geprägt.

Man braucht also Kriterien für die politische Erkenntnis, sei es, indem man die illusorischen Erscheinungen dieser empirischen Welt durchdringt (Platon), indem man lernt, das Naturrecht zu erkennen (Hobbes, Locke), indem man die Abstraktion zugunsten der angesammelten Weisheit von »Vorurteilen« ablehnt (Burke) oder indem man sich selbst der bürgerlichen und patriarchalischen Ideologie als Mythen entledigt (Marxismus, Feminismus). Insbesondere bei alternativen, oppositionellen Theorien (wie bei den beiden letzten) wird die Behauptung lauten, dass ein unterdrückerisches Gemeinwesen, das durch die Herrschaft einer bestimmten Gruppe charakterisiert ist, unsere Erkenntnis in mehrerlei Art und Weise verzerrt, die selbst zum Gegenstand des Nachdenkens gemacht werden müssen. Wir sind blind geworden für Wirklichkeiten, die wir sehen sollten, und halten das, was tatsächlich von Menschen geschaffene Strukturen sind, für selbstverständlich natürlich. Daher müssen wir anders sehen und uns von Voreingenommenheiten der Klasse und des Geschlechts befreien, sodass wir das, was wir zuvor für unpolitisch oder persönlich hielten, als etwas Politisches erkennen, begriffliche Neuerungen vollziehen, das Vertraute neu begreifen und mit neuen Augen auf die alte, uns umgebende Welt blicken.

Wenn nun also der »Racial Contract« richtig ist, dann sind die bestehenden Auffassungen des Gemeinwesens grundlegend mangelhaft. Offensichtlich besteht ein himmelgroßer Unterschied zwischen der Behauptung, dass das System trotz einiger unglücklicher rassistischer Abweichungen im Grunde in Ordnung ist, und der Behauptung, dass das Gemeinwesen im Hinblick auf *races* strukturiert, der Staat Weiß-suprematistisch ist und die *races* selbst bedeutende Entitäten sind, denen eine adäquate politische Ontologie Rechnung tragen muss. Der Streit würde sich also nicht nur auf die Tatsachen beziehen, sondern auch auf die Frage, *warum* diese Tatsachen in der Weißen moralisch-politischen Theorie so lange nicht zur Kenntnis genommen wurden und von ihr unberücksichtigt geblieben sind. Könnte es sein, dass die Zugehörigkeit zum *Herrenvolk*, zur *race*, die von diesem politischen System privilegiert wurde, dazu neigt, dessen Erkenntnis *als* politisches System zu verhindern? In der Tat könnte das sein. Die Bewältigung dieser politischen Herausforderung würde also nicht nur eine völlig andere »Meistererzählung« der Geschichte implizieren, die uns an diesen Punkt gebracht hat, sondern sie würde, wie ich skizziert habe, auch ein Überdenken und eine Neukonzeption des bestehenden konventionellen moralisch-politischen Begriffsapparats und eine selbstbewusst reflexive epistemische Untersuchung dessen erfordern, wie dieser mangelhafte Apparat die Moralpsychologie der Weißen beeinflusst und ihre Aufmerksamkeit von bestimmten Realitäten abgelenkt hat. Durch sein wesentliches Schweigen im Hinblick auf *race* und die entsprechenden Undurchsichtigkeiten seines konventionellen begrifflichen Spektrums geben der *race*-lose Gesellschaftsvertrag und die *race*-lose Welt der zeitgenössischen moralischen und politischen Theorie die wirklichen politischen Probleme und Anliegen, die historisch einen großen Teil der Weltbevölkerung beschäftigt haben, als rätselhaft aus.

Man denke an die reichhaltige, farbenprächtige Tapisserie in den letzten 200 Jahren aus Abolitionismus, *race*-bezogenem Vindikationismus, Ansprüchen auf Land seitens der indigenen Völker, antiimperialen und antikolonialen Bewegungen, den Kampf gegen Apartheid, Versuche, *race*-bezogenes und kulturelles Erbe wiederzugewinnen, und frage sich, welcher Faden davon je innerhalb des gebleichten Gewebes des Standardtexts der politischen Philosophie der Ersten Welt erscheint. Es ist unbestreitbar (würde man meinen), dass diese Kämpfe politisch sind, aber herrschende Kategorien verschleiern unser Verständnis von ihnen. Sie scheinen in einem anderen Begriffsraum stattzufinden als in dem, der von der politischen Theorie des Mainstreams besiedelt wird. In den meisten gängigen Geschichten und zeitgenössischen Überblicken über das westliche politische Denken wird man vergeblich nach ihnen suchen. Das Aufkommen von Erörterungen über »Multikulturalismus« aus jüngerer Zeit ist zwar begrüßenswert, aber man muss einsehen, dass es sich dabei um Fragen nach politischer *Macht* handelt und nicht bloß um wechselseitige Falschauffassungen, die sich aus dem Aufeinanderprallen der Kulturen ergeben. Insoweit »*race*« an »Ethnie« angeglichen wird, die Vormachtstellung der Weißen unerwähnt bleibt und die historische, vom Racial Contract vorgeschriebene Verbindung zwischen *race* und Personsein ignoriert wird, gelingt es diesen Erörterungen meiner Ansicht nach nicht, die notwendige drastische theoretische Korrektur zu vollziehen. Daher finden sie immer noch innerhalb eines konventionellen, wenn auch erweiterten Rahmens statt. Wenn ich recht habe, muss anerkannt werden, dass Seite an Seite mit den bestehenden politischen Strukturen, mit denen wir alle vertraut sind, dem Standardgegenständen der politischen Theorie – Absolutismus und Konstitutionalismus, Diktatur und Demokratie, Kapitalismus und Sozialismus – es auch eine unbenannte globale politische Struktur gegeben hat – *die globale Weiße Vorherrschaft* – und dass diese Kämpfe zum Teil Kämpfe gegen dieses System sind. Bevor das System nicht benannt und als solches gesehen wird, ist keine ernsthafte theoretische Würdigung der Bedeutung dieser Phänomene möglich.

Ein anderer Vorzug des »Racial Contract« besteht darin, dass er gleichzeitig die *Wirklichkeit* der *race* (kausale Kraft, theoretische Zentralität) anerkennt und die *race* entmystifiziert (indem er sie als konstruiert postuliert).[74] Historisch gesehen, sind die meisten einflussreichen »Rassentheorien« selbst rassistisch gewesen, Spielarten eines mehr oder weniger ausgefeilten biologischen Determinismus, von naiven vor-Darwin'schen Spekulationen bis zu den später stärker ausgearbeiteten Ansichten des Sozialdarwinismus des 19. Jahrhunderts und der *Rassenkunde*, der Rassenwissenschaft, der Nazis im 20. Jahrhundert. Wenn man im heutigen, offiziell nicht-rassistischen Klima von »Rassentheorie« spricht, löst man daher wahrscheinlich das Läuten von Alarmglocken aus: Wurde nicht bewiesen, dass Rassen unwirklich sind? Es ist aber eine falsche Dichotomisierung, wenn man annimmt, dass die einzigen Alternativen darin bestehen, dass Rassen nichtexistent sind und Rasse eine biologische Wesenheit ist. Die zeitgenössische »kritische *race*-Theorie« – für die dieses Buch als Beispiel gelten könnte – fügt das Adjektiv insbesondere deshalb hinzu, um sich selbst von den essentialistischen Auffassungen der Vergangenheit zu unterscheiden.[75] Race *ist soziopolitisch anstatt biologisch, aber sie ist dennoch wirklich*.

Einerseits sieht also der »Racial Contract« im Unterschied zur Weißen Theorie des Mainstreams, und zwar zur liberalen *und* zur radikalen, dass

»*race*« und »Weiße Vorherrschaft« selbst kritische theoretische Begriffe sind, die in das Vokabular einer adäquaten soziopolitischen Theorie aufgenommen werden müssen, dass die Gesellschaft weder einfach eine Ansammlung atomarer Individuen noch bloß eine Ordnung aus Arbeitern und Kapitalisten ist. Andererseits entmystifiziert der »Racial Contract« die *race* und distanziert sich von den »oppositionellen« biologischen Determinismen (Melanintheorie, »Sonnenmenschen« und »Eismenschen«) und dem gelegentlichen, beklagenswerten Antisemitismus mancher Bestandteile der Schwarzen Tradition aus jüngerer Zeit, da das Versprechen der Integration aus den 1960er Jahren scheitert und unnachgiebige Gesellschaftsstrukturen und zunehmende Weiße Widerspenstigkeit immer mehr in naturalistischen Begriffen gefasst werden.

Der »Racial Contract« verortet sich somit innerhalb des vernünftigen Mainstreams der Moraltheorie, indem er die Menschen nicht für das verantwortlich macht, wofür sie nichts können. Selbst liberale Weiße guten Willens fühlen sich manchmal aufgrund von *race*-bezogener Politik beunruhigt, weil ein plumpes, undifferenziertes, brandmarkendes Vokabular (»Weiß«) keine standardmäßigen politisch-moralischen Unterscheidungen zwischen einer Politik der Wahl – absolutistisch und demokratisch, faschistisch und liberal – zuzulassen scheint, für die wir rationalerweise verantwortlich gemacht werden sollten, und eine Hautfarbe und einen Phänotyp, für die wir schließlich nichts können. Indem er sie als ein politisches System erkennt, macht der »Racial Contract« *race zu einer Sache des Willens*, und zwar genauso wie der Gesellschaftsvertrag die Schaffung der Gesellschaft und des Staats zu einer Willensangelegenheit macht. Er unterscheidet zwischen dem Weißsein als Phänotyp/Genealogie und dem Weißsein als politischer Verpflichtung auf Weiße Vorherrschaft, wodurch ein begrifflicher Raum für »Weiße Abtrünnige« und »*race*-Verräter« entsteht. Und sein Ziel ist nicht, den einen Racial Contract durch einen anderen anderer Farbe zu ersetzen, sondern letztlich, *race* insgesamt zu beseitigen (nicht als harmlose Varietät von Menschen, sondern als ontologische Überlegenheit und Unterlegenheit, als Fundament unterschiedlicher Anrechte und Privilegien).

Entsprechend entmystifiziert der »Racial Contract« die Einzigartigkeit des Rassismus (für diejenigen, die, verständlicherweise, die Europäer als *wesenhaft* Weiß betrachten), indem er ihn als kontingentes Ergebnis einer bestimmten Gesamtheit von Umständen ausmacht. Vor dem Hintergrund sowohl der historischen Aufzeichnungen als auch ihrer Leugnung bis vor Kurzem ist es angemessen, dass der Weiße Rassismus und das Weiße Weißsein den polemischen Fokus der Kritik darstellen sollten. Es ist jedoch auch wichtig, die Tatsache nicht aus dem Auge zu verlieren, dass andere untergeordnete Racial Contracts existieren, die keine Beziehungen zwischen Weiß und NichtWeiß enthalten. In einem bestimmten Sinne entfärbt der »Racial Contract« das Weißsein, indem er es von der Weißen Farbe ablöst und dadurch beweist, dass es in einem Paralleluniversum Gelbsein, Rotsein, Braunsein oder Schwarzsein hätte sein können. Oder anders ausgedrückt, wir hätten ein Gelbes, Rotes, Braunes oder Schwarzes Weißsein haben können: *Weißsein ist in Wirklichkeit überhaupt keine Farbe, sondern eine Menge von Machtverhältnissen.*

Dass das so ist, wird durch den einzig ernsthaften Herausforderer der europäischen Herrschaft im 20. Jahrhundert illustriert: Japan. Wie ich die ganze Zeit erwähnt habe, hat ihre einzigartige Geschichte die Japaner in die eigentümliche Position gebracht, zu verschiedenen Zeiten oder gar gleichzeitig durch verschiedene Systeme nicht-Weiß aufgrund des globalen Weißen Racial Contract zu sein, Weiß aufgrund des lokalen (nazistischen) Racial Contract zu sein und (Weiß) Gelb aufgrund ihres eigenen Gelben Racial Contract zu sein. In Asien haben sich die Japaner lange als die überlegene *race* betrachtet und die Ainu in ihrem eigenen Land unterdrückt und während der 1930 Jahre eine panasiatische Mission zur »Vereinigung der Gelben Rassen« unter ihrer Führung gegen die Weiße westliche Herrschaft verkündet. Die Erbarmungslosigkeit, die beide Seiten während des Pazifikkriegs zeigten, der ein »Krieg ohne Gnade« war, entstand zum Teil dadurch, dass es auf beiden Seiten ein *race*-Krieg war, ein Krieg zwischen gegensätzlichen Systemen *race*-basierter Überlegenheit, konkurrierenden Ansprüchen auf das wirkliche Weißsein, rosa oder Gelb. Die Schlagzeile einer Hearst-Zeitung brachte es folgendermaßen auf den Punkt: »Der Krieg im Pazifik ist der Weltkrieg, der Krieg der östlichen Rassen gegen die westlichen Rassen mit dem Ziel der Weltherrschaft.«[76] Geschrieben während der japanischen Besatzung Chinas, ab der Vergewaltigung in Nanking im Jahr 1937, brachte der Gelbe Racial Contract eine Zahl von Todesopfern hervor, die von manchen auf 10 bis 13 Millionen Menschen geschätzt wurde.[77]

Was ein Sieg der Achsenmächte für die Welt bedeutet haben könnte, wird in einem bemerkenswerten Dokument enthüllt, das das verzweifelte Verbrennen von Akten in den letzten Wochen vor der Ankunft der US-amerikanischen Armee in Tokio überlebte: *Eine Untersuchung der globa-*

len Politik mit der Yamato-Rasse als Kern. Obwohl es kein genaues Gegenstück zum berüchtigten Wannsee-Protokoll der Nationalsozialisten ist, das die Einzelheiten der Endlösung spezifizierte, schildert es doch die »natürliche Hierarchie, die auf angeborenen Eigenschaften und Fähigkeiten [der verschiedenen Rassen der Welt] beruht«, fasst eine globale Ordnung ins Auge, in der die »Yamato-Rasse« die »führende Rasse« wäre (die Mischehen vermeiden müsste, um ihre Reinheit zu wahren), und schreibt eine Nachkriegsmission der Expansion und Kolonisierung vor, die auf einer ominös revidierten globalen Kartografie beruht, aus der beispielsweise Amerika als »Asiens östlicher Flügel« hervorgeht.[78] Die Yamatos und die Arier hätten es nach dem Krieg miteinander ausfechten müssen, um zu entscheiden, wer die wirkliche globale Herrenrasse sei. Es gibt also keinen Grund zu meinen, dass es anderen Nicht-Weißen (Nicht-Gelben?) unter dieser Fassung des Racial Contract viel besser ergangen wäre. Daher kommt es darauf an, dass, obwohl der Weiße Racial Contract historisch der verheerendste und der wichtigste für die Gestaltung der Konturen der Welt war, er nicht einzigartig ist, und es sollte keine essentialistischen Illusionen mit Bezug auf die wesenhafte »*race*-basierte« Tugend von irgendjemandem geben. Alle Menschen können dem Weißsein unter den geeigneten Umständen zum Opfer fallen, wie das Massaker im Jahr 1994 der (»Weißen«) Schwarzen Hutus an einer halben bis zu einer Million minderwertiger Schwarzer Tutsis in wenigen blutigen Wochen in Ruanda zeigt.

Obwohl er den Anschein haben könnte, ist der »Racial Contract« keine »Dekonstruktion« des Gesellschaftsvertrags. In politischer Hinsicht habe ich eine gewisse Sympathie für die Postmoderne – die bilderstürmerische Herausforderung der orthodoxen Theorie, das Umstürzen der Weißen Marmorbüsten im Museum Großer Westlicher Denker –, aber letztlich betrachte ich sie als eine epistemologische und theoretische Sackgasse, die selbst mehr Symptom als Diagnose der Probleme der Erde ist, während wir in das neue Jahrtausend eintreten.[79] Der »Racial Contract« ist eigentlich vom selben Geist wie die im Hinblick auf Probleme der *race* unterrichtete *Ideologiekritik* und insofern für die Aufklärung (das heißt Jürgen Habermas' radikale und zu vervollständigende Aufklärung – obwohl Habermas' eurozentrische, nicht *race*-bezogene und entimperialisierte Vision der Moderne selbst der Kritik bedarf)[80] und gegen die Postmoderne. Er kritisiert den Gesellschaftsvertrag anhand einer narrativen Grundlage, die die Ideale des Kontraktualismus selbst nicht zwangsläufig als problematisch betrachtet, sondern zeigt, wie sie von Weißen Kontraktualisten verraten wurden. Er nimmt also eine wechselseitige Übersetzbarkeit an, die begriffliche Kommensurabilität einer entarteten Norm und ihrer Kritik, und bringt sie in einer epistemischen Vereinigung zusammen, die das postmoderne Bild isolierter, wechselseitig unverständlicher Sprachspiele ablehnt. Darüber hinaus beruht er ausdrücklich auf der *Wahrheit* einer ganz bestimmten Meistererzählung, nämlich der historischen Darstellung der europäischen Eroberung der Welt, die die Welt zu dem gemacht hat, was sie heute ist. Deshalb erhebt er Anspruch auf Wahrheit, Objektivität, Realismus, die Beschreibung der Welt, wie sie wirklich ist, das Rezept für die Veränderung dieser Welt, um auf *race* bezogene Gerechtigkeit zu erreichen – und fordert zu diesen Bedingungen zur Kritik auf.

In der besten Tradition einer oppositionellen materialistischen Kritik der hegemonialen idealistischen Gesellschaftstheorie *erkennt* der »Racial Contract« *die Wirklichkeit der Welt an, in der wir leben*, verbindet die Konstruktion von Idealen und die *Nicht*-Verwirklichung dieser Ideale mit dem Charakter dieser Welt, mit Interessen von Gruppen und institutionalisierten Strukturen, und verweist auf das, was für das Erreichen dieser Ideale notwendig wäre. Insofern vereint er Deskription und Präskription, Tatsache und Norm.

Im Unterschied zum Gesellschaftsvertrag, der durch die wirklichen Geschichten der Gemeinwesen, in denen er propagiert wird, in Verlegenheit kommt, *geht* der »Racial Contract« *von* diesen unbequemen Wirklichkeiten *aus*. Daher ist er nicht wie der Gesellschaftsvertrag ständig gezwungen, sich auf illusorische, idealisierende Abstraktionen zurückzuziehen, auf die Traumwelt der reinen Theorie, sondern kann sich ohne Weiteres zwischen dem Hypothetischen und dem Wirklichen, dem Konjunktiv und Indikativ hin und her bewegen, weil er nicht vorzugeben braucht, dass Dinge geschahen, die nicht geschahen, um auszuweichen, etwas auszulassen und über etwas hinwegzugehen. Der »Racial Contract« ist mit der Welt vertraut und deshalb nicht ständig »erstaunt« durch Enthüllungen über sie; er findet es nicht bemerkenswert, dass der Rassismus die Norm gewesen ist und dass Menschen sich selbst in *race*-Kategorien vorstellen anstatt als abstrakte Bürger, was jede objektive Geschichte de facto zeigen wird. Der »Racial Contract« ist eine *diesseitige* Abstraktion und zeigt, dass das Problem der politischen Philosophie des Mainstream nicht die Abstraktion an sich ist (alle Theorie erfordert per definitionem Abstraktionen), sondern eine Abstraktion, die, wie Onora O'Neill geltend gemacht hat, auf charakteristische Weise von Dingen abstrahiert, die wichtig sind, von den tatsächlichen kausalen Determinanten und ihren erforderlichen theoretischen Korrelaten, geleitet von den Begriffen des »Racial Contract«, der sich jetzt zwar aus der Existenz herausgeschrieben hat, aber auch weiterhin durch seine unsichtbare Gegenwart die Theorien und Theoriebildung beeinflusst.[81] Der »Racial Contract« stößt die Türen des hermetisch versiegelten, stickigen kleinen Universums der orthodoxen politischen Philosophie auf und lässt die Welt in ihre sterilen Weißen Hallen strömen, eine Welt, die nicht von abstrakten Bürgern, sondern von Weißen, Schwarzen, Braunen, Gelben, Roten Wesen bewohnt wird, die miteinander interagieren, so tun, als ob sie nicht sähen, kategorisieren, urteilen, verhandeln, Allianzen bilden, ausbeuten und miteinander weitgehend entsprechend der *race* kämpfen – kurz, die Welt, in der wir tatsächlich leben.

Schließlich verortet sich der »Racial Contract« stolz in der langen, ehrwürdigen Tradition der oppositionellen Schwarzen Theorie, der Theorie jener, denen die Fähigkeit zum Theoretisieren abgesprochen wurde, der Erkenntnisse von Personen, die ihr offizielles Unterpersonsein ablehnen. Die eigentümlichen Bedingungen des Sklavenvertrags bedeuteten, dass unter allen Spielarten von Unterpersonen die Schwarzen diejenigen waren, die über einen Zeitraum von Hunderten von Jahren am unmittelbarsten mit den Widersprüchen der Weißen Theorie konfrontiert waren, da sie sowohl ein Teil als auch kein Teil des Weißen Gemeinwesens und dadurch epistemisch privilegiert waren. Der »Racial Contract« zollt den Einsichten von Generationen anonymer, »von der *race* geprägter Männer« (und »von der *race* geprägter Frauen«) Anerkennung, die unter den schwierigsten Umständen und häufig als Autodidakten, unter Verweigerung formaler Ausbildung und der Ressourcen der akademischen Welt, als Gegenstände von Spott und Verachtung seitens der hegemonialen Weißen Theorie, es dennoch schafften, die Begriffe zu schmieden, die notwendig sind, um die Konturen des Systems nachzuzeichnen, von dem sie unterdrückt wurden, wobei sie das massive Gewicht einer Weißen Wissenschaft herausforderten, die entweder diese Unterdrückung moralisch rechtfertigte oder deren Existenz leugnete.

Schwarze Aktivisten haben schon immer die Weiße Herrschaft, die Weiße Macht (was ein bestimmter Autor im Jahr 1919 als »Weißokratie«, Herrschaft durch Weiße, bezeichnete)[82] als ein politisches System der Exklusion und der unterschiedlichen Privilegien erkannt, das von den

Kategorien entweder des Weißen Liberalismus oder des Weißen Marxismus auf problematische Weise konzipiert wurde. Der »Racial Contract« lässt sich daher als eine Schwarze Volkssprache ansehen (wörtlich: »die Sprache des Sklaven«), die gegenüber dem Gesellschaftsvertrag eine »doppelstimmige«, »zweitönige«, »formale Revision« »symbolisiert«, welche »das Wesen der (Weißen) Bedeutung selbst kritisiert«, indem er zeigt, dass »ein gleichzeitiges, aber negiertes, paralleles diskursives (ontologisches, politisches) Universum innerhalb des größeren Weißen diskursiven Universums existiert«.[83] Er ist eine Schwarze Entmystifizierung der Lügen Weißer Theorie, eine Aufdeckung der Klan-Gewänder unter dem Dreiteiler des Weißen Politikers. Ironisch, cool, angesagt, vor allem aber *erkennend* spricht der »Racial Contract« aus der Perspektive der Erkenntnissubjekte, deren bloße Gegenwart in den Hallen der Weißen Theorie eine kognitive Bedrohung ist, weil – der umgekehrten Erkenntnislogik des *race*-basierten Gemeinwesens zufolge – die »ideale Sprechsituation« unsere Abwesenheit erfordert, da wir buchstäblich die Männer und Frauen sind, *die zuviel wissen*, die – nach jenem herrlichen amerikanischen Ausdruck – *wissen, wo die Leichen vergraben sind* (schließlich gehören so viele von ihnen zu uns). Er tut das, was die Schwarze Kritik schon immer tun musste, um effektiv zu sein: Er verortet sich im selben Raum wie sein Gegner und zeigt dann, was aus »dem Schreiben der ›*race*‹ und dem [Erkennen des] Unterschied[s] folgt, den sie ausmacht«.[84] Als solcher ermöglicht er uns, die beiden miteinander zu verbinden, anstatt sie wie jetzt in zwei ghettoisierten Räumen isoliert zu lassen, die Ghettoisierung der Schwarzen politischen Theorie von der Diskussion des Mainstream und die Ghettoisierung der Weißen Mainstream-Theorie von der Wirklichkeit.

Der Kampf zur Schließung der Lücke zwischen dem Ideal des Gesellschaftsvertrags und der Wirklichkeit des Racial Contract ist die uneingestandene politische Geschichte der letzten Jahrhunderte gewesen, die »Schlacht um die Farbgrenze« in den Worten von W. E. B. Du Bois, und wird wahrscheinlich auch in der nahen Zukunft fortgesetzt werden, in dem Maße, wie die *race*-bezogene Spaltung weiter gärt, die Vereinigten Staaten in demografischer Hinsicht von einer Gesellschaft mit Weißer Mehrheit zu einer mit nicht-Weißer Mehrheit übergehen, die Kluft zwischen einer weitgehend Weißen Ersten Welt und einer weitgehend nicht-Weißen Dritten Welt sich weiter vertieft, die verzweifelte Immigration aus der letzteren in erstere eskaliert und Forderungen nach globaler

Gerechtigkeit in einer neuen Weltordnung »globaler Apartheid« lauter werden.[85] Die Benennung dieser Wirklichkeit bringt ihn in den notwendigen theoretischen Fokus, damit man sich mit diesen Problemen ehrlich auseinandersetzt. Jene, die vorgeben, sie nicht zu sehen, die behaupten, das Bild, das ich skizziert habe, nicht zu erkennen, setzen nur die Epistemologie der Unwissenheit fort, die vom ursprünglichen Racial Contract verlangt wird. Solange diese gelehrte Unwissenheit fortbesteht, wird der Racial Contract nur neu geschrieben, anstatt völlig zerrissen zu werden, und die Gerechtigkeit wird auch weiterhin »nur auf uns« beschränkt sein.

Anmerkungen

Danksagung

1 Die Großschreibung von »schwarz« soll andeuten, dass es sich um eine soziale Kategorie und nicht einfach nur um die Hautfarbe handelt (A.d.Ü.).

Einleitung *Tommie Shelby*

1 Diese frühen Essays sind enthalten in Charles W. Mills, *Blackness Visible: Essays on Philosophy and Race* (Ithaca, N.Y.: Cornell University Press, 1998) und Charles W. Mills, *From Class to Race: Essays in White Marxism and Black Radicalism* (Lanham, Md.: Rowman & Littlefield, 2003).

2 Africana-Philosophie lässt sich bestimmen als das kritische Nachdenken von Afrikaner:innen und Menschen afrikanischer Abstammung über ihre Erfahrung der Wirklichkeit. Einige der Themen, die Gegenstand der Africana-Philosophie sind, umfassen moderne Auseinandersetzungen über die Frühgeschichte der abendländischen Philosophie, postkoloniale Literatur in Afrika und Amerika, Widerstand der Schwarzen gegen ihre Unterdrückung, Schwarzen Existenzialismus in den USA und die Bedeutung des »Schwarzseins« in der modernen Welt. (A.d.Ü.)

3 Einige wichtige frühe Schriften der Bewegung findet man bei Kimberlé Crenshaw, Neil Gotanda, Gary Peller und Kendall Thomas (Hg.) *Critical Race Theory: The Key Writings That Formed the Movement* (New York: The New Press, 1995).

4 People of Color ist eine Selbstbezeichnung von nicht-Weißen Menschen, die in ihrer jeweiligen Gesellschaft rassistischen Einstrellungen und Handlungen ausgesetzt sind (A.d.Ü.).

5 Siehe meinen Aufsatz »Racial Realities and Corrective Justice: A Reply to Charles Mills«, *Critical Philosophy of Race* 1, Nr. 2 (2013): S. 145–162.

Einleitung zur deutschen Ausgabe *Kristina Lepold*

1 Charles W. Mills, »›Ideal Theory‹ as Ideology«, *Hypatia* 20. 3 (2005): S. 165–184.

2 Siehe etwa Charles W. Mills, *From Class to Race: Essays in White Marxism and Black Radicalism* (Lanham: Rowman & Littlefield, 2003).

3 Vgl. zu den Fallstricken einer deutschen Übersetzung auch Kristina Lepold und Marina Martinez Mateo (Hg.), »Einleitung«, in: *Critical Philosophy of Race. Ein Reader* (Berlin: Suhrkamp, 2021), S. 30–34.

4 Siehe dazu auch Charles W. Mills, »›But What Are You Really?‹ The Metaphysics of Race«, in: *Blackness Visible: Essays on Philosophy and Race* (Ithaca: Cornell University Press, 1998), S. 41–66 und S. Haslanger, »Eine sozialkonstruktivistische Analyse von *race*«, in: *Critical Philosophy of Race*.

5 Charles W. Mills, »The Whiteness of Political Philosophy«, in: *Black Rights/White Wrongs: The Critique of Racial Liberalism* (Oxford: Oxford University Press, 2017), S. 181–200.

6 Vgl. zu spezifischen Erfahrungen Schwarzer Menschen in Deutschland unter anderem die Einleitung von Audre Lorde sowie die weiteren Beiträge in May Ayim, Katharina Oguntoye und Dagmar Schultz (Hg.), *Farbe bekennen. Afro-deutsche Frauen auf den Spuren ihrer Geschichte* (Berlin: Orlanda 1986), zu anti-slawischem Rassismus das Plädoyer von Hans-Christian Petersen und Jannis Panagiotidis in »Geschichte und Gegenwart des antiosteuropäischen Rassismus und Antislawismus«, in: Bundeszentrale für politische Bildung (Hg.) (2022), https://www.bpb.de/themen/migration-integration/laenderprofile/509853/geschichte-und-gegenwart-des-antiosteuropaeischen-rassismus-und-antislawismus/.

7 Vgl. dazu auch David Ludwig, »How Race Travels: Relating Local and Global Ontologies of Race«, in: *Philosophical Studies* 176 (2019): S. 2729–2750.

8 W. Thierse, »Wie viel Identität verträgt die Gesellschaft?«, *Frankfurter Allgemeine Zeitung* 22.2.2021: S. 9.

Vorbemerkung

1 Cedric J. Robinsons *Black Marxism: The Making of the Black Radical Tradition* (Chapel Hill, N. C.: University of North Carolina Press, 2000) prägte ursprünglich die Redewendung, obwohl ihr Inhalt umstritten bleibt.

2 Leonard Harris (Hg.), *Philosophy Born of Struggle: Anthology of Afro-American Philosophy from 1917* (Dubuque, Iowa: Kendall/Hunt, 1983).

3 John Rawls, *A Theory of Justice*, überarb. Aufl. (Cambridge, Mass.: Harvard University Press, 1999), S. 4; dt.: *Eine Theorie der Gerechtigkeit*, übers. v. H. Vetter (Frankfurt a. M.: Suhrkamp, 1975), S. 20.

4 Kwame Anthony Appiah, *In My Father's House: Africa in the Philosophy of Culture* (New York: Oxford University Press, 1992).

5 Mit »Rasse« ist hier eine biologische Kategorie gemeint, die anhand von phänotypischen und/oder genetischen Eigenschaften Unterschiede zwischen ethnischen Gruppen begründen soll. Appiahs Behauptung ist also, dass es keine *solchen* Kategorien gibt. Nicht bestritten wird jedoch die Existenz von *gesellschaftlich konstruierten*, das heißt durch die Übereinkunft sozialer Gruppen hergestellten, sozialen Kategorien, die im Text als *races* bezeichnet werden (A.d.Ü.).

6 Appiah, *In My Father's House*, S. 40. In späteren Arbeiten sollte er seine ursprüngliche Position etwas modifizieren.

7 Lucius T. Outlaw, *On Race and Philosophy* (New York: Routledge, 1996).

8 Charles W. Mills, *Black Rights/White Wrongs: The Critique of Racial Liberalism* (New York: Oxford University Press, 2017).

9 Tommie Shelby, *Dark Ghettos: Injustice, Dissent, and Reform* (Cambridge, Mass.: Harvard University Press, 2016).

10 Siehe beispielsweise Amy R. Baehr (Hg.), *Varieties of Feminist Liberalism* (Lanham, Md.: Rowman & Littlefield, 2004) und Ruth Abey, *The Return of Feminist Liberalism* (New York: Routledge, 2011).

11 Zu einer kritischen Erörterung sowohl von Shelby als auch von mir siehe Shatema Threadcraft, *Intimate Justice: The Black Female Body and The Body Politic* (New York: Oxford University Press, 2016).

12 Carole Pateman, *The Sexual Contract* (Palo Alto, Calif.: Stanford University Press, 1988); Stacy Clifford Simplican, *The Capacity Contract: Intellectual Disability and the Question of Citizenship* (Minneapolis, Minn.: University of Minnesota Press, 2015).

13 Zu meinen eigenen Vorschlägen siehe meine Tanner Lecture von 2020, »Theorizing Racial Justice«, erschienen in *The Tanner Lectures on Human Values*.

14 Michelle Goldberg, »The Campaign to Cancel Wokeness«, *New York Times* (Druckversion), 28. Februar 2021, SR, 3.

Der Racial Contract

1 Dieser Aphorismus [»When white people say ›Justice‹, they mean ›Just us‹.«] spielt im Original mit der klanglichen Ähnlichkeit zwischen »Justice« (Gerechtigkeit) und »Just us« (Nur wir) (A.d.Ü.).

2 Ein Bericht zur amerikanischen Philosophie mit dem Titel »Zustand und Zukunft des akademischen Berufs« ergab, dass »nur eine einzige Abteilung von 20 (wobei 28 der 456 Abteilungen berichteten) überhaupt eine [unbefristete] afroamerikanische Lehrkraft hat, wobei etwas weniger entweder hispanoamerikanische oder asiatisch-amerikanische [unbefristete] Lehrkräfte haben (in beiden Fällen 17 Abteilungen). Nur sieben Abteilungen haben eine [unbefristete] indigen-amerikanische Lehrkraft.« *Proceedings and Adresses of the American Philosophical Association* 70, Nr. 2 (1996), S. 137.

3 Zu einer Übersicht siehe zum Beispiel Ernest Barker, Einleitung in *Social Contract: Essays by Locke, Hume, and Rousseau*, E. Barker (Hg.), (1947, wiederabgedruckt Oxford: Oxford University Press, 1960); Michael Lessnoff, *Social Contract* (Atlantic Highlands, N.J.: Humanities Press, 1986); Will Kymlicka, »The Social Contract Tradition«, in: Peter Singer (Hg.), *A Companion to Ethics* (Oxford: Blackwell Reference, 1991), S. 186–196; Jean Hampton, »Contract and Consent«, in: Robert E. Goodin und Philip Pettit (Hg.), *A Companion to Contemporary Political Philosophy* (Oxford: Blackwell Reference, 1993), S. 379–393.

4 Indigene Völker als globale Gruppe werden manchmal als »Vierte Welt« bezeichnet. Siehe Roger Moody (Hg.), *The Indigenous Voice: Visions and Realities*, 2., überarb. Aufl. (1988; wiederabgedruckt Utrecht: International Books, 1993).

5 Zu einer lobenswerten Ausnahme siehe Iris Marion Young, *Justice and the Politics of Difference* (Princeton: Princeton University Press, 1990). Young konzentriert sich ausdrücklich auf die Implikationen für gängige Auffassungen der Gerechtigkeit durch die Unterordnung von Gruppen, einschließlich *race*-basierter Gruppen.

6 Die Ehre für die Wiederbelebung der Theorie des Gesellschaftsvertrags und tatsächlich auch der politischen Philosophie der Nachkriegszeit im Allgemeinen wird üblicherweise John Rawls mit seiner *Theory of Justice* (Cambridge: Harvard University Press, 1971) zuteil.

7 Thomas Hobbes, *Leviathan*, hg. v. Richard Tuck (Cambridge: Cambridge University Press, 1991); dt.: *Leviathan*, übers. v. J. Schlösser (Hamburg: Meiner, 1996); John Locke, *Two Treatises of Government*, hg. v. Peter Laslett (1960; wiederabgedruckt Cambridge: Cambridge University Press, 1988); dt.: *Zwei Abhandlungen über die Regierung*, übers. v. H. J. Hoffmann (Frankfurt a. M.: Suhrkamp, 2017); Jean-Jacques Rousseau, *Diskurs über die Ungleichheit*, übers. v. H. Meier (Paderborn: Schöningh, 2008); Rousseau, *Der Gesellschaftsvertrag*, übers. v. H. Denhardt (Stuttgart: Reclam, 1958); Immanuel Kant, *Metaphysische Anfangsgründe der Tugendlehre*, hg. v. B. Ludwig, 3. Aufl. (Hamburg: Meiner, 2017).

8 In »Contract and Consent« erinnert uns Jean Hampton (auf S. 382) daran, dass in den Augen der klassischen Theoretiker der Vertrag folgenden Zweck hat, »zugleich das Wesen politischer Gesellschaften zu beschreiben und eine neue und besser zu rechtfertigende Form solcher Gesellschaften vorzuschreiben«. In diesem Aufsatz und außerdem in »The Contractarian Explanation of the State«, in: *The Philosophy of the Human Sciences*, Midwest Studies in Philosophy, 15, hg. v. Peter A. French, Theodore E. Uehling Jr. und Howard K. Wettstein (Notre Dame, Ind.: University of Notre Dame Press, 1990), S. 344–371, plädiert sie ausdrücklich für eine Wiederbelebung der altmodischen, scheinbar diskreditierten »kontraktualistischen Erklärung des Staats«. Hampton weist darauf hin, dass das Bild des »Vertrags« den wesentlichen Punkt erfasst, dass »mit Autorität ausgestattete politische Gesellschaften menschliche Schöpfungen sind« (nicht gottgewollt oder von der Natur determiniert) und »*durch Konvention* erzeugt werden«.

9 Rousseau, *Diskurs über die Ungleichheit*, Zweiter Teil.

10 Carole Pateman, *The Sexual Contract* (Stanford: Stanford University Press, 1988). Ein Unterschied zwischen unseren Ansätzen besteht darin, dass Pateman meint, der Kontraktualismus sei *notwendig* unterdrückerisch – »Ein Vertrag erzeugt immer politische Rechte in Form von Herrschafts- und Unterordnungsverhältnissen« (S. 8) –, wohingegen ich die Herrschaft innerhalb der Vertragstheorie eher als kontingent betrachte. Mit anderen Worten, in meinen Augen ist es nicht der Fall, dass ein Racial Contract den Gesellschaftsvertrag stützen *musste*. Vielmehr ist dieser Vertrag das Ergebnis der besonderen Verbindung von Umständen in der Weltgeschichte, die zum europäischen Imperialismus führte. Und infolgedessen glaube ich, dass die Vertragstheorie positiv eingesetzt werden kann, sobald diese verborgene Geschichte anerkannt wird, obwohl ich in diesem Buch kein solches Pogramm verfolge. Zu einem Beispiel des feministischen Vertragsdenkens, das einen Kontrast zu Patemans negativer Einschätzung bildet, siehe Susan Moller Okin, *Justice, Gender, and the Family* (New York: Basic Books, 1989).

11 Siehe zum Beispiel Paul Thagard, *Conceptual Revolutions* (Princeton: Princeton University Press, 1992), S. 22.

12 Siehe Hampton, »Contract and Consent« und »Contractarian Explanation«. Hamptons eigener Schwerpunkt liegt zwar auf dem liberal-demokratischen Staat, aber ihre Strategie der Verwendung von »Vertrag« zur Konzeption durch die Konvention erzeugter Normen und Praktiken lässt sich offenbar auch an die Auffassung des *nicht*-liberaldemokratischen *race*-basierten Staats anpassen, wobei der Unterschied darin besteht, dass »das Volk« jetzt zur Weißen Bevölkerung wird.

Überblick

1 Otto Gierke bezeichnete diese jeweils als *Gesellschaftsvertrag* und *Herrschaftsvertrag*. Zu einer Erörterung siehe beispielsweise Barker, Einleitung, *Social Contract*; und Lessnoff, *Social Contract*, Kap. 3.

2 Rawls, *Theory of Justice*, S. 1; dt.: *Eine Theorie der Gerechtigkeit*, S. 23.

3 Wenn ich allgemein von »Weißen« spreche, leugne ich natürlich nicht, dass es Geschlechterbeziehungen von Herrschaft und Unterordnung oder auch Klassenverhältnisse von Herrschaft und Unterordnung in der Weißen Bevölkerung gibt. Ich behaupte nicht, dass die *race* die einzige Achse der gesellschaftlichen Unterdrückung ist. Aber ich möchte mich auf die *race* konzentrieren; aufgrund des Fehlens jener chimärenhaften Entität, nämlich einer einheitlichen Theorie von *race*-, Klassen- und Geschlechterunterdrückung, scheint mir, dass man Verallgemeinerungen machen muss, deren Einschränkung an jeder Stelle stilistisch sperrig wäre. Diese sollten also einfach als selbstverständlich mitgedacht werden. Trotzdem möchte ich darauf beharren, dass mein Gesamtbild in etwa korrekt ist, das heißt, dass Weiße im Allgemeinen *tatsächlich* von der Weißen Vormachtstellung profitieren (obwohl die Geschlechter- und Klassendifferenzierungen natürlich bedeuten, dass sie nicht gleichermaßen profitieren) und dass, historisch gesehen, die Weiße *race*-bezogene Solidarität *tatsächlich* den Vorrang gegenüber der Klassen- und Geschlechtersolidarität hatte. Frauen, untergeordnete Klassen und Nicht-Weiße mögen zwar gemeinsam unterdrückt werden, aber es handelt sich nicht um eine gemeinsame Unterdrückung: Die Strukturierung ist so unterschiedlich, dass sie zu keiner gemeinsamen Front zwischen ihnen geführt hat. Weder Weiße Frauen noch Weiße Arbeiter haben *als Gruppe* (im Unterschied zu prinzipientreuen Einzelpersonen) historisch gemeinsame Sache mit Nicht-Weißen gegen den Kolonialismus, die Weiße Besiedlung, Sklaverei, Imperialismus, Jim Crow und Apartheid gemacht. Wir haben alle mehrfache Identitäten, und insoweit sind die meisten von uns durch verschiedene Herrschaftssysteme sowohl privilegiert als auch benachteiligt. Aber die Weiße *race*bezogene Identität hat im Allgemeinen über alle anderen triumphiert; es ist *tatsächlich* die *race*, die (über die Geschlechter und Klassen hinweg) im Allgemeinen die gesellschaftliche Welt und Loyalitäten, die Lebenswelt, von Weißen bestimmt hat – sei es als Bürger des kolonisierenden Mutterlandes, als Siedler, Nicht-Sklav:innen oder Nutznießer des »Farbbalkens« und der »Farbgrenze«. Es hat keine vergleichbare, sich spontan auskristallisierende Welt der »Arbeiter« oder weibliche Welt über die *race*-Grenzen hinweg gegeben: Die *race* ist diejenige Identität, angesichts der die Weißen gewöhnlich enger zusammengerückt sind. Trotzdem werde ich als Zugeständnis, als semantisches Signal dieser zugegebenen Geschlechterprivilegierung innerhalb der Weißen Bevölkerung, durch die das Personsein Weißer Frauen ursprünglich virtuell ist und davon abhängt, dass sie die entsprechende Beziehung (Tochter, Schwester, Ehefrau) zum Weißen Mann haben, manchmal absichtlich das nicht geschlechterneutrale »Männer« verwenden. Als Literatur aus jüngerer Zeit über diese problematischen Identitätsüberschneidungen siehe beispielsweise Ruth Frankenberg, *White Women, Race Matters: The Social Construction of Whiteness* (Minneapolis: University of Minnesota Press, 1993); Nupur Chaudhuri und Margaret Strobel (Hg.), *Western Women and Imperialism: Complicity and Resistance* (Bloomington: Indiana University Press, 1992); David Roediger, *The Wages of Whiteness: Race and the Making of the American Working Class* (London: Verso, 1991).

4 Rousseau, *Der Gesellschaftsvertrag*; Hobbes, *Leviathan*.

5 Zu einer Erörterung der beiden Auffassungen siehe Kymlicka, »The Social Contract Tradition«.

6 Hobbes' Urteil, dass »UNGERECHTIGKEIT [...] nichts anderes [ist] als die Nichterfüllung von Verträgen«, *Leviathan*, S. 120, wurde gängigerweise als eine Erklärung des moralischen Konventionalismus betrachtet. Hobbes' egalitäre Gesellschaftsmoral beruht nicht auf der moralischen Gleichheit der Menschen, sondern auf der Tatsache einer ungefähren Gleichheit der körperlichen Macht und geistigen Fähigkeit im Naturzustand (Kap. 13). In diesem Rahmen wäre der Racial Contract also das natürliche Ergebnis einer systematischen Macht*ungleichheit* – der Bewaffnung anstatt individueller Stärke – zwischen dem expansionistischen Europa und der übrigen Welt. Man könnte sagen, dass dies akkurat zusammengefasst wird in Hilaire Bellocs berühmtem Liedchen: »Was auch immer geschieht, wir haben das Maxim-Maschinengewehr, und sie nicht.« Hilaire Belloc, »The Modern Traveller«, zitiert in John Ellis, *The Social History of the Machine Gun* (1975; wiederabgedruckt Baltimore: Johns Hopkins Paperbacks, 1986), S. 94. Oder in einer früheren Phase bei der Eroberung des amerikanischen Kontinents die Muskete und das Schwert aus Stahl.

7 Siehe zum Beispiel A. P. d'Entrèves, *Natural Law: An Introduction to Legal Philosophy*, 2., überarb. Aufl. (1951; wiederabgedruckt London: Hutchinson, 1970).

8 Locke, *Zweite Abhandlung über die Regierung*, übers. von H. J. Hoffmann (Frankfurt a. M.: Suhrkamp, 2007), S. 13.

9 Kant, *Metaphysische Anfangsgründe der Tugendlehre*, S. 116 ff.

10 Siehe Arthur O. Lovejoy, *The Great Chain of Being: A Study of the History of an Idea* (Cambridge: Harvard University Press, 1948); dt.: *Die große Kette der Wesen*, übers. v. D. Turck (Frankfurt a. M.: Suhrkamp, 1985).

11 Deutsch im Original (A.d.Ü.).

12 Zum Begriff der »epistemologischen Gemeinschaften« siehe jüngere Arbeiten in feministischer Theorie – zum Beispiel von Linda Alcoff und Elizabeth Potter (Hg.), *Feminist Epistemologies* (New York: Routledge, 1993).

13 So spricht Ward Churchill, ein Indigener Amerikas, höhnisch von »Hirngespinsten der Herrenrasse«. Ward Churchill, *Fantasies of the Master Race: Literature, Cinema, and the Colonization of American Indians*, hg. v. M. Annette Jaimes (Monroe, Maine: Common Courage Press, 1992); William Gibson, *Neuromancer* (New York: Ace Science Fiction Books, 1984); dt: *Neuromancer*, übers. v. R. Heinz (München: Heyne, 1994).

14 Robert Young, *White Mythologies: Writing History and the West* (London: Routledge, 1990); Edward W. Said, *Orientalism* (1978; wiederabgedruckt New York: Vintage Books, 1979); dt.: *Orientalismus*, übers. v. H. G. Holl (Frankfurt a. M.: Fischer, 2009); V. Y. Mudimbe, *The Invention of Africa: Gnosis, Philosophy, and the Order of Knowledge* (Bloomington: Indiana University Press, 1988); Enrique Dussel, *Von der Erfindung Amerikas zur Entdeckung des Anderen: ein Projekt der Transmoderne* (Düsseldorf: Patmos, 1993); Robert Berkhofer Jr., *The White Man's Indian: Images of the American Indian from Columbus to the Present* (New York: Knopf, 1978); Gretchen M. Bataille und Charles L. P. Silet (Hg.), *The Pretend Indians: Images of Native Americans in the Movies* (Ames: Iowa State University Press, 1980); George M. Fredrickson, *The Black Image in the White Mind: The Debate on Afro-American Character and Destiny, 1817–1914* (1971; wiederabgedruckt Hanover, N.H.: Wesleyan University Press, 1987); Roberto Fernández Retamar, *Kaliban – Kannibale. Essays zur Kultur Lateinamerikas* (München: Piper, 1991); Peter Hulme, *Colonial Encounters: Europe and the Native Caribbean, 1492–1797* (1986; wiederabgedruckt London: Routledge, 1992).

15 Friedrich Engels, *Der Ursprung der Familie, des Privateigentums und des Staats* (Berlin [Ost]: Dietz Verlag, 1962), S. 61.

16 Jean-Paul Sartre, Vorwort zu Frantz Fanon, *Die Verdammten dieser Erde*, übers. v. T. König, 18. Aufl. (Frankfurt a. M.: Suhrkamp, 2020).

17 V. G. Kiernan, *The Lords of Human Kind: Black Man, Yellow Man, and White Man in an Age of Empire* (1969; wiederabgedruckt New York: Columbia University Press, 1986); Anthony Pagden, *Lords of All the World: Ideologies of Empire in Spain, Britain, and France, c. 1500–c. 1800* (New Haven: Yale University Press, 1995).

18 Pagden, *Lords*, S. 1 f.

19 Robert A. Williams Jr., »The Algebra of Federal Indian Law: The Hard Trail of Decolonizing and Americanizing the White Man's Indian Jurisprudence«, *Wisconsin Law Review* 1986 (1986), S. 229. Siehe auch Robert A. Williams Jr., *The American Indian in Western Legal Thought: The Discourses of Conquest* (New York: Oxford University Press, 1990).

20 Williams, »Algebra«, S. 230 f., 233. Siehe auch Lewis Hanke, *Aristotle and the American Indians; a study in race prejudice in the modern world* (Bloomington: Indiana University Press, 1959), S. 19.

21 Williams, »Algebra«; Hanke, *Aristotle*.

22 »Native Americans« wird nicht verwendet, weil hier die Ausdrucksweise der Kolonisatoren wiedergegeben wird und im Original »Indians« steht (A.d.Ü.).

23 Allen Carey-Webb, »Other-Fashioning: The Discourse of Empire and Nation in Lope de Vega's *El Nuevo mundo descubierto por Cristobal Colon*« in: René Jara und Nicholas Spadaccini (Hg.), *Amerindian Images and the Legacy of Columbus* (Hispanic Issues, Bd. 9) (Minneapolis: University of Minnesota Press, 1992), S. 433 f.

24 Philip D. Curtin, Einleitung zu *Imperialism*, hg. v. Ph. D. Curtin (New York: Walker, 1971), S. xiii.

25 Pierre L. van den Berghe, *Race and Racism: A Comparative Perspective*, 2. Aufl. (New York: Wiley, 1978).

26 Pagden, *Lords*, Kap. 1.

27 Williams, »Algebra«, S. 253.

28 Richter Joseph Story, zitiert in Williams, »Algebra«, S. 256.

29 Siehe in diesem Buch Vorbemerkung, Anmerkung 9.

30 *Dred Scott* v. *Sandford*, 1857, in: Paula S. Rothenberg (Hg.) *Race, Class, and Gender in the United States: An Integrated Study*, 3. Aufl. (New York: St. Martin's Press, 1995), S. 323.

31 Auszug aus Jules Harmand, *Domination et colonisation* (1910), in: Curtin, *Imperialism*, S. 294–298.

32 Edward W. Said, *Culture and Imperialism* (New York: Knopf, 1993), S. xiv, xiii; dt.: *Kultur und Imperialismus*, übers. v. H.-H. Henschen (Frankfurt a. M.: Fischer, 1994), S. 16.

33 Harold R. Isaacs, »Color in World Affairs«, *Foreign Affairs* 47 (1969), S. 235, 246. Siehe auch Benjamin P. Bowser (Hg.), *Racism and Anti-Racism in World Perspective* (Thousand Oaks, Calif.: Sage, 1995).

34 Helen Jackson, *A Century of Dishonor: A Sketch of the United States Government's Dealings with Some of the Indian Tribes* (1881; wiederabgedruckt New York: Indian Head Books, 1993). In ihrer klassischen Denkschrift kommt Jackson zu dem Schluss (S. 337 f.): »Es macht nur einen geringen Unterschied ... an welcher Stelle man die Aufzeichnungen der Geschichte der Indianer öffnet; jede Seite und jedes Jahr haben ihren dunklen Fleck. Die Geschichte eines Stammes ist die Geschichte aller, verschieden nur durch Unterschiede der Zeit und des Ortes. ... [D]ie Regierung der Vereinigten Staaten bricht ihre Versprechen jetzt [1880] so flink

wie damals [1795] und mit einem zusätzlichen Einfallsreichtum aufgrund langer Praxis.« Man sollte anmerken, dass Jackson selbst die indigenen Völker Amerikas so betrachtete, als ob sie ein »geringeres Recht« hätten, da es außer Frage stand, dass die »Billigkeit, jene letzte Souveränität zu behaupten, dem zivilisierten Entdecker zukam und nicht dem wilden Barbaren.« Etwas anderes zu meinen wäre bloß »schwächlicher Sentimentalismus« (S. 10 f.). Aber sie wollte zumindest, dass dieses geringere Recht anerkannt wurde.

35 Siehe zum Beispiel David E. Stannard, *American Holocaust: Columbus and the Conquest of the New World* (New York: Oxford University Press, 1992).

36 Richard Drinnon, *Facing West: The Metaphysics of Indian-Hating and Empire-Building* (New York: Meridian, 1980), S. 332.

37 A.a.O., S. 102. Siehe auch Reginald Horsman, *Race and Manifest Destiny: The Origins of American Racial Anglo-Saxonism* (Cambridge: Harvard University Press, 1981); und Ronald Takaki, *Iron Cages: Race and Culture in 19th-Century America* (1979; wiederabgedruckt New York: Oxford University Press, 1990).

38 A. Grenfell Price, *White Settlers and Native Peoples: An Historical Study of Racial Contacts between English-Speaking Whites and Aboriginal Peoples in the United States, Canada, Australia, and New Zealand* (1950; wiederabgedruckt Westport, Conn.: Greenwood Press, 1972); A. Grenfell Price, *The Western Invasions of the Pacific and Its Continents* (Oxford: Clarendon Press, 1963); van den Berghe, *Race*; Louis Hartz, The *Founding of New Societies: Studies in the History of the United States, Latin America, South Africa, Canada, and Australia* (New York: Harcourt, Brace, and World, 1964); F. S. Stevens (Hg.), *Racism: The Australian Experience*, 3 Bde. (New York: Taplinger, 1972); Henry Reynolds, *The Other Side of the Frontier: Aboriginal Resistance to the European Invasion of Australia* (Harmondsworth, Middlesex: Penguin, 1982). Prices Bücher sind wertvolle Quellen für vergleichende Geschichte, aber – obwohl sie nach den damaligen Maßstäben progressiv waren – müssen mit Vorsicht behandelt werden, da die Daten und Wertvorstellungen veraltet sind. In *White Settlers* zum Beispiel wird die indianische Bevölkerung nördlich des Rio Grande auf weniger als 850.000 geschätzt, wohingegen die heutigen Schätzungen zehn bis zwanzig Mal höher liegen und Price spekuliert, dass die indigene Bevölkerung »weniger fortgeschritten [war] als ihre Weißen Eroberer«, weil sie ein kleineres Gehirn hatten (S. 6 f.).

39 Van den Berghe, *Race*, S. 18.

40 C. Vann Woodward, *The Strange Career of Jim Crow*, 3. Aufl. (1955; wiederabgedruckt New York: Oxford University Press, 1974); George M. Fredrickson, *White Supremacy: A Comparative Study in American and South African History* (New York: Oxford University Press, 1981); Douglas S. Massey und Nancy A. Denton, *American Apartheid: Segregation and the Making of the Underclass* (Cambridge: Harvard University Press, 1993).

41 Siehe zum Beispiel Kiernan, *Lords*; V. G. Kiernan, *Imperialism and its Contradictions*, hg. v. Harvey J. Kaye (New York: Routledge, 1995); D. K. Fieldhouse, *The Colonial Empires: A Comparative Survey from the Eighteenth Century* (1966; wiederabgedruckt London: Macmillan, 1982); Pagden, *Lords*; Chinweizu, *The West and the Rest of Us: White Predators, Black Slavers, and the African Elite* (New York: Vintage Books, 1975); Henri Brunschwig, *French Colonialism, 1871–1914: Myths and Realities*, übers. v. William Granville Brown (1964; wiederabgedruckt New York: Praeger, 1966); David Healy, *U.S. Expansionism: The Imperialist Urge in the 1890s* (Madison: University of Wisconsin Press, 1970).

42 Said, *Kultur*, S. 42.

43 Kiernan, *Lords*, S. 24.

44 Linda Alcoff skizziert ein attraktives, ausgeprägt lateinamerikanisches Ideal einer hybriden, *race*-bezogenen Identität in ihrem Aufsatz »Mestizo Identity« in: Naomi Zack (Hg.) *American Mixed Race: The Culture of Microdiversity* (Lanham, Md.: Rowman and Littlefield, 1995), S. 257–78. Leider muss dieses Ideal aber erst noch verwirklicht werden. Zu einer Entlarvung der lateinamerikanischen Mythen von »*race*-bezogener Demokratie« und einem *race*-übergreifenden *mestizaje* und einer Darstellung der Wirklichkeit des Ideals des *blanqueamiento* (Bleichen) und der fortwährenden Unterordnung von Schwarzen und Menschen mit dunklerer Haut in der gesamten Region siehe zum Beispiel Minority Rights Group (Hg.), *No Longer Invisible: Afro-Latin Americans Today* (London: Minority Rights, 1995); und Bowser, *Racism and Anti-Racism*.

45 Locke, *Zweite Abhandlung*, S. 350 f. Da Locke »Eigentum« auch in der Bedeutung von »Rechte« verwendet, ist das nicht ganz so eindimensional, wie es klingt.

46 Hobbes, *Leviathan*, S. 105.

47 W. E. B. Du Bois, *Black Reconstruction in America, 1860–1880* (1935; wiederabgedruckt New York: Atheneum, 1992).

48 Siehe Eric Jones, *The European Miracle* (Cambridge: Cambridge University Press, 1981); dt.: *Das Wunder Europa*, übers. v. M. Streissler (Tübingen: Mohr Siebeck, 2012). Meine Erörterung folgt hier J. M. Blaut et al., *1492: The Debate on Colonialism, Eurocentrism, and history* (Trenton, N.J.: Africa World Press, 1992); und J. M. Blaut, *The Colonizer's Model of the World: Geographical Diffusionism and Eurocentric History* (New York: Guilford Press, 1993).

49 Blaut, *1492*; Blaut, *Colonizer's Model*.

50 Sandra Harding, Einleitung zu Harding (Hg.), *The »Racial« Economy of Science: Toward a Democratic Future* (Bloomington: Indiana University Press, 1993), S. 2.

51 Eric Williams, *Capitalism and Slavery* (1944; wiederabgedruckt New York: Capricorn Books, 1966).

52 Walter Rodney, *How Europe Underdeveloped Africa* (1972; wiederabgedruckt Washington, D.C.: Howard University Press, 1974); dt.: *Afrika: die Geschichte einer Unterentwicklung*, übers. v. G. Walther (Berlin [West]: Wagenbach, 1976); Samir Amin, *Eurozentrismus*, übers. v. Th. Laugstien (Kassel: Mangroven Verlag, 2019); André Gunder Frank, *World Accumulation, 1492–1789* (New York: Monthly Review Press, 1978); Immanuel Wallerstein, *Das moderne Weltsystem*, 3 Bde. (Frankfurt a. M., Syndikat, 1986).

53 Blaut, *1492*, S. 3.

54 Kiernan, *Imperialism*, S. 98, 149.

55 Zitiert in Noam Chomsky, *Year 501: The Conquest Continues* (Boston: South End Press, 1993), S. 61; dt.: *Wirtschaft und Gewalt. Vom Kolonialismus zur neuen Weltordnung*, übers. v. M. Haupt (Springe: zu Klampen, 2015), S. 109.

56 Siehe jedoch Richard J. Herrnsteins und Charles Murrays Bestseller *The Bell Curve: Intelligence and Class Structure in American Life* (New York: Free Press, 1994) als Anzeichen dafür, dass die älteren, schnörkellos rassistischen Theorien möglicherweise ein Comeback feiern.

57 Siehe zum Beispiel: Andrew Hacker, *Two Nations: Black and White, Separate, Hostile, Unequal* (New York: Scribner's, 1992); Derrick Bell, *Faces at the Bottom of the Well: The Permanence of Racism* (New York: Basic Books, 1992); Massey und Denton, *American Apartheid*; Stephen Steinberg, *Turning Back: The Retreat from Racial Justice in American Thought and Policy* (Boston: Beacon Press, 1995); Donald R. Kinder und Lynn M. Sanders, *Divided by Color: Racial Politics and Democratic Ideals* (Chicago: University of Chicago Press, 1996); Tom Wicker, *Tragic Failure: Racial Integration in America* (New York: William Morrow, 1996).

58 Melvin L. Oliver und Thomas M. Shapiro, *Black Wealth/White Wealth: A New Perspective on Racial Inequality* (New York: Routledge 1995), S. 86, Anm. 7.
59 Richard F. America (Hg.), *The Wealth of Races: The Present Value of Benefits from Past Injustices* (New York: Greenwood Press, 1990). Zu einer weiteren ironischen Reverenz, deren Thema die internationale Verteilung des Wohlstands ist, siehe Malcolm Caldwell, *The Wealth of Some Nations* (London: Zed Press, 1977).
60 David H. Swinton, »Racial Inequality and Reparations«, in: America, *Wealth of Races*, S. 156.
61 James Marketti, »Estimated Present Value of Income Diverted during Slavery«, in: America, *Wealth of Races*, S. 107.
62 Robert S. Browne, »Achieving Parity through Reparations«, in: America, *Wealth of Races*, S. 204; Swinton, »Racial Inequality«, S. 156.

Einzelheiten

1 Später werde ich die taxonomischen Probleme erörtern, die durch »Grenz-«/»Halb«-Europäer aufgeworfen werden.
2 Siehe zum Beispiel Jan Nederveen Pieterse, *White on Black: Images of Africa and Blacks in Western Popular Culture* (1990; wiederabgedruckt New Haven: Yale University Press, 1992), S. 30–31; Ronald Sanders, *Lost Tribes and Promised Lands: The Origins of American Racism* (Boston: Little, Brown, 1978), S. 202.
3 Edward Dudley und Maximillian E. Novak (Hg.), *The Wild Man Within: An Image in Western Thought from the Renaissance to Romanticism* (Pittsburgh: University of Pittsburgh Press, 1972).
4 Hayden White, »The Forms of Wildness: Archaeology of an Idea«, in: Dudley und Novak, *Wild Man*, S. 5.
5 Roy Harvey Pearce, *Savagism and Civilization: A Study of the Indian and the American Mind*, überarb. Aufl. (1953; wiederabgedruckt Baltimore: Johns Hopkins Press, 1965) (Originaltitel: *The Savages of America*), S. 3.
6 Mary Louise Pratt, »Humboldt and the Reinvention of America«, in Jara und Spadaccini, *Amerindian Images*, S. 589.
7 Mudimbe, *Invention of Africa*, S. 13 ff.
8 Martin Bernal, *The Fabrication of Ancient Greece, 1785–1985*, Bd. 1: *Black Athena: The Afroasiatic Roots of Classical Civilization* (New Brunswick, N.J.: Rutgers University Press, 1987). Diese Behauptung hat eine lange Geschichte in der internationalen Schwarzen (afrikanischen, afroamerikanischen) Gemeinschaft. Siehe zum Beispiel Cheikh Anta Diop, *The African Origin of Civilization: Myth or Reality*, übers. v. Mercer Cook (1955, 1967; wiederabgedruckt Westport, Conn.: Lawrence Hill, 1974).
9 Harding, *»Racial« Economy*, S. 27.
10 Joseph Conrad, *Heart of Darkness*, hg. v. Paul O'Prey (1902; wiederabgedruckt London: Penguin Books, 1983), S. 33; dt.: *Herz der Finsternis*, übers. v. R. Batberger (Frankfurt a. M.: Suhrkamp, 2002), S. 18.
11 Scott B. Cook, *Colonial Encounters in the Age of High Imperialism* (New York: HarperCollins World History Series, 1996), S. 104.
12 Mudimbe, *Invention of Africa*, S. 71.
13 Sanders, *Lost Tribes*, S. 9–12.

14 Drinnon, *Facing West*, S. 66, 105, 122 f.

15 Zu einer Analyse des Films siehe zum Beispiel Michael Ryan und Douglas Kellner, *Camera Politica: The Politics and Ideology of Contemporary Hollywood Film* (Bloomington: Indiana University Press, 1988).

16 David Theo Goldberg, *Racist Culture: Philosophy and the Politics of Meaning* (Cambridge, Mass.: Blackwell, 1993), S. 185, und allgemeiner Kap. 8, »›Polluting the Body Politic‹: Race and Urban Location«, S. 185–205.

17 Fanon, *Die Verdammten dieser Erde*, S. 31 ff.

18 Franke Wilmer, *The Indigenous Voice in World Politics: Since Time Immemorial* (Newbury Park, Calif.: Sage, 1993).

19 Locke, *Zweite Abhandlung*, S. 46.

20 Francis Jennings, *The Invasion of America: Indians, Colonialism, and the Cant of Conquest* (1975; wiederabgedruckt New York: Norton, 1976), S. 1.

21 Ebd., S. 16. Siehe auch Stannard, *American Holocaust*, Kap. 1 und 2 zu einer Darstellung der exponentiellen Korrektur nach oben von Schätzungen der präkolumbianischen Bevölkerung des amerikanischen Kontinents aus den letzten Jahren und der Politik ihrer früheren Unterschätzung. Vor einem halben Jahrhundert lagen die üblicherweise genannten Zahlen bei acht Millionen insgesamt für Nord- und Südamerika und bei weniger als einer Million für das Gebiet nördlich von Mexiko; heute würden einige Schätzungen diese Zahlen bei jeweils 145 und 18 Millionen veranschlagen. Stannard, *American Holocaust*, S. 11.

22 Drinnon, *Facing West*, S. 49, 212, 232.

23 Zitiert aus einem offiziellen Dokument von A. Barrie Pittock, »Aboriginal Land Rights«, in: Stevens, *Racism* 2: S. 192.

24 Leonard Thompson, *The Political Mythology of Apartheid* (New Haven: Yale University Press, 1985), S. 75.

25 In Zitaten mit historischem Kontext wird »native« durch »Ureinwohner« übersetzt (A.d.Ü.).

26 Drinnon, *Facing West*, S. 213.

27 Russel Ward, »An Australian Legend«, *Royal Australian Historical Society Journal and Proceedings* 47, Nr. 6 (1961), S. 344, zitiert nach M. C. Hartwig, »Aborigines and Racism: An Historical Perspective«, in: Stevens, *Racism* 2, S. 9.

28 Als eine klassische Analyse siehe Frantz Fanon, *Schwarze Haut, Weiße Masken*, übers. v. E. Moldenhauer (Frankfurt a. M.: Syndikat, 1980); und als eine jüngere Untersuchung Lewis R. Gordon, *Bad Faith and Antiblack Racism* (Atlantic Highlands, N.J.: Humanities Press, 1995), bes. Kap. 7, 14 und 15, S. 29–44. 97–103, 104–116.

29 Gordon, *Bad Faith*, S. 99, 105.

30 Frankenberg, *White Women*, Kap. 3.

31 Fanon, *Schwarze Haut*; Charles Herbert Stember, *Sexual Racism: The Emotional Barrier to an Integrated Society* (New York: Elsevier, 1976); John D'Emilio und Estelle B. Freedman, *Intimate Matters: A History of Sexuality in America* (New York: Harper and Row, 1988), Kap. 5, »Race and Sexuality«, S. 85–108.

32 Susan Mendus, »Kant: ›An Honest but Narrow-Minded Bourgeois‹?«, in: Ellen Kennedy und Susan Mendus (Hg.), *Women in Western Political Philosophy* (New York: St. Martin's Press, 1987), S. 21–43.

33 Aristoteles, *Politik*, übers. v. E. Rolfes (Hamburg: Meiner, 1922), S. 7–14.

34 White, »Forms of Wildness«, S. 17.

35 Jennings, *Invasion of America*, S. 6.

36 Siehe Cornel Wests Beschreibung der Entstehung des »normativen Blicks« der Weißen Vorherrschaft in der Moderne: »A Genealogy of Modern Racism«, Kap. 2 von *Prophesy Deliverance! An Afro-American Revolutionary Christianity* (Phildelphia: Westminster Press, 1982), S. 47–65.

37 Deutsch im Original (A.d.Ü.).

38 M. I. Finley, *Ancient Slavery and Modern Ideology* (New York: Viking Press, 1980), S. 144; dt.: *Die Sklaverei in der Antike*, übers. v. Ch. Schwingenstein (München: Beck, 1981), S. 176.

39 Lucius Outlaw Jr., »Life-Worlds, Modernity, and Philosophical Praxis: Race, Ethnicity, and Critical Social Theory«, in: Ders., *On Race and Philosophy* (New York: Routledge, 1996), S. 165.

40 Zitiert in Drinnon, *Facing West*, S. 75.

41 Said, *Kultur und Imperialismus*, S. 93, 102.

42 Orlando Patterson, *Freedom in the Making of Western Culture*, Bd. 1: *Freedom* (New York: Basic Books, 1991).

43 Toni Morrison, *Playing in the Dark: Whiteness and the Literary Imagination* (Cambridge: Harvard University Press, 1992); dt.: *Im Dunkeln spielen. Weisse Kultur und literarische Imagination*, übers. v. H. Pfetsch und B. von Bechtolsheim (Reinbek bei Hamburg: Rowohlt, 1995).

44 Zitiert in Pearce, *Savagism*, S. 7 f.

45 Zu einer Erörterung siehe zum Beispiel Stephen Jay Gould, *The Mismeasure of Man* (New York und London: Norton, 1981); dt.: *Der falsch vermessene Mensch*, übers. v. G. Seib (Basel u. a.: Birkhäuser, 1983); und William H. Tucker, *The Science and Politics of Racial Research* (Urbana: University of Illinois Press, 1994). Tucker behauptet rundweg (S. 5): »Die Wahrheit ist, dass diese Kontroverse immer ein politisches Ziel hatte, obwohl sie mit wissenschaftlichen Waffen geführt wurde.«

46 Harmannus Hoetink, *Caribbean Race Relations: A Study of Two Variants*, übers. v. Eva M. Hooykaas (1962; wiederabgedruckt London: Oxford University Press, 1967).

47 George L. Mosse, *Toward the Final Solution: A History of European Racism* (1978; wiederabgedruckt Madison: University of Wisconsin Press, 1985), S. xii, 11.

48 Winthrop D. Jordan, *White over Black: American Attitudes toward the Negro, 1550–1812* (1968; wiederabgedruckt New York: Norton, 1977).

49 Benjamin Franklin, *Observations Concerning the Increase of Mankind* (1751), zitiert in Jordan, *White over Black*, S. 270, Anm. 143.

50 Siehe zum Beispiel Kathy Russell, Midge Wilson und Ronald Hall, *The Color Complex: The Politics of Skin Color among African Americans* (New York: Harcourt Brace Jovanovich, 1992).

51 Frank M. Snowden Jr., *Blacks in Antiquity: Ethiopians in the Greco-Roman Experience* (Cambridge: Harvard University Press, 1970); Frank M. Snowden Jr., *Before Color Prejudice: The Ancient View of Blacks* (Cambridge: Harvard University Press, 1983).

52 Theodore W. Allen, *Racial Oppression and Social Control*, Bd. 1: *The Invention of the White Race* (New York: Verso, 1994); Ian F. Haney López, *White by Law: The Legal Construction of Race* (New York: New York University Press, 1996).

53 Jennings, *Invasion of America*, S. 60.

54 Hugo Grotius, *Drei Bücher vom Recht des Krieges und des Friedens*, übers. v. J. H. v. Kirchmann (Berlin: Verlag von L. Heimann, 1869), Buch 2, Kap. 20, »Über die Strafen«, S. 90, zitiert nach: Williams, »Algebra«, S. 250.

55 Zum Folgenden vgl. James Tully, *Strange Multiplicity: Constitutionalism in an Age of Diversity* (Cambridge: Cambridge University Press, 1995), bes. Kap. 3, »The Historical Formation of Modern Constitutionalism: The Empire of Uniformity«, S. 58–98. Ich danke Anthony Laden

dafür, dass er mich auf dieses Buch aufmerksam gemacht hat, von dem ich erst erfuhr, als mein eigenes Manuskript schon kurz vor dem Abschluss stand.

56 Hobbes, *Leviathan*, S. 106.

57 Richard Ashcraft, »Leviathan Triumphant: Thomas Hobbes and the Politics of Wild Men«, in: Dudley und Novak, *Wild Man*, S. 146–47.

58 Hobbes, *Leviathan*, S. 106.

59 Im Gegensatz dazu war zweihundert Jahre später das britische Kolonialunternehmen mit der begleitenden ontologischen Dichotomisierung so gut verankert, dass John Stuart Mill nicht das leiseste Unwohlsein bei der Behauptung (in einem Essay, der heute als eine klassische humanistische Verteidigung von Individualismus und Freiheit angesehen wird) verspürte, dass das liberale Schadensprinzip »nur für menschliche Wesen in der Reife ihrer Fähigkeiten gilt« und nicht für jene »rückständigen gesellschaftlichen Zustände, in denen die menschliche Gattung selbst als noch unmündig angesehen werden kann«: »Despotismus ist eine legitime Regierungsform im Umgang mit Barbaren, sofern er ihre Förderung im Sinn hat ...« *On Liberty and Other Writings*, hg. v. Stefan Collini (Cambridge: Cambridge University Press, 1989), S. 13; dt.: *Über die Freiheit*, übers v. A. v. Borries (Frankfurt a. M.: Athenäum, 1987), S. 17.

60 Locke, *Zweite Abhandlung*, Kap. 5, »Vom Eigentum«.

61 Robert A. Williams Jr., »Documents of Barbarism: The Contemporary Legacy of European Racism and Colonialism in the Narrative Traditions of Federal Indian Law«, *Arizona Law Review* 237 (1989), Auszüge in: Richard Delgado (Hg.), *Critical Race Theory: The Cutting Edge* (Philadelphia: Temple University Press, 1995), S. 103.

62 Locke, *Zweite Abhandlung*, Kap. 16, »Von Eroberung«.

63 Siehe zum Beispiel Jennifer Welchman, »Locke on Slavery and Inalienable Rights«, *Canadian Journal of Philosophy* 25 (1995), S. 67–81.

64 Rousseau, *Diskurs über Ungleichheit*, S. 99, 109, 115, 269, 279, 293 (nicht-Weiße Wilde), S. 279 (europäische Wilde).

65 Ebd., S. 197.

66 Rousseau, *Der Gesellschaftsvertrag*, Buch 1, Kap. 8.

67 Emmanuel Eze, »The Color of Reason: The Idea of ›Race‹ in Kant's Anthropology«, in: Katherine Faull (Hg.), *Anthropology and the German Enlightenment* (Lewisburg, Pa.: Bucknell University Press, 1995), S. 196–237.

68 Im Folgenden wird das Wort »Rasse« beibehalten, da der Kontext historisch ist und Kant den Begriff mitbegründet hat (A.d.Ü.).

69 Eze zitierte das Urteil Earl Counts von 1950, dass die Gelehrten häufig vergessen, dass »Immanuel Kant das tiefgründigste rassenlogische Denken des 18. Jahrhunderts hervorbrachte«. Earl W. Count (Hg.), *This Is Race: An Anthology Selected from the International Literature on the Races of Man* (New York: Henry Schuman, 1950), S. 704, zitiert nach Eze, »Color of Reason«, S. 196. Man vergleiche das Urteil des deutschen Anthropologen Wilhelm Mühlmann aus dem Jahr 1967, dass Kant »der Begründer des modernen Rassebegriffs ist«, zitiert nach Léon Poliakov, »Racism from the Enlightenment to the Age of Imperialism«, in: Robert Ross (Hg.), *Racism and Colonialism* (Den Haag: Leiden University Press, 1982), S. 59.

70 Mosse, *Final Solution*, S. 30 f.

71 Immanuel Kant, *Beobachtungen über das Gefühl des Schönen und Erhabenen* (Königsberg: Kanter, 1766), S. 106 f.

72 Eze, »Color of reason«, S. 209–215, 217.

73 Siehe David Lehman, *Signs of the Times: Deconstruction and the Fall of Paul de Man* (New York: Poseidon Press, 1991).
74 Deutsch im Original (A.d.Ü.).
75 Janet L. Abu-Lughod, *Before European Hegemony: The World System, A. D. 1250–1350* (New York: Oxford University Press, 1989).
76 Fredric Jameson, »Modernism and Imperialism«, in: Seamus Deane (Hg.), *Nationalism, Colonialism, and Literature* (Minneapolis: University of Minnesota Press, 1990), S. 50–51.
77 Steinberg, *Turning Back*, S. 152.
78 Massey und Denton, *American Apartheid*, S. 84, 97–98.
79 Morrison, *Playing*, S. 46.
80 Siehe die Erörterung »idealisierender« Abstraktionen bei Onora O'Neill, »Justice, Gender, and International Boundaries«, in: Martha Nussbaum und Amartya Sen (Hg.) *The Quality of Life* (Oxford: Clarendon Press, 1993), S. 303–323.
81 Patricia J. Williams, *The Alchemy of Race and Rights* (Cambridge: Harvard University Press, 1991), S. 116, Anm. 49.
82 Bill E. Lawson, »Moral Discourse and Slavery«, in: Howard McGary und Bill E. Lawson, *Between Slavery and Freedom: Philosophy and American Slavery* (Bloomington: Indiana University Press, 1992), S. 71–89.
83 Anita L. Allen, »Legal Rights for Poor Blacks«, in: Bill E. Lawson (Hg.), *The Underclass Question* (Philadelphia: Temple University Press, 1992), S. 117–139.
84 Rawls, *Theory of Justice*; Robert Nozick, *Anarchy, State, and Utopia* (New York: Basic Books, 1974); dt.: *Anarchie, Staat, Utopia*, übers. v. H. Vetter (München: Moderne Verlagsgesellschaft, 1976).
85 Isaacs, »Color«, S. 235.
86 Earl Miner, »The Wild Man through the Looking Glass«, in: Dudley und Novak, *Wild Man*, S. 89 f.
87 Jordan, *White over Black*, S. 254.
88 Drinnon, *Facing West*, S. xvii. Aber siehe Allen, *Invention of the White Race*, zur gegensätzlichen Position, dass die Iren tatsächlich zu Nicht-Weißen gemacht wurden.
89 Noel Ignatiev, *How the Irish Became White* (New York: Routledge, 1995).
90 Siehe John W. Dower, *War without Mercy: Race and Power in the Pacific War* (New York: Pantheon Books, 1986).
91 Gary Y. Okihiro, »Is Yellow Black or White?« in: Ders., *Margins and Mainstreams: Asians in American History and Culture* (Seattle: University of Washington Press, 1994), S. 31–63.
92 Sir Robert Filmer, *Patriarcha and Other Writings*, hg. v. Johann P. Sommerville (Cambridge: Cambridge University Press, 1991); dt.: *Patriarcha*, übers. u. hg. v. P. Schröder (Hamburg: Meiner, 2019).
93 Auch hier könnte man argumentieren, dass eine bessere Formulierung lauten würde, dass sie nach den Bedingungen des Racial Contract tatsächlich *nicht* dasselbe Verbrechen sind, dass sich die Identitätsbedingungen mit dem Täter ändern, sodass in Wirklichkeit keine Inkonsistenz besteht. Das Urteil der Inkonsistenz setzt den Hintergrund des *Gesellschafts*vertrags voraus.
94 Dem NAACP Legal Defense and Educucational Fund in New York zufolge waren unter den 380 Menschen, die seit der Wiedereinführung der Todesstrafe hingerichtet wurden, nur fünf Weiße, die für Morde an Schwarzen verurteilt wurden.

95 William Brandon, *The American Heritage Book of Indians* (New York: Dell, 1964), S. 327, zitiert nach: Jan P. Nederveen Pieterse, *Empire and Emancipation: Power and Liberation on a World Scale* (New York: Praeger, 1989), S. 313.

96 Kiernan, *Lords*, S. 198, Anm. 47.

97 Locke, *Zweite Abhandlung*, S. 18.

98 Ralph Ginzburg (Hg.), *100 Years of Lynchings* (1962; wiederabgedruckt Baltimore: Black Classic Press, 1988).

99 C. J. Dashwood, zitiert in: Price, *White Settlers*, S. 114. Ein Weißer Siedler »erschoss bei Sichtkontakt 37 Einheimische als Rache dafür, von einem Speer durchbohrt worden zu sein«. Ebd., S. 115.

100 Frederick Douglass, *Narrative of the Life of Frederick Douglass, an American Slave* (New York: Viking Penguin, 1982), S. 135.

101 Carter G. Woodson, *The Mis-Education of the Negro* (1933; wiederabgedruckt Nashville, Tenn.: Winston-Derek, 1990).

102 James Baldwin, *Nobody Knows My Name: More Notes of a Native Son* (1961; wiederabgedruckt New York: Vintage International, 1993), S. 96;

103 Pieterse, *Empire and Emancipation*, S. 317.

104 Zitiert aus *Survival International Review* 4, Nr. 2 (1979), in: Moody, *Indigenous Voice*, S. 248.

105 Jerry Gambill, »Twenty-one Ways to ›Scalp‹ an Indian«, Rede von 1968, in: Moody, *Indigenous Voice*, S. 293 ff., zitiert nach *Akwesasne Notes* 1, Nr. 7 (1979).

106 Fanon, *Schwarze Haut*.

107 ***Blackisms***, zitiert aus *Mureena*, Aboriginal Student Newspaper, 2, Nr. 2 (1972), in: Moody, *Indigenous Voice*, S. 290 ff. (Hervorhebungen im Original)

108 Ngũgĩ wa Thiong'o, *Decolonising the Mind: The Politics of Language in African Literature* (London: James Currey, 1986), S. 3, 12.

»Naturalisierte« Vorzüge

1 Susan Moller Okin, *Women in Western Political Thought* (1979; wiederabgedruckt Princeton: Princeton University Press, 1992).

2 Zu Hume siehe die Ausgabe von 1753/54 seiner Abhandlung »Of National Characters«, zum Beispiel zitiert in: Jordan, *White over Black*, S. 253; Georg Wilhelm Friedrich Hegel, Einleitung in *Vorlesungen über die Philosophie der Geschichte* (Frankfurt a. M.: Suhrkamp, 1986), S. 11–141. Zu einer detaillierten Kritik insbesondere an Locke und Mill und an ihrem »kolonialen Liberalismus« siehe Bhikhu Parekh, »Decolonizing Liberalism«, in: Aleksandras Shtromas (Hg.) *The End of »Isms«? Reflections on the Fate of Ideological Politics after Communism's Collapse* (Cambridge, Mass.: Blackwell, 1994), S. 85–103; und Bhikhu Parekh, »Liberalism and Colonialism: A Critique of Locke and Mill«, in: Jan P. Nederveen Pieterse und Bhikhu Parekh (Hg.), *The Decolonization of Imagination: Culture, Knowledge and Power* (London: Zed Books, 1995), S. 81–98.

3 Im Hinblick auf Mill sollte fairerweise bemerkt werden, dass er eine berühmte Korrespondenz mit Thomas Carlyle über die Behandlung Schwarzer auf den britischen westindischen Inseln führte, in der er sich für (natürlich relativ) »progressive« gesellschaftspolitische Maßnahmen ausspricht. Siehe *Thomas Carlyle: The Nigger Question; John*

Stuart Mill: The Negro Question, hg. v. Eugene R. August (New York: Appleton-Century-Crofts, Crofts Classics, 1971). Aber der Unterschied betrifft im Grunde humanere und weniger humane kolonialpolitische Maßnahmen; der Kolonialismus selbst als politisch-ökonomisches Ausbeutungssystem wird nicht in Frage gestellt.

4 Alvin I. Goldman, »Ethics and Cognitive Science«, *Ethics* 103 (1993), S. 337–360. Zu weiterer Literatur über den sich entwickelnden Dialog zwischen den beiden siehe Larry May, Marilyn Friedman und Andy Clark (Hg.), *Mind and Morals: Essays on Ethics and Cognitive Science* (Cambridge: MIT Press, 1996).

5 Vgl. Frankenberg, *White Women*, die zwischen dem älteren Diskurs des essentialistischen Rassismus »mit seiner Betonung des ›Rassenunterschieds‹, der in hierarchischen Begriffen einer wesensmäßigen, biologischen Ungleichheit aufgefasst wird«, und dem gegenwärtigen Diskurs wesensmäßiger »Identität«, »Farbenblindheit«, einer »Farbe und Macht ausweichenden« Sprache unterscheidet, die behauptet, dass »wir unter der Haut alle identisch sind«, was durch das Ignorieren der »strukturellen und institutionellen Dimensionen des Rassismus« impliziert, dass »wir im Grunde dieselben Chancen in der US-amerikanischen Gesellschaft haben«, sodass »jedes Leistungsversagen daher die Schuld der People of Color selbst ist« (S. 14, 139).

6 Beispielsweise kommen Donald Kinder und Lynn Sanders bei ihrer Analyse amerikanischer Einstellungen zu *race* zu dem Schluss, dass bei vielen Fragen der öffentlichen Ordnung »das [individuelle] Eigeninteresse sich als ganz unwichtig erweist«. Entscheidend sind *Gruppen*interessen, »Interessen, die kollektiv anstatt persönlich sind«, und Wahrnehmungen des *relativen* Verlusts betreffen, die weniger auf objektiven Zuständen als auf sozialen Vergleichen beruhen«, das heißt die Vorstellung einer »gruppenspezifischen Benachteiligung«. Und wie sich herausstellt, sind *races* die wichtigsten gesellschaftlichen Gruppen, da die *race* »Spaltungen erzeugt, die stärker als alle anderen im Leben der Amerikaner wahrnehmbar sind«: »Insoweit Interessen eine prominente Stellung in der Meinung der Weißen mit Bezug auf *race* einnehmen, handelt es sich um die Bedrohungen, die die Schwarzen für das Kollektivwohl der Weißen darzustellen scheinen, und nicht um ihr persönliches Wohlergehen.« Kinder und Sanders, *Divided by Color*, S. 252, Anm. 85, 262 ff.

7 Susan V. Opotow (Hg.), »Moral Exclusion and Injustice«, *Journal of Social Issues*, 46, Sonderband (1990), S. 1, zitiert nach: Wilmer, *Indigenous Voice*.

8 Zu einer Erörterung siehe Cheryl I. Harris, »Whiteness as Property«, *Harvard Law Review* 106 (1993), S. 1709–1091; und Welchman, »Locke on Slavery«.

9 Man betrachte die »*race*-bezogene Etikette« des Alten Südens, wie sie in John Dollards *Caste and Class in a Southern Town*, 3. Aufl. (1937; wiederabgedruckt New York: Doubleday Anchor, 1957) dokumentiert und beispielsweise in William Faulkners Romanen erforscht wurde, und Richard Wright, »The Ethics of Living Jim Crow« (1937), in: Henry Louis Gates Jr. (Hg.), *Bearing Witness: Selections from African-American Autobiography in the Twentieth Century* (New York: Pantheon Books, 1991), S. 39–51.

10 Kiernan führt die Ansicht an, der viele Weiße mit Bezug auf Sklaverei anhängen, nämlich dass »N*ger weitaus abgestumpftere Nerven haben und weniger empfänglich für Schmerzen sind als Europäer«. Kiernan, *Lords*, S. 199.

11 Ralph Ellison, *Invisible Man* (1952; wiederabgedruckt New York: Vintage Books, 1972), S. 3, 14; *Der unsichtbare Mann*, übers. v. G. Goyert (Berlin: Aufbau Verlag, 2020).

12 Baldwin, *Nobody Knows*, S. 172; James Baldwin, *The Fire Next Time* (1963; wiederabgedruckt New York: Vintage International, 1993), S. 53 f.

13 Drinnon, *Facing West*, S. 138–139.

14 W. E. H. Stanner, *After the Dreaming* (Sydney: Boyer Lectures, 1968), S. 25, zitiert nach: Hartwig, »Aborigines and Racism«, in: Stevens, *Racism* 2: S. 10.

15 Gordon, *Bad Faith*, S. 8, 75, 87.

16 David Stannard, *American Holocaust*. Die übliche Antwort auf diesen Vorwurf besteht in der Behauptung, dass die überwältigende Mehrheit der indigenen Bevölkerung Amerikas tatsächlich durch Krankheiten getötet wurde und nicht durch die Kriegsführung oder durch allgemeine Misshandlung. Stannard erwidert, dass keine Tatsachenbelege vorgebracht wurden, um diese Standardbehauptung zu stützen, und selbst, wenn sie wahr wäre, würde die Schuldhaftigkeit fortbestehen, und zwar im selben Sinne, wie wir die Nazis moralisch verantwortlich für den Tod der Juden durch Krankheit, Mangelernährung und Überarbeitung in den Ghettos und Konzentrationslagern machen. Manche Gelehrte schätzen, dass mehr als zwei Millionen Juden tatsächlich an diesen Ursachen starben anstatt durch Gas oder Erschießen. Siehe zum Beispiel Raul Hilberg, *The Destruction of the European Jews*, überarb. und maßgebl. Aufl., 3 Bde. (New York: Holmes und Meier, 1985); dt.: *Die Vernichtung der europäischen Juden*, übers. v. Chr. Seeger, H. Maòr, W. Bengs u. W. Sczepan; und Arno Mayer, *Why Did the Heavens Not Darken! The »Final Solution« in History*, mit einem neuen Vorwort (1988; wiederabgedruckt New York: Pantheon, 1990) dt.: *Der Krieg als Kreuzzug: das Deutsche Reich, Hitlers Wehrmacht und die »Endlösung«*, übers. v. K. H. Siber (Reinbek bei Hamburg: Rowohlt, 1989). Dennoch weisen wir die Schuld für diese Todesfälle natürlich – wie wir es auch tun sollten – der Politik der Nationalsozialisten zu, die letztlich kausal für sie verantwortlich war. Zu konkurrierenden Positionen in dieser häufig wütenden Auseinandersetzung siehe David E. Stannard, »Uniqueness as Denial: The Politics of Genocide Scholarship« (wo diese Argumente vorgebracht und diese Quellen zitiert werden), und Steven T. Katz, »The Uniqueness of the Holocaust: The Historical Dimension«, beide in: Alan S. Rosenbaum (Hg.), *Is the Holocaust Unique! Perspectives on Comparative Genocide* (Boulder, Col.: Westview Press, 1996), S. 163–208 und 19–38. Siehe auch Tzvetan Todorov, *Die Eroberung Amerikas; das Problem des Anderen*, übers. v. W. Böhringer (Frankfurt a. M.: Suhrkamp, 1985), bes. Kap. 3, »Lieben«, S. 155–218.

17 Drinnon, *Facing West*, S. 199.

18 Siehe Stannard, *American Holocaust*, S 317 f.

19 E. D. Morel, *The Black Man's Burden* (1920; wiederabgedruckt New York: Monthly Review Press, 1969). Dieselbe Schätzung tätigt Jan Vansina, emeritierter Professor für Geschichte und Anthropologie an der University of Wisconsin.

20 Stannard, *American Holocaust*, S. 121. Jonathan Swift in *Gullivers Reisen* (1726) lässt seine Hauptfigur in Teil 4 Schuhe und ein Kanu aus den Häuten der untermenschenhaften/menschlichen Untiere (Yahoos) machen (die selbst auf den »Hottentotten« basieren, dem Khoi-khoi-Volk Südafrikas). »Auch mein Segel bestand aus den Häuten dieses Tieres; aller dings benutzte ich die jüngsten, die ich bekommen konnte, weil die älteren Tiere zu zäh und dick waren.« Jonathan Swift, *Gullivers Reisen* übers. v. H. J. Real u. H. J. Vienken (Stuttgart: Reclam, 2011), S. 364 f.

21 Clive Turnbull, »Tasmania: The Ultimate Solution«, in: Stevens, *Racism* 2, S. 228–234.

22 Dower, *War without Mercy*, Kap. 3, »War Hates and War Crimes«, S. 33–73.

23 C. L. R. James, *The Black Jacobins: Toussaint L'Ouverture and the San Domingo Revolution*, 2. Aufl. (1938; wiederabgedruckt New York: VintageBooks, 1963), S. 12 f; dt.: *Die schwarzen Jakobiner;*

Toussaint L'Ouverture und die Unabhängigkeitsrevolution in Haiti, übers. v. G. Löffler (Köln: Pahl-Rugenstein, 1984), S. 18 f.

24 Ida Wells-Barnett, *On Lynchings* (New York: Arno Press, 1969); Ginzburg, *100 Years*.

25 Daniel R. Headrick, *The Tools of Empire: Technology and European Imperialism in the Nineteenth Century* (New York: Oxford University Press, 1981), S. 102 f. Das Geschoss wurde so genannt, weil es in einer britischen Fabrik in Dum-Dum außerhalb von Kalkutta hergestellt wurde.

26 Sven Lindqvist, *»Exterminate All the Brutes«*, übers. v. Joan Tate (1992; wiederabgedruckt New York: New Press, 1996), S. 36–69; und siehe auch Ellis, *Machine Gun*, Kap. 4, »Making the Map Red«, S. 79–109. Lindqvist weist darauf hin (S. 46), dass zusätzlich 16000 Sudanesen in der »Schlacht« verwundet wurden und dass wenige oder keiner von ihnen überlebte, da sie in der Folge kurzerhand hingerichtet wurden.

27 Dower, *War without Mercy*, S. 37 f.

28 Hilberg, *Destruction of the European Jews*; Ian Hancock, »Responses to the Porrajmos: The Romani Holocaust«, in: Rosenbaum, *Holocaust*, S. 39–64; Christopher Simpson, *Blowback: America's Recruitment of Nazis and Its Effects on the Cold War* (New York: Weidenfeld and Nicolson, 1988), Kap. 2, »Slaughter on the Eastern Front«, S. 12–26; dt.: *Der amerikanische Bumerang; NS-Kriegsverbrecher im Sold der USA*, übers. v. H. Linnert (Wien: Ueberreuter, 1988), S. 27–44.

29 Zitiert in Michael Bilton und Kevin Sim, *Four Hours in My Lai* (New York: Penguin, 1992), S. 336. Ein damals populäres Graffito in Saigon lautete »Töte ein Schlitzauge für Calley«, und die an das Weiße Haus gerichteten Telegramme überwogen im Verhältnis 100:1 zu seinen Gunsten. Es gab auch einen Erfolgshit zu seinen Ehren: »The Battle Hymn of Lt. Calley«. Ebd., S. 338 ff. Zu Algerien siehe Fanon, *Die Verdammten dieser Erde*, und Rita Maran, *Torture: The Role of Ideology in the French-Algerian War* (New York: Praeger, 1989); dt.: *Staatsverbrechen; Ideologie und Folter im Algerienkrieg*, übers. v. L. Gränz (Hamburg: Europäische Verlagsanstalt, 1996). Marans Schlussfolgerung lautet, dass die weit verbreitete Anwendung von Folter durch französische Truppen (unter Verletzung des französischen Rechts) durch die *mission civilisatrice* ermöglicht wurde, da schließlich die westliche Zivilisation auf dem Spiel stand. Im Gegensatz dazu beriefen sich amerikanische Truppen, die Gräueltaten begingen, einfach auf das bestens bekannte moralische Prinzip des M.G.R. (»mere gook rule« [die Regel, dass es sich bloß um Schlitzaugen handelt]). Siehe Drinnon, *Facing West*, S. 454–459.

30 Mayer, *Der Krieg als Kreuzzug*, S. 42. Mayer teilt diese Ansicht bloß mit, anstatt sie zu befürworten, da seine eigene Darstellung den »Judeozid« in den Kontext von Hitlers Antikommunismus und die extreme Gewalt in Europa während und nach dem II. Weltkrieg zu stellen versucht. Seine Erklärung ist rein internalistisch und springt drei Jahrhunderte vom Dreißigjährigen Krieg (1618–1648) bis zur Zeit nach dem II. Weltkrieg, ohne die *race*-bezogene Gewalt zu beachten, die Europa Nicht-Europa in der Zwischenzeit zufügte. Aber in unserem eigenen Jahrhundert gab es kurz vor dem I. Weltkrieg die Beispiele des durch die Belgier verursachten Holocaust im Kongo und des eigenen Völkermords der Deutschen an den Hereros nach dem Aufstand von 1904.

31 Simpson, *Blowback*, S. 5.

32 Aimé Césaire, *Über den Kolonialismus*, übers. v. H. Becker (Berlin: Alexander Fest Verlag, 2021), S. 11 f.

33 Kiernan, *Imperialism*, S. 101.

34 Robert Harris, *Fatherland* (1992; wiederabgedruckt New York: Harper Paperbacks, 1993); dt.: *Vaterland*, übers. v. H. Haefs (Zürich: Haffmans, 1992).

35 Bartolomé de Las Casas, *Kurzgefaßter Bericht von der Verwüstung der Westindischen Länder*, übers. v. D. W. Andreä (Frankfurt a. M.: Insel-Verlag, 1966).

36 Stannard, *American Holocaust*; Bruni Höfer, Heinz Dieterich und Klaus Meyer (Hg.) *Das Fünfhundert-jährige Reich* (Médico International, 1990); Lindqvist, »*Exterminate All the Brutes*«, S. 160, 172.

37 Norman G. Finkelstein, *Image and Reality of the Israel-Palestine Conflict* (London: Verso, 1995), S. 93; dt.: *Der Konflikt zwischen Israel und den Palästinensern*, übers. v. L. Herschhorn und A. Panster (Kreuzlingen: Hugendubel, 2002), S. 177.

38 Adolf Hitler, Rede von 1932 in: *Triumph*, Bd. 1 von *Hitler: Reden und Proklamationen, 1932–1945*, hg. v. Max Domarus (Wiesbaden: Löwit, 1973), S. 96. Für diese Literaturangabe geht mein Dank an Finkelstein, *Image and Reality*, S. 93–94. Finkelstein weist darauf hin, dass viele von Hitlers Biografen betonen, wie oft er sich auf die erfolgreiche nordamerikanische Vernichtung der »roten Wilden« als lobenswertes und nachzuahmendes Vorbild berief.

39 Locke, *Zweite Abhandlung*, S. 100 ff.

40 David Hume, »Of the Original Contract« (1748), als Aufsatz in einem Sammelband erschienen, zum Beispiel in Barker, *Social Contract*, S. 147–66; dt.: »Über den ursprünglichen Vertrag«, in: Ders., *Politische und Ökonomische Essays*, übers. v. S. Fischer (Hamburg: Meiner, 1988), S. 301–24.

41 Es gibt jetzt eine amerikanische Zeitschrift mit dem Titel *Race Traitor: A Journal of the New Abolitionism*. Zu einer Sammlung von Aufsätzen aus dieser Zeitschrift siehe Noel Ignatiev und John Garvey, *Race Traitor* (New York: Routledge, 1996).

42 Maran, *Torture*, S. 125, Anm. 30.

43 Das Motto von *Race Traitor*.

44 Zitiert in Drinnon, *Facing West*, S. 163, von dem amerikanischen Romanschriftsteller des 19. Jahrhunderts Robert Montgomery Bird.

45 Chomsky, *Year 501*, S. 31; dt.: S. 66.

46 Roger Moody, Einleitung (zur ersten Auflage), *Indigenous Voice*, S. xxix.

47 Bilton und Sim, *Four Hours*, S. 135–141, 176–177, 204–205.

48 W. E. B. Du Bois, *The Souls of Black Folk* (1903; wiederabgedruckt New York: New American Library, 1982); dt.: *Die Seelen der Schwarzen*, übers. v. J. und W. Meyer-Wendt (Freiburg im Breisgau: Orange Press, 2003).

49 Sitting Bull, zitiert in Moody, *Indigenous Voice*, S. 355; Churchill, *Fantasies*; David Walker, *Appeal to the Coloured Citizens of the World* (Baltimore, Md.: Black Classic Press, 1993), S. 33, 48; Du Bois, *Souls*, S. 122, 225; W. E. B. Du Bois, »The Souls of White Folk«, in: *W. E. B. Du Bois: A Reader*, hg. v. David Levering Lewis (New York: Henry Holt, 1995), S. 456; Richard Wright, »The Ethics of Living Jim Crow«; Marcus Garvey, *The Philosophy and Opinions of Marcus Garvey*, Bde. 1 und 2, hg. v. Amy Jacques-Garvey (1923, 1925; wiederabgedruckt New York: Atheneum, 1992), Jawaharlal Nehru, *The Discovery of India* (1946; wiederabgedruckt New York: Anchor Books, 1959), zitiert nach: Chomsky, *Year 501*, S. 20; dt.: *Entdeckung Indiens* (Berlin [West]: Rütten & Loening, 1959); Martin Luther King Jr., *Why We Can't Wait* (1963; wiederabgedruckt New York: Mentor, 1964), S. 82; Malcolm X, Rede vom 8. April 1964 über die »Schwarze Revolution«, in: *I Am Because We Are: Readings in Black Philosophy*, hg. v. Fred Lee Hord (Mzee Lasana Okpara) und Jonathan Scott Lee (Amherst: University of Massachusetts Press, 1995), S. 277–278; Fanon, *Die Verdammten*, S. 43–46; Césaire, *Über den Kolonialismus*, S. 20–23; »Statement of Protest«, in: Moody, *Indigenous Voice*, S. 360.

50 »Knox war eine einflussreiche Figur für die Entwicklung der britischen ›Rassenwissenschaft‹ – möglicherweise die einflussreichste um die Jahrhundertmitte – und wurde von Darwin mit Ehrerbietung, wenn nicht gar völliger Zustimmung zitiert.« Patrick Brantlinger, »›Dying Races‹: Rationalizing Genocide in the Nineteenth Century«, in: Pieterse und Parekh, *The Decolonization of Imagination*, S. 47.

51 Lindqvist, »*Exterminate*«, Teile 2 und 4; und Brantlinger, »›Dying Races‹«.

52 Zitiert in: Cook, *Colonial Encounters*, S. 1.

53 Kiernan, *Imperialism*, S. 146. Siehe auch Okihiro, Kap. 5, »Perils of the Body and Mind«, in: *Margins and Mainstreams*, S. 118–147.

54 Kiernan, *Lords*, S. 171, 237.

55 Madison Grant, *The Passing of the Great Race; or, The Racial Basis of European History* (New York: Scribner's, 1916); Lothrop Stoddard, *The Rising Tide of Color against White World-Supremacy* (New York: Scribner's, 1920). Als eine Erörterung siehe Thomas F. Gossett, *Race: The History of an Idea in America* (1963; wiederabgedruckt New York: Schocken, 1965), Kap. 15. Gossett weist darauf hin, dass Stoddards Buch in F. Scott Fitzgeralds *Great Gatsby* vorkommt, maskiert als *The Rise of the Colored Empires*.

56 Kiernan, *Lords*, S. 27.

57 Zitiert in Dower, *War without Mercy*, S. 160.

58 Kiernan, *Lords*, S. 319 f.

59 Ebd., S. 69.

60 Drinnon, *Facing West*, S. 313–14.

61 Dower, *War without Mercy*, S. 173–78.

62 Okihiro, »Perils«, S. 129, 133.

63 W. E. B. Du Bois, »To the Nations of the World«, und »The Negro Problems« (1915), beide in: Lewis, *Du Bois*, S. 48, 639.

64 Richard Wright, *The Color Curtain: A Report on the Bandung Conference* (1956; wiederabgedruckt Jackson: University Press of Mississippi, 1994).

65 Siehe Moody, *Indigenous Voice*, S. 498–505.

66 Léon Poliakov, *Der arische Mythos: Zu den Quellen von Rassismus und Nationalsozialismus*, übers. v. M. Venjakob u. H. Fliessbach (Wien u. a.: Europaverlag, 1977), S. 22.

67 Douglass, *Narrative*, S. 107.

68 Baldwin, *Nobody Knows*, S. 67 f.

69 Siehe Eric R. Wolf, *Europe and the People without History* (Berkeley: University of California Press, 1982); dt.: *Die Völker ohne Geschichte: Europa und die andere Welt seit 1400*, übers. v. N. Kadritzke (Frankfurt a. M.: Campus-Verlag, 1991).

70 Young, *White Mythologies*.

71 Siehe zum Beispiel Edward Blydens *A Vindication of the African Race* (1857).

72 Siehe Russell et al., *The Color Complex*.

73 Zur langen Geschichte der systematischen Auslassung von Problemen der *race* seitens der bedeutendsten Theoretiker der politischen Kultur Amerikas siehe Rogers M. Smith, »Beyond Tocqueville, Myrdal, and Hartz: The Multiple Traditions in America«, *American Political Science Review* 87 (1993), S. 549–566. Smith weist darauf hin (S. 557 f.), dass »die kumulative Wirkung dieses beständigen Versagens, das vollständige Muster der Exklusion von Bürgern zu schildern, darin bestand, dass es den Forschern allzu leicht gemacht wurde zu schließen, dass egalitäre Nichtausgrenzung die Norm gewesen ist«, wohingegen »die Ausnahmen

offensichtlich großen Anspruch darauf erheben können, als konkurrierende Normen eingestuft werden zu können«.

74 Zumindest tut das meine bevorzugte Fassung. Wie bereits erwähnt, sind auch rassistische Fassungen des »Racial Contract« möglich; diese würden die Weißen für *intrinsisch* ausbeuterische Wesen halten, die biologisch dazu motiviert sind, den Vertrag zu schließen.

75 Zu repräsentativen Arbeiten in der *Rechts*theorie, der ursprünglichen Heimat des Begriffs, siehe Delgado, *Critical Race Theory*; und Kimberlé Crenshaw, Neil Gotanda, Gary Peller und Kendall Thomas (Hg.), *Critical Race Theory: The Key Writings That Formed the Movement* (New York: New Press, 1995). Der Begriff beginnt jetzt jedoch eine breitere Verwendung zu finden.

76 Zitiert in Dower, *War without Mercy*, S. 161.

77 Artikel im *Boston Globe* des Japan-Historikers Herbert Bix, 19. April 1992, zitiert nach Chomsky, *Year 501*, S. 239. Siehe auch James Yin und Shi Young, *The Rape of Nanking: An Undeniable History in Photographs*, hg. v. Ron Dorfman und Shi Young (Chicago: Innovative Publishing Group, 1996).

78 Dower, *War without Mercy*, Kap. 10, »Global Policy with the Yamato Race as Nucleus«, S. 262–290.

79 Zu einer Kritik seitens der Linken siehe zum Beispiel David Harvey, *The Condition of Postmodernity: An Enquiry into the Origins of Cultural Change* (Oxford: Basil Blackwell, 1990).

80 Jürgen Habermas, *Der philosophische Diskurs der Moderne: Zwölf Vorlesungen* (Frankfurt a. M.: Suhrkamp, 1985). Zur Kritik daran siehe zum Beispiel Dussel, *Invention of the Americas*; und Outlaw, »Life-Worlds, Modernity, and Philosophical Praxis«.

81 O'Neill, »Justice.«

82 Richard R. Wright Jr. (nicht der Romanautor), »What Does the Negro Want in our Democracy?«, in: *1910–1932: From the Emergence of the N.A.A.C.P. to the Beginning of the New Deal*, Bd. 3 von *A Documentary History of the Negro People in the United States*, hg. v. Herbert Aptheker (Secaucus, N.J.: Citadel Press, 1973), S. 285–293.

83 Henry Louis Gates Jr., *The Signifying Monkey: A Theory of African-American Literary Criticism* (New York: Oxford University Press, 1988), S. xxi, xxiii, 47, 49.

84 Henry Louis Gates Jr., »Writing ›Race‹ and the Difference It Makes«, in: Gates (Hg.), *»Race«, Writing, and Difference* (Chicago: University of Chicago Press, 1986), S. 1–20.

85 Anthony H. Richmond, *Global Apartheid: Refugees, Racism, and the New World Order* (Toronto: Oxford University Press, 1994).

Personenregister

Abu-Lughod, Janet L. 105, 176
Adams, John 92
Alcoff, Linda 168, 171
Allen, Anita L. 109, 176
Allen, Theodore W. 174
America, Richard F. 172
Amin, Samir 71, 171
Aristoteles 41, 88, 125, 173
Ashcraft, Richard 175
Augustinus 41, 89

Baldwin, James 119, 128, 148, 177, 178, 182
Barker, Ernest 165, 167, 181
Bataille, Gretchen M. 168
Beccaria, Cesare 131
Bell, Derrick 18, 171
Belloc, Hilaire 168
Berkhofer, Robert, Jr. 168
Bernal, Martin 80, 172
Bilton, Michael 180, 181
Bird, Robert Montgomery 181
Bix, Herbert 183
Blaut, James M. 71, 171
Blyden, Edward 182
Bowser, Benjamin P. 169, 171
Brandon, William 177
Brantlinger, Patrick 182
Brown, John 139
Browne, Robert S. 172
Brunschwig, Henri 170
Buck, Pearl 145
Bull, Sitting 141, 181
Burke, Edmund 152

Cabixi, Daniel 120
Caldwell, Malcolm 172
Calley, William 132
Carey-Webb, Allen 169
Carlyle, Thomas 177
Césaire, Aimé 134, 142, 180, 181
Chaudhuri, Nupur 167
Chinweizu 170
Chomsky, Noam 135, 138, 171, 181, 183
Churchill, Ward 142, 168, 181
Clark, Andy 178
Conrad, Joseph 80, 172
Cook, Scott B. 172, 182
Coppola, Francis Ford 82
Count, Earl 175
Crenshaw, Kimberlé 163, 183
Curtin, Philip D. 61, 169

Dashwood, C. J. 177
de Beauvoir, Simone 138
de Man, Paul 104, 176
Delgado, Richard 175, 183
Denton, Nancy A. 170, 171, 176
Dieterich, Heinz 181
Diop, Cheikh Anta 172
Dollard, John 178

Dorfman, Ron 183
Douglass, Frederick 119, 148, 177, 182
Dower, John W. 176, 179, 180, 182, 183
Drinnon, Richard 65, 84, 85, 112, 128, 170, 173, 174, 176, 179–182
Du Bois, W. E. B. 18, 42, 70, 140, 142, 146, 160, 171, 181, 182
Dudley, Edward 172, 175, 176
Dussel, Enrique 168, 183
D'Emilio, John 173
d'Entrèves, A. P. 168

Ellis, John 168, 180
Ellison, Ralph 128, 178
Engels, Friedrich 58, 126, 169
Eze, Emmanuel 103, 104, 175

Fanon, Frantz 83, 142, 169, 173, 177, 180, 181
Fieldhouse, D. K. 170
Filmer, Robert 113, 176
Finkelstein, Norman G. 181
Finley, Moses I. 90, 174
Frank, André Gunder 71, 171
Frankenberg, Ruth 87, 167, 173, 178
Franklin, Benjamin 95, 174
Fredrickson, George M. 168, 170
Freedman, Estelle B. 173
Friedman, Marilyn 178

Gambill, Jerry 177
Garvey, John 181
Garvey, Marcus 142, 181
Gates, Henry Louis, Jr. 178, 183
Gibson, William 58, 168
Gierke, Otto 167
Ginzburg, Ralph 177, 180
Gobineau, Joseph-Arthur 147
Goldberg, David Theo 83, 173
Goldman, Alvin I. 126, 178
Gordon, Lewis R. 86, 129, 173, 179
Gossett, Thomas F. 182
Gotanda, Neil 163, 183
Gould, Stephen Jay 174
Grant, Madison 182
Grotius, Hugo 98, 126, 174

Habermas, Jürgen 103, 157, 183
Hacker, Andrew 113, 171
Hall, Ronald 174
Hampton, Jean 165, 166
Hancock, Ian 180
Haney-López, Ian F. 174
Hanke, Lewis 169
Harding, Sandra 12, 71, 171, 172
Harmand, Jules 63, 169
Harris, Cheryl I. 178
Harris, Robert 135, 180
Hartwig, M. C. 173, 179
Hartz, Louis 170, 182
Harvey, David 183
Headrick, Daniel R. 180
Healy, David 170
Hegel, G. W. F. 32, 114, 125, 148, 177
Heidegger, Martin 104
Herrnstein, Richard J. 171
Hilberg, Raul 179, 180
Hitler, Adolf 134, 136, 179–181
Hobbes, Thomas 17, 41, 44, 52, 54, 57, 69, 82, 98–100, 125, 152, 166–168, 171, 175
Hoetink, Harmannus 95, 174
Höfer, Bruni 181
Horsman, Reginald 170
Hulme, Peter 168
Hume, David 93, 125, 137, 165, 177, 181

Ignatiev, Noel 176, 181
Innozenz IV. 61
Isaacs, Harold R. 169, 176

Jackson, Helen 169, 170
James, C. L. R. 179
Jameson, Fredric 107, 176
Jefferson, Thomas 65, 95

Jennings, Francis 84, 89, 173, 174
Jones, Eric 171
Jordan, Winthrop D. 95, 112, 174, 176, 177

Kant, Immanuel 17, 44, 54–56, 88–90, 92, 94, 98, 102–105, 113, 125, 126, 132, 148, 166, 168, 173, 175
Katz, Steven T. 179
Kellner, Douglas 173
Kiernan, Victor G. 72, 117, 134, 144, 169–171, 177, 178, 180, 182
Kinder, Donald R. 171, 178
King, Martin Luther, Jr. 142, 181
Kipling, Rudyard 91
Knox, Robert 143, 182
Kymlicka, Will 165, 168

Las Casas, Bartolomé de 61, 135, 138, 181
Lawson, Bill E. 13, 15
Lehman, David 176
Lessnoff, Michael 165, 167
Lindqvist, Sven 136, 180–182
Locke, John 17, 25, 32, 41, 44, 54–57, 69, 84, 93, 98, 100, 101, 105, 113, 114, 118, 125, 126, 137, 152, 165, 166, 168, 171, 173, 175, 177, 181
Lovejoy, Arthur O. 168

Macleod, Don 139
Malcolm X 142, 181
Maran, Rita 180, 181
Marketti, James 172
Marx, Karl 15, 18, 24, 25, 32, 41, 126, 148, 152
Massey, Douglas S. 170, 171, 176
May, Larry 178
Mayer, Arno 133, 179, 180
Mendus, Susan 173
Meyer, Klaus 181
Mill, John Stuart 41, 94, 125, 126, 175, 177, 178
Miner, Earl 176
Montesquieu 128
Moody, Roger 165, 177, 181, 182
Morel, E. D. 179
Morrison, Toni 92, 108, 174, 176
Mosse, George L. 95, 103, 174, 175
Mudimbe, Valentin Y. 79, 81, 168, 172
Mühlmann, Wilhelm 175
Murray, Charles 171

Nehru, Jawaharlal 142, 181
Novak, Maximillian E. 172, 175, 176
Nozick, Robert 41, 109, 176

Okihiro, Gary Y. 146, 176, 182
Okin, Susan Moller 166, 177
Oliver, Melvin L. 74, 172
Opotow, Susan V. 127, 178
Outlaw, Lucius, Jr. 13, 35, 90, 164, 174, 183
O'Neill, Onora 158, 176, 183

Pagden, Anthony 60, 169, 170
Pal, Radhabinod 131
Parekh, Bhikhu 177, 182
Pateman, Carole 12, 19, 25, 45, 46, 58, 165, 166
Patterson, Orlando 92, 174
Paul III. 61
Pearce, Roy Harvey 79, 172, 174
Peller, Gary 163, 183
Pieterse, Jan P. Nederveen 172, 177, 182
Pittock, A. Barrie 173
Platon 41, 54, 125, 152
Poliakov, Léon 147, 175, 182
Potter, Elizabeth 168
Pratt, Mary Louise 79, 172
Price, A. Grenfell 170, 177

Raleigh, Walter 98
Rawls, John 24, 25, 33, 36, 37, 41, 44, 50, 58, 103, 109, 164, 166, 167, 176
Raynal, Guillaume-Thomas 138
Retamar, Roberto Fernández 168

Reynolds, Henry 170
Rhodes, Cecil 143
Richmond, Anthony H. 183
Rodney, Walter 71, 171
Roosevelt, Theodore 85
Rousseau 64
Rousseau, Jean-Jacques 17, 44, 45, 52, 63, 98, 101, 102, 125, 165–167, 175
Russell, Kathy 174, 182
Ryan, Michael 173

Said, Edward W. 64, 92, 168–170, 174
Sanders, Lynn M. 171, 178
Sanders, Ronald 172
Sartre, Jean-Paul 59, 129, 138, 169
Schindler, Oskar 139
Shapiro, Thomas M. 74, 172
Silet, Charles L. P. 168
Sim, Kevin 180, 181
Simpson, Christopher 180
Smith, Adam 72, 75
Smith, Rogers M. 182
Snowden, Frank M., Jr. 97, 174
Stannard, David E. 135, 170, 173, 179, 181
Stanner, W. E. H. 179
Steinberg, Stephen 171, 176
Stember, Charles Herbert 173
Stevens, F. S. 170, 173, 179
Stoddard, Lothrop 182
Story, Joseph 62, 169
Strobel, Margaret 167
Swift, Jonathan 179
Swinton, David H. 172

Takaki, Ronald 170
Taney, Roger 63
Thagard, Paul 166
Thiong'o, Ngũgĩ wa 120, 177
Thomas, Kendall 163, 183
Thompson, Hugh 139
Thompson, Leonard 173
Todorov, Tzvetan 179
Tucker, William H. 174
Tully, James 174
Turnbull, Clive 179
Twain, Mark 138

Van den Berghe, Pierre L. 62, 66, 169, 170
Vansina, Jan 179
Voltaire 94

Walker, David 142, 181
Wallerstein, Immanuel 71, 171
Ward, Russel 173
Washington, George 65
Welchman, Jennifer 175, 178
Wells-Barnett, Ida 180
White, Hayden 78, 89, 172
Wicker, Tom 171
Williams, Eric 71, 171
Williams, Patricia J. 109, 176
Williams, Robert A., Jr. 60–62, 98, 101, 169, 174, 175
Wilmer, Franke 84, 173, 178
Wilson, Midge 174
Wolf, Eric R. 182
Woodson, Carter G. 119, 177
Woodward, C. Vann 170
Wright, Richard 142, 146, 178, 181, 182
Wright, Richard R., Jr. 183

Yin, James 183
Young, Iris Marion 12, 165
Young, Robert 168, 182
Young, Shi 183